LEARNING THE CITY

역자 서문

역자들이 '도시를 학습하다'라는 책을 접하게 된 것은 정말 우연이었다. 이 책은 원래 지리학 전공자가 쓴 책이고, 그 안에 무수히 많은 관련 전문 용어들이 박혀 있었기 때문에, 사실 이 책을 교육학을 전공한 우리 같은 사람이 번역하는 일은 쉽지 않았다. 그럼에도 불구하고 우리가 이 책을 교육학도들에게 소개하고자 했던 이유는 바로 이 책이 '지식과 학습, 그리고 변화'라는 교육학적 지평을 통해 지리학적 주제인 어바니즘을 설명해 내고 있었기 때문이다. 다시 말해서 이 책은 전통적인 지리학 개념들을 통해서가 아닌 학습이라는 제법 교육학적인 독특한 렌즈를 통해서 도시에서의 생활과 구조를 조망하고 직조해 내려는 담대함을 선보이고 있다. 달리 표현하면, 이 책 안에서 지리학의 영토와 교육학의 영토가 서로 만나 일종의 '공유지'가 생성되고 있다.

저자는 이 책의 서두에서부터 대담하게 '자신은 새로운 방식으로 학습이론을 정의하고, 그것을 통해서 지리학적 현상을 새롭게 조명하겠다'고 선언한다. 이 책에서 저자는 '학습'을 도시가 형성되고, 살아가며 경쟁하는 중요한 정치적, 실천적 영역으로 개념화하려고 시도한다. 또한 이를 통해 진보적인 어바니즘의 담론을 새롭게 탄생시키려고 노력한다. 그가 이 책에서 제기하는 중심 연구문제들은 희한하게도 그동안 교육학자들, 특히 그중에서도 평생교육학자들이 던져온 질문들로서의 마을교육공동체, 무형식학습, 학습도시연구, 전환학습이론, 상황학습이론 등과 유사하게 맞닿아 있다. 즉, 그는 다음과 같은 다섯 가지 질문을 던지는데, 그것들은 다음과 같다. 첫째, 학습을 어떻게 개념화할 수 있는가? 둘째, 학습은 일상 생활에서 어떻게 이루어지는가? 셋째, 학습이 어떻게 초지역적으로(translocally) 일어날 수 있는가? 넷째, 다양한 환경은 학습을 어떻게 촉진하거나 방해하는가? 다섯째, 학습의 비판적 지리학을 어떻게 발전시킬 수 있는가? 요약하면, 그는 인간의 학습이 무엇인지를 먼저 탐색한 후 그러한 학습이 일상적 어바니즘 안에서 어떻게 수행되고 작동하는지를 묻는다. 또한 그러한 학습이 한 특정 상황맥락을 넘어 범지역적으로 어떻게 교차되고 공유될 수 있는가를 묻는다. 그리고 비교학적 검토 속에서 그가 설정한 학습활동들이 서로 다른 맥락과 환경 속에서 어떻게 새로운 변화를 유발해 낼 수 있는지를 탐색한다. 종국적으로 그는 이러한 논의를 바탕으로 그가 말하는 비판적 지리학의 모습을 새로 구상한다. 자세히 들여다보면, 그동안 지역 공동체, 기업, 도시 등을 대상으로 우리가 수행해왔던 평생교육학적 질문들과 유사성이 크다는 것을 알게 된다. 차이가 있다면 단지 그가 던지는 질문이 대부분 지리학적 탐구문제들과 서로 '얽혀(entangled)'있다는 점이 다를 뿐이다.

그가 시도하는 학습이론은 주로 들뢰즈와 과타리(Deleuze & Guatarri) 및 데란다(DeLanda) 등이 제시했던 배치(assemblage) 개념을 활용한 것이다. 그가 보기에 배치로서의 학습은 지식, 리소스, 물질, 그리고 역사 등이 어떻게 정렬되고 경쟁하는지에 주목하게 해 주며, 그 안에서 도시학습(urban learning)이 어떻게 이루어지고 변화하는지를 보여줄 수 있다. 또한 이 개념 속에서 그는 학습이 가지는 잠재적인 변혁적 특성에 주목한다. 이 책에서 그는 '도시학습 어셈블리지(urban learning assemblage)'라는 개념을 활용하여 무허가 정착지 주민, NGO 활동가, 국가와 시민사회가 참여하는 도시 포럼, 도시 계획자 및 정책 결정자 등 다양한 상황에서의 학습 경험과 쟁점을 포착하려고 시도한다. 저자는 이 개념을 통해서 어바니즘이 어떻게 이루어지고 사람들이 그 안에서 어떻게 살아가며, 경쟁하는지를 설명할 수 있다고 믿는다.

저자가 보기에 도시는 인간과 비인간이 함께 얽힌 배치구조의 산물이다. 이때 배치라는 개념은 신유물론에 기반한 사회과학계에서 흔히 접하게 되는 단어이며, 이것은 포스트구조주의, 포스트휴머니즘, 신유물론, 평평한 존재론, 일원론(monism), 포스트질적연구 등 여러 갈래의 사조들 안에서 혼종적으로 사용된다. 도시가 형성된다는 것은 그 안에서 인간 활동과 건축 토목 활동 혹은 그 위에 놓이는 각종 정보와 생활 체계들이 서로 분리되어 따로 이루어지는 것이 아니다. 간혹 단기간에 구축된 신도시들이 있기는 하지만 대부분의 도시는 역사성 안에서 지속적으로 규정되고, 재규정되고, 확장되며, 변형되어 온 산물이다. 이런 점에 터하여 저자는 도시의 생성 안에서 자리 잡아 가는 어바니즘의 과정을 '학습'으로 본다. 즉, 도시생활 자체가 학습의 산물이며, 그것은 어떤 인위적 교육을 통해서가 아니라 그 구성물들 사이의 도시적 배치(urban assemblage)를 통해 형성되어 나오는 것이다. 그래서 이 책이 가정하는 학습이론은 한마디로 말해서 '배치로서의 학습(learning as assemblage)'이다. 그리고 이런 이론적 접근은 교육학 내에서도 이미 시작되었다.

학습을 연구해 오면서 사회과학자들, 특히 교육학자들이 무형식 학습, 사회학습, 경험학습, 상황학습, 확장학습 등 다양한 방식의 연장선상에서 '배치로서의 학습'에 대한 탐구를 시작하는 것은 어쩌면 정해진 수순이라고 할 수 있다. 지난 수십 년 동안 기존 교육학에 대한 대안으로 등장하기 시작한 학습과학이 주로 '교실 안의 인지학습'의 틀을 넘어 '생활 속의 탈인지 학습'으로 그 방향성을 틀고 있고, 그 과정에서 뇌과학, 인공지능 등 생물적 혹은 비생물적 차원의 지능과 인지과정을 탐색하려는 연구가 활성화되었다. 특히 라투르(Latour) 등이 주장한 사회-물질의 대등한 관계에 기반한 일원론적 행위자연결망 이론은 인간 학습의 문제를 지금과는 전혀 다른 차원에서 바라보도록 해 주었다. 이 책의 저자가 시도한 학습 이론 역시 그러한 흐름의 한 줄기라고 할 수 있다.

하지만 지금까지 이러한 종류의 학습이론은 적어도 학교를 중심으로 전개되어 온 전통적 근대교육학 영역 안에서는 거의 주목받지 못하였다. 소수의 교육과정 연구자들이 교실 학습의 새로운 생태를 이해하기 위해 이러한 접근방식을 적용하기는 했지만 그러한 목소리는 대다수의 근대교육학 논의 속에 묻혀 버렸다. 그나마 일부 평생교육 연구자들, 특히 학교 밖의 '도시 생활'이라는 보다 넓고 무형식적인 장면에서 인간 사회를 조명해 보려고 시도한 연구들에서 미약하게나마 관찰될 수 있었을 뿐이다.

평생학습계에서도 유사한 연구가 있었다. 즉 우리가 '학습도시'라고 불러온 연구들이 있었다. 하지만 이 경우에도 —사실 이 부분은 우리가 반성해야 할 부분이기도 하다— 이때 우리가 말했던 학습도시는 도시 자체의 어바니즘이 총체적으로 작동하는 도시 메커니즘으로서의 '학습하는 도시'를 말하는 것이 아니었으며, 단지 비형식교육 프로그램을 제공하는 도시적 기능 및 그 행정체계의 효과성을 일컫는 말일 뿐이었다. 이런 점에서 볼 때, 이 책이 가정하는 배치로서의 학습이론은 도시를 학습과 분리되어 선행하는 어떤 물적 구조 혹은 제도 등으로 보지 않고, 오히려 도시생활과 구조 자체가 학습을 통해 진화하는 '되어감(becoming)'의 과정으로 바라본다는 점에서 평생교육학이 말했던 '학습도시'가 지향해야 할 속내를 잘 품고 있다고 할 수 있다.

돌아보면, 현재 교육학의 가장 큰 한계는 여전히 인지주의 중심의 학습이론에서 헤어나지 못하고 있다는 것이다. 이 점에서 이 책의 저자가 기대었던 신유물론에 기초한 학습이론은 근대학습이론의 유산이었던 개인주의 학습, 대응이론적 학습, 인지주의적 학습, 결과중심 학습의 패러다임을 넘어서는 새로운 맥락이 어떻게 실제 살아 숨 쉬는 도시생활 안에서 관찰될 수 있는지를 실험적으로 보여준다.

근대 심리주의적 차원에서 학습은 개인 단위의 뇌 안에서 이루어지고 완성되는 것으로서 개인적 인식과정의 산물이며, 이때 이루어지는 학습은 이미 결정된 어떤 원리, 가정, 실체, 정답 등을 뇌 안에서 표상적으로 재현하는 것으로서, 말하자면 학습은 어떤 본질을 개인의 인지구조 안에서 재생하는 대상화의 결과물로 보는 것이다. 반면, 신유물론적 인식-존재-윤리적 체계에 터한 학습은 이러한 전제를 부정하면서 시작한다. 세계는 어떤 본질이 실현되는 관념적 표상이 아니며 그 자체가 일원론(monism)적 토대에서 실현되는 실재의 세계이다. 또한 인식이란 것도 뇌 안에서 완성되는 신경체계의 작동결과라기보다는 그가 행위하는 사회-물질적 연결망 안에서 관계적으로 수행되는 집합적인 과정이며, 늘 맥락 특화적 혹은 의존적일 수밖에 없다. 따라서 동일한 문제에 대한 해결과정이라도 맥락이 다르면 전혀 다른 답을 내놓을 수밖에 없다는 전제를 가진다. 또한 그 안에서 학습은 결코 인간이라는 존재의 전유물이 아니다. 학습은 인간-비인간 혹은 생물-비생물 등의 경계를 넘은 배치의 변화를 동반하며, 여기에서 인간의 인식만을 따로 떼어 학습으로 포착하려는 것은 큰 의미를 가지지 못한다.

이러한 전제를 받아들이면서 학습이론은 몇 단계의 프레임 전환을 시도해 오고 있는데, 100여 년 전 나타난 행동주의적 차원에서의 과학주의적 학습이론이 지금까지도 대세를 이루고 있는 점은 특기할 만하다. 과학주의적 접근을 넘어서기 위해 나타난 인간주의적 학습이론들, 예컨대 매슬로우나 메지로우 등의 이론들의 개인학습적 한계를 극복하기 위해 각종 맥락과 상황에 의존하는 탈인지주의적 학습이론들, 예컨대 상황학습이나 확장학습 등의 개념이 나타나기 시작했지만, 여전히 이들은 소수자에 불과하다. 그리고 이 책에서 제시하는 신유물론적 학습이론은 심지어 학습을 인간의 독점적 범주에서 해방시켜 탈인간, 탈생명적 차원으로까지 확장한다는 점에서 여전히 교육학 이론의 주류로 대두되는 데에는 많은 한계를 가진다. 우선 이러한 이론적 접근이 대부분의 교육학자들에게 낯설고 어색하며 그 실체를 상상하기에 부담스럽다는 문제가 있다. 여전히 이러한 새로운 전제를 학습이론 안에 수용하는 데에는 오랜 시간의 경험과 숙고가 필요해 보인다.

한 가지 부언하고 싶은 점은, 번역자들은 이 책을 번역할 때, 결코 이 책이 대단하거나 완벽하기 때문에 번역했다고 생각하지 않는다는 것이다. 물론 이 책은 나름의 성과와 업적으로 평가받을 수 있겠지만, 그럼에도 불구하고 우리 번역자들이 주목한 부분은 이 책 안에서 저자가 어떻게 학습과 배치라는 새로운 개념들을 통해 '실험적으로' 어바니즘이라는 하나의 생활영역적 세계를 구성하고 설명해 나가려고 시도했는지를 관찰하는 것이다. 그 과정과 내용이 옳고 그르고는 우리의 관심사가 아니다. 이 책의 내용은 어쩌면 일반화된 학습이론의 보편성에 경도되어 있는 교육학자들이 볼 때 쉽게 수용하기 어려울지도 모른다. 예컨대 저자가 이 책에서 학습 배치의 세부 양상을 '번역(translation)', '조율(coordination)', 그리고 '거주(dwelling)'

로 포착한 것은 당연히 상당 부분 어바니즘이라는 지리학적 주제맥락에 특화된 학습 개념이며, 이 개념을 그대로 다른 사회과학 영토 안에 끌어들이는 것은 무모할뿐더러 무의미하기까지 하다. 사실 어떻게 보면 '배치로서의 학습'은 우리가 흔히 말하는 어떤 학습의 일반이론 혹은 정형성을 드러내기 위한 방식은 아니며, 따라서 이 책의 결과물 역시 그러한 학습 배치의 우연적, 특정 시공간적, 목적지향적 특성화의 결과물일 뿐이다. 이러한 결과들을 통해서 '효과적인 학습의 일반적이고 전형적 방법 혹은 이론'을 추출해 내려고 하는 것은 무의미하다. 배치라는 개념은 그 자체가 어떤 거대 구조 혹은 본질의 선 존재성을 부정하고, 모든 것들을 마이크로폴리틱에 의한 기능적 미세 변화로 포착한다는 점에서 전적으로 맥락 의존적일 수밖에 없다. 그 연장선상에서 '학습이라는 거대한 일반성'은 존재하지도 않을뿐더러 그렇게 추출된 일반성의 학습논리는 실제 구체적인 장면들 속에서는 별 의미를 가지지 못한다고 보기 때문이다. 따라서 우리는 저자가 이 책에서 발굴하고 조정한 '배치로서의 학습'을 그대로 다른 장면과 맥락으로 가져오기 어렵고 또한 그래서도 안 된다는 것을 잘 알고 있다.

하지만 이러한 한계에도 불구하고 우리가 이 책을 번역하기로 결정한 이유는 저자가 선택한 가정과 논리체계, 그리고 신유물론적 접근을 통해 학습을 해석하려는 과정에서 나오는 논리적 신선함과 함께, 그가 어떤 관심과 단계, 그리고 구상을 통해서 실제 사태 속에서 살아 기능하는 학습의 배치성에 접근해 가는지를 매우 사실적으로 관찰할 수 있기 때문이다. 말하자면 이 책은 '배치로서의 학습'이 작동하는 일종의 실험실이다. 즉, 이 책은 비록 지리학을 전공하지 않는 다른 여타 사회과학자들에게 있어서도 신유물론적 관점에서 학습이 어떻게 작동하는지를 관찰할 수 있는 유용한 실험실이 되어 줄 것이다. 다시 반복하자면 우리가 관심을 가진 부분은 이 책

저자가 어떤 결론에 도달했는지가 아니라 왜 이런 결론을 도출할 수밖에 없었는가라는 과정적 경험치에 있다. 어차피 이론이라고 하는 것은 끊임없이 '다시-되어가기'를 통해 진실성에 가까워질 수 있는 것이라고 한다면 이러한 시도들이 한 술에 배부를 수는 없다. 우리가 배워야 할 부분은 '결과물'로서의 책 내용이 아니라 저자의 논리전개 '과정' 안에서 그가 어떻게 이 문제들을 개념적으로 풀고, 적용하고 구성해 가는지에 관한 것이다. 이러한 점에 집중하며 읽어나가면서 동시에 독자만의 일종의 '사고 실험'을 곁들일 수 있다면, 지루해 보이는 이 책이 나름 새로운 자기성찰을 이끄는 좋은 인도자가 될 수 있다고 믿는다.

2025. 2.10.

한승희

차례

서론

학습의 문제는 도시 정치와 일상생활 연구에서 종종 간과되거나 혹은 도시 변화와 경험의 배경쯤으로 취급되기도 한다. 이 책에서는 '학습'을 도시가 형성되고, 살아가며 경쟁하는 중요한 정치적, 실천적 영역으로 개념화하며, 이를 통해 진보적인 어바니즘의 기회로 삼고자 한다. 이 책에서는 다음과 같은 다섯 가지 상호 연결된 질문들이 다루어질 것이다. 첫째, 학습을 어떻게 개념화할 수 있는가? 둘째, 학습은 일상 생활에서 어떻게 이루어지는가? 셋째, 학습이 어떻게 초지역적으로(translocally) 일어날 수 있는가? 넷째, 다양한 환경은 학습을 어떻게 촉진하거나 방해하는가? 다섯째, 학습의 비판적 지리학을 어떻게 발전시킬 수 있는가? 나는 도시학습의 공간 문법으로 '배치(assemblage)' 개념을 사용할 것이다. 왜냐하면 이것은 지식, 리소스, 물질, 그리고 역사 등이 어떻게 정렬되고 경쟁하는지에 주목하게 해 주며, 그 안에서 도시학습(urban learning)이 어떻게 이루어지고 변화하는지를 보여주기 때문이다. 또한 이 개념은 학습이 불평등하고 경쟁적이지만 잠재적으로 변혁적인 특성을 가지고 있음을 잘 드러내줄 수 있기 때문이다. 이 책에서 나는 '도시학습 어셈블리지(urban learning assemblage)'라는 개념을 활용하여 무허가 정착지 주민, NGO 활동가, 국가와 시민사회가 참여하는 도시 포럼, 도시 계획자 및 정책 결정자 등 다양한 상황에서의 학습 경험과 쟁점을 포착하려고 한다. 이 개념은 어바니즘이 어떻게 이루어지고 사람들이 그 안에서 어떻게 살아가며, 경쟁하는지를 이해하는 데 중요한 개념적 자원과 경험적 영역을 제공해 줄 수 있을 것이다.

팀 잉골드(Tim Ingold 2000: 155)의 표현을 빌리자면, 학습은 일종의 '길찾기(wayfinding)'이다. 이때 길찾기란 우리가 흔히 말하는 '여행(journey)'과는 조금 다른 것인데, 그 단위가 인간과 인간끼리가 아닌 행위자(agency)와 행위자들과의 결합된 활동을 통해 지속적으로 존재하고 스스로 움직이는 세계 안에서 사람들이 '자신의 길을 느끼는(feel their way)' 과정이라고 해야 할 것이다(Ingold 2000: 155). 여기서 '앎'은 몸으로 암묵적으로 체득되는 일련의 과정으로서, 주변 세계와의 관계 속에서 서서히 나타난다. 이안 보든 등(Ian Borden et al. 2001: 9)은 도시와 관련하여 이렇게 말한다. '도시를 아는 것은 궁극적으로 시공간에서 펼쳐지는 사건과 투쟁의 연속성 속에서 나타나는 일종의 '되기(becoming)의 과정'이다'. 만일 현상학적으로 도시학습을 바라볼 때 학습을 거주 과정에서 본질적으로 발생하는 어떤 것이라고 한다면, 하이데거(Heidegger 1971)가 『건축하기, 거주하기, 사유하기(Building Dwelling Thinking)』에서 말한 것, 즉 학습을 거주 가운데 경험하는 '곤경'으로 설명한 것은 나름의 의미가 있다. 즉, 그는 '진실로 거주가 힘든 이유는 인간이 항상 죽을 때까지 거주하여 산다는 것의 의미를 새롭게 찾아야 하고, 계속해서 거주하는 법을 배워나가야 한다는 데 있다'고 말했다. 이와 관련하여 보든 등 역시 앎을 시공간 속 투쟁으로 보고 있지만, 학습을 국지적이고 개인적인 '진실' 발견으로 제한하려는 접근은 경계해야 한다. 리처드 세넷(Richard Sennett 2008: 289)이 『장인(The Craftsman)』에서 말한 것처럼, 사람들은 서로의 관계를 지속적으로 연습하고, 그 관계를 개선하기 위한 예측과 개선의 기술을 배워야 하지만, 이런 식으로 도시 생활을 하는 과정은 종종 갈등과 투쟁을 동반하기도 하며, 근본적으로 불평등한 환경을 전제로 한다. 앙리 르페브르(Henri Lefebvre)와 같은 비판적 도시학자들이 보기에, 도시학습은 단순히 도시에 사는 사람들이 서로 상호작용하는 방법을 배우는 것 정도만을 의미하지는 않는다. 그는 도시의 이데올로기들이 어떻게 도시학습의 방식들을 제한하며, 그리고 그가 매우 강조하여 표현한 것처럼, 사회적으로 정의로운 '도시에 대한 권리'를 요구할 가능성을 막고 있는지에 대해 묻고 싶었을 것이다. 말하자면 '거의 완전히 상실되어서 어떤 수단들, 예컨대 권위주의적 수단이나 행정적 처방, 또는 전문가의 개입 등으로도 되살리기 힘든 상태에 있는 도시인들의 통합과 참여 역량이 과연 다시 회복되고 활성화될 수 있을까?'(인용: Kofman & Lebas 1996: 146)라고 할 수 있다.

르페브르의 질문에는 비판적 도시론자들을 위한 암묵적 메시지가 담겨 있다. 만약 당신이 도시의 정의(justice)에 대해 알고 싶다면 그저 그에 관한 전문가적인 지식을 배우고 그 활용법을 학습하는 것에만 그쳐서는 안 된다. 혹은 그러한 학습이 어떻게 이루어지는지를 묻는 것만으로도 충분하지 않다. 오히려, 우리는 이 질문과 함께 끊임없이 우리가 누구로부터 어떻게 배우는지에 대해 항상 질문해야 한다. 즉, 비판적 도시지식이 어디에서 생성되었고 어떻게 학습되는지에 대해 관심을 기울여야 한다. 이 책에서 나의 관심은 도시를 학습한다는 일의 본질이 무엇이며, 그에 기반하여 도시학습의 비판적 지리학을 발전시키는 일이다. 그런 맥락에서 나의 관심사

중 하나는 초지역적 학습(translocal learning)인데, 초지역적 학습은 학습이 일어나는 장소성에 초점을 맞추지만, 그 장소에만 국한되지 않는 학습을 의미한다. 초지역적 학습은 여러 맥락, 경로 및 행위자들 사이에서 일어나는 학습들을 서로 연결시켜 가려는 지속적 노력을 통해 수행된다. 초지역적 학습에 대한 나의 관심은 부분적으로 도시학습이 지역적 장소에 공간적으로 한정된 것이 아니라 여러 상황들에 대해 관계적으로 형성된다는 것을 보여주고자 하는 것, 그리고 초지역적 실천과 연결이 서로 다른 형태의 도시지식 생산에 점점 중요한 역할을 하는 데 기여하고 있다는 점을 보여주려고 하는 것이다. 물론 과거에도 초지역적인 연결이 가졌던 창조적인 영향력을 고려하더라도 말이다(Featherstone 2008; McCann & Ward 2011).

그렇다면 학습이란 무엇인가? 학습은 지식과는 어떻게 구분되어야 하는가? 지식과 학습은 서로 밀접하게 관련된 과정이지만, 이 책은 지식보다는 학습에 중점을 둔다. 지식은 사람들이 정보를 이해하는 것으로, 실천, 신념, 담론 등에 근거한다(Nonaka et al. 2000). 물론 나는 전통적으로 말하는 것처럼 지식이 사람들이 '소유'하는 어떤 것이라고 생각하지 않는다. 오히려, 지식은 공간과 시간 안에 위치하고 있으며 특정 맥락이라는 상황 속에 존재한다. 지식은 언어, 기술, 협력 및 통제를 통해 중재되고 구축되며, 그 자체가 구성되는 것, 임시적인 것, 그리고 지속적으로 발전하는 것이다(Amin & Cohendet 2004: 30). 가장 중요한 점은, 지식이 사람들이 정보를 이해하는 방식이라고 했을 때, 그 방식은 사람, 사물 및 환경 간의 관계를 통한 '분산적 실천' 안에 집합적으로 존재하며, 어떤 개인이나 특정 집단의 개별적 소유물로 규정될 수 없다는 점이다(ibid.). 조직학습에 대한 논쟁 과정에서 지식은 다음 두 가지, 즉 전통적으로 '암묵적' 지식, 즉, 장소에 묶여 있고 움직이기 어려운, 행동, 절차, 루틴(routines), 헌신, 이상, 가치 및 감정에 깊은 뿌리를 둔 행동에 대한 사전인지 능력으로서의 지식(Nonaka et al. 2000; Polanyi 1966; Gherardi & Nicolini 2000) 혹은 '성문화'되거나 '명시적'인 지식, 즉, '형식적이고 체계적인 언어로 표현되며, 데이터, 과학적 공식, 명세서, 매뉴얼 등의 형태로 공유될 수 있는 지식으로 분리되어 왔다(Nonaka et al. 2000: 7). 암묵적 지식과 명시적 지식의 이원론은 그 자체로서 나름 유용할 수 있지만, 실제로는 조직 지식(organizational knowledge)의 차원에서 보자면 지식은 아민과 코헨데트(Amin & Cohendet 2004: 84)가 말한 것처럼 암묵적 또는 명시적 지식 또는 이성적 지식 대 체험적 지식 등의 묶음으로 쉽게 이원화될 수 없는 이른바 분산된 사회적 실천으로서의 지식으로 존재한다.

이 지점에서 우리는 지식을 만들고 경쟁하며 재생산하는 과정은 무엇인가에 대한 궁금증을 갖게 된다. 여기서 학습이 등장한다. 학습은 지식이 창출되고 경쟁하며 변형되는 구체적인 과정, 실천 및 상호작용을 말하며, 지각(인식)이 나타나고 변화하는 방법을 의미한다. 일반적으로 말하는 학습은 악기나 과학 기술 등을 배우는 것과 같이 지식을 선형적으로 증가시키는 인지적 형식적인 과정을 의미할 수 있다. 이에 반해 나는 학습을 종종 형식적이지 않거나 단순히 개인적인 것만은 아닌, 사람이나 물질 및 공간의 분산된 배치로 이해하고자 한다. 일례로 사람들은 도시의 교통시스템을 익히거나, 어느 시장이 가장 신선한 과일을 파는지 등, 혹은 낮과 밤의 특정 시간대에 도시의 어느 위치가 안전하거나 위험한지 등을 배우는 과정에서 공식적인 교육이 아닌 일상에서 작동하는 방식과 변화에 대한 감각을 활용한다. 학습은 일련의 과정으로 수행되며, 이 과정은 단지 한 개인 안에서만 일어나는 활동이 아니다. 오히려 사람-물질-환경 간의 관계 안에 분산되어 수행되는 과정이다.

쉽게 말하면 도시교통은 버스 시간표와 노선을 이해해 가면서 배워지며, 버스나 기차의 재질이나 탑승객의 숫자 혹은 행동 등을 경험하면서 학습하게 되고, 혹은 그런 경험들이 매일매일 우발적으로 교차하는 방식들 속에서 익숙해진다. 또한 각종 교통 네트워크들의 성격과 주기에 관한 각종 이야기와 경험들을 서로 나누는 과정 속에서 배워진다. 여기에서 학습은 점진적으로 일어나기도 하고 급격히 일어나기도 한다. 또한 그것이 도시에 대한 참여와 적응 속에서 모종의 새로운 인지방식을 발전시켜 나가는 일인 만큼 일종의 지식을 생산하는 일이라고도 말할 수 있다.

학습과 도시변화

비록 도시 연구에서 학습이라는 주제가 크게 주목받지 못한 주제였다고 하더라도, 도시변화에 대한 논의에서 완전히 무시되어 온 것은 아니었다. 학습에 관한 문제는 도시경제 부문에 대한 토론 과정에서 주로 다루어져 왔고, 또한 점차 도시모델이나 정책의 이동 가능성에 대한 토론에도 포함되어왔다(예: UNDP 2003; Campbell 2008; McCann & Ward 2010, 2011; Peck & Theodore 2010). 구체적으로 살펴보면, 경제지리학에서는 '학습지역', '지역혁신', '제도적 두께', 혁신적인 '시끌벅적(활기)', 기술개발, 지식이동의 가능성, '클러스터', '숙소', '창의적 경제' 및 암묵지식 등에 대한 논의가 상당수 포함되어 있었다(예: Glaeser 1999; Bunnell & Coe 2005; Florida 2002 2005; Gertler & Wolfe 2002; Gertler 2003, 2004; Amin & Cohendet 2004; Cumbers & MacKinnon 2004, 2006; Scott 2006; Cumbers et al. 2008; MacKinnon 2008; Storper & Scott 2009). 이러한 연구들은, 예를 들면, 도시 및 지역 내

전문가 클러스터를 발굴하고 발전시키기 위한 국가 및 초국가적 기관들의 노력에 대해 비판적으로 개입해 왔는데, 특히 연구개발 및 벤처캐피털 전략의 형태를 취하면서 '혁신과 학습의 문화를 주입'하고, '소속 기업 및 조직들 사이에 클러스터 정체성을 구축하고 강화하려는' 목적을 지향하였다(Cumbers & MacKinnon 2004: 959). 예를 들어, 아젠다 21(Agenda 21)과 같은 도시 클러스터 학습(city cluster learning)이나 UN Habitat에서 Infocity에 이르는 학습 네트워크(learning network) 형성과 같은 도시정책 토론 등이 있었다.

국가 및 초국가 기관들이 학습을 글로벌 경제 안에서의 경쟁적 우위를 점하기 위한 핵심 요소로 주목하고 있음에 따라, 도시 클러스터와 관련해서 어떻게 그 클러스터들 간의 연결 및 네트워킹을 생성할 수 있는지에 대한 방안의 하나로서, 일종의 교류나 상호작용을 통해서 학습을 촉진할 수 있는 클러스터링을 개발하는 방법이 한 가지 핵심 논쟁으로 등장했다. 여기에 대한 옹호자들은 경제적으로 가치 있는 암묵적 지식을 창출하기 위해서 주로 지역 내의 연결, 면대면 교류 및 '실천공동체(Community of Practice)'의 중요성을 강조하기 시작했다(Wenger 1998; Contu & Willmott 2000; Harris & Shelswell 2005). 반면 이에 대한 비판론자들은 지식 창출이 반드시 '국지적'일 필요는 없으며, 오히려 특정 조직을 통한 외부적 연결의 가능성을 주장했는데, 그 예시로서 인터넷, 화상 회의, 방문이나 회의를 통한 다지역 공간들 간의 교류, 노동 이동성 등을 강조했다(Amin & Cohendet 2004). 이런 논의들 및 이들과 연결된 조직 학습에 관한 논의들(예: Grabher 1993, 2004; Wenger 1998; Gherardi & Nicolini 2000; Nonaka et al. 2000; Amin & Cohendet 2004)은 이 책에서 활용될 학습 개념에 영향을 주었다. 그러나 이 논의들이 중요하기는 하지만, 그 이론들은 주로 경제적 차원에 초점을 맞추고 있었고, 따라서 자연스럽게 도시학습의 의미를 경제적 혁신이나 도시 및 지역 경쟁력 강화, 혹은 조직 학습에 관한 질문 등으로 쏠리게 하거나, 혹은 권력 불평등과 차별 등에 대한 비판적 대응방식을 논의하거나 학습이 해당 문제에 대처할 수 있는 메커니즘이나 그 전술적 저항방식으로 작동할 수 있는 가능성 등에 대해서는 소홀히 하는 경향이 있다.

학습이 도시변화와 정치활동에서 차지할 수 있는 구조적 역할은 주로 도시정책이동(urban policy transfer)에 관한 논의 속에서 포착된다. 앤서니 서트클리프(Anthony Sutcliffe 1981)의 『계획도시를 향하여(Towards the Planned City)』, 이안 매서와 리처드 윌리엄스(Ian Masser & Richard Williams 1986)의 논문집 『다른 나라로부터 배우기: 도시정책결정의 국가간 차원(Learning from Other Countries: The Cross-National Dimension in Urban Policy-Making)』, 앤서니 킹(Anthony King 2003)의 식민어바니즘 조사 등에서부터 조 나스르와 메르세데스 볼레(Joe Nasr & Mercedes Volait 2003)의 『어바니즘: 수입 또는 수출?(Urbanism: Imported or Exported?)』 그리고 매캔과 워드(McCann & Ward 2011)의 모음집 『이동형 어바니즘(Mobile Urbanism)』까지 이어졌다. 유진 맥캔(Eugene McCann)이 '도시정책 이동성'이라고 부르는 최근의 연구(예를 들면, McCann 2008; McCann & Ward 2010)를 대표적인 사례로 볼 수 있다. 이처럼 다양한 연구들은 종합적으로 특정 도시들이 다양한 개별적 정책담론들, 예컨대 '지식도시', '창조도시' 또는 도시개발에서의 신자유주의적, 보복주의적 및 처벌적 이데올로기와 같은 특정 정책 담론에서 무엇을 학습했는지에 대해 논의하고 있다(예: Florida 2002, 2005; Peck 2005, 2006; Ward 2006; Hollands 2008; Wacquant 2008; McCann & Ward 2010; Bunnell & Das 2010; Peck & Theodore 2010). 물론 '이동하는 도시생활방식(travelling urbanism)'을 새로운 현상으로 볼 수 없다고 하더라도, 그럼에도 불구하고 도시생활방식은 그 자체가 다양한 장소, 사람, 물질, 과정들의 결합(assemble)의 형태를 띤다. 말하자면 정치인, 정책전문가, 컨설턴트, 활동가, 출판물 및 보고서, 미디어, 웹사이트, 블로그, 연락처, 회의, 동료 교환 등이 있다. 그러나 도시 지식의 이동이나 정책 학습에 관한 비판 문헌들이 급증했음에도 불구하고, 그 안에서 학습 자체가 어떻게 개념화될 수 있는지에 대한 시도는 거의 찾아볼 수 없다.

더 넓게 생각해 보면, 학습의 역할에 대한 논의는 특히 경제 발전론 분야에서 오랜 역사를 가지고 있다. 슘페터(Schumpeter)의 『경제 발전의 이론』(1934), 하이에크(Hayek)의 『사회에서 지식의 사용』(1945), 매클럽(Machlup)의 『지식의 생산과 분배』(1962)와 같은 고전적 논의부터 '지식 경제'나 세계은행이 주도하는 '개발을 위한 지식' 계획에 이르기까지(예: Leadbeater 2000; King & McGrath 2004; Leydesdorff 2006; McFarlane 2006a; Johnson & Wilson 2009) 다양하다. 또한 학습의 본질, 생산, 의미 및 가치에 대한 복잡한 논의의 역사도 존재하는데, 이는 인식론 이론(Polanyi 1966, 1969; Greco & Sosa 1999), 역사적 지식의 계보(Foucault 1980), 과학 연구(Latour 1999; Callon et al. 2009), 조직 연구(Wenger 1998; Amin & Cohendet 2004), 인지 인류학(Hutchins 1995; Ingold 2000) 및 비판적 교육과 교육학(Freire 1970; Fejes & Nicoll 2008) 등 다양한 영향을 받았다. 위와 같은 논의들은 제각기 다른 고유성을 지니지만, 모두 학습에 대한 한 가지 중요한 주장 또는 가정을 포함하고 있다. 즉, 학습은 잠재적 변화의 과정이라는 것이다. 비록 학습은 예컨대 조직이론 등이 말하는 것처럼 창의성이나 새로운 발명 등의 일종의 불확실한 활동을 포함하기는 하지만, 그럼에도 불구하고 여전히 학습은 그 안에 구체적인 인간 구성원들 및 그들이 구성하는 담론적 구성물들을 말하며, 인간 및 그들의 인식론에 대한 일련의 포함과 배제의 범위를 규정하며,

이를 추동하는 일련의 가이드라인이나 전술 또는 기회 수단들을 생산한다. 일종의 과정과 결과의 양 측면에서 학습은 사람들–자료(소스)–지식을 특정한 방식의 배치적 형태로 변화시키거나 새롭게 생성해 낸다. 이에 따라 우리는 학습을 이해할 때 지금까지처럼 늘상 던져왔던 수준의 질문들의 차원을 넘어서, 일종의 정치적 전략으로서의 학습의 차원에 주목할 필요가 있다. 즉, 그 안에서 우리는 우리가 지향하는 새로운 세계를 구축하고, 도전하며, 새롭게 명명할 수 있다.

도시학습 위치짓기

이 책에서 나는 먼저 학습의 개념을 제시하고, 이후에 그 개념을 도시연구에 적용할 것이다. 내가 이런 순서를 택한 이유는 나의 주된 관심이, 학습이 관여된 도시생활방식의 문제를 들여다보는 것 자체보다는 우선 학습 자체가 지니는 본질적인 의미를 짚어보고 싶었기 때문이다. 이 같은 접근방식을 취하는 데에는 세 가지 이유가 있다. 첫째, 실용적인 측면에서 나의 지적 배경 때문이다. 나는 먼저 학습의 개념에 대해 관심을 가지게 되었고, 이후 이 학습의 개념이 어바니즘을 이해하는 데 어떻게 도움이 되는지 궁금해졌다. 둘째, 만일 학습 자체가 무엇을 포함하는지에 대한 개념적 도구를 통해 도시학습을 식별하려는 나의 접근방식이 아니었다면 나는 혹시 거꾸로 사람들이 도시에서 겪는 특정한 조우 방식을 통해 도시학습을 식별해 내는 방법을 탐색해 들어갈 수도 있었을 것이다. 물론 이 방법도 그럴듯하지만, 이런 접근법은 특정한 도시적 사건 안에서 우리가 도시를 학습하는 방법을 정확히 파악할 수 있다고 가정함으로써 어바니즘을 그저 도시적 만남이나 형태 및 과정 정도로 축소시킬 위험성이 있다. 왜냐하면 도시 주민, 활동가, 정책결정자 등 다양한 그룹의 사람들이 도시를 학습하는 과정은 단순히 도시 안에서 살아가는 수동적 관계의 산물이 아니기 때문이다. 특정 도시 주택 자료, 거리 배치, 건축물 또는 도시의 다른 지역에서의 건강 관련 통계와 같은 요소들과의 만남에서만 비롯되는 것이 아니다. 오히려 학습은 자신이 선택한 도시생활방식 자체의 변화하는 특성과 개인 및 그룹의 경험, 인식, 우려, 관심사, 의제, 기억, 희망, 두려움 등의 조합에서 나온다. 따라서 도시학습은 도시 자체에 의해서만, 또는 개별적인 경험과 인식에 의해서만 결정되지 않는다. 학습은 도시와 인간 사이 관계의 '공동구성 과정'을 통해 드러나며, 그 안에서 개인의 경험, 인식, 기억, 혹은 그가 도시에 거주하게 되는 의제 및 방식 등을 그저 암묵적인 도시 경험의 일부로만 읽어내서는 안 된다.

달리 이야기하자면 도시학습은 특정 도시 형태나 과정과의 우연적 만남에 국한되지 않으며, 오히려 사람들의 생활세계 안에 붙박여 관계적으로 이루어진다. 한 인간의 삶 속에서 드러나는 특정 도시의 형태, 과정 및 조우로부터 도시학습의 특성을 확인하려는 접근방식이 잘못된 것은 아니다. 하지만 학습이 무엇인지를 새롭게 규정하지 않고서도 이러한 프로젝트에 착수하는 것은 가능하다. 그러나 이것은 나름의 한계를 가지며, 이를 고려하여 나는 학습 자체에 대한 새로운 이론을 개발한 후 그 이론이 다양한 도시 영역에서 어떻게 기능하는지를 따져보는 접근방식을 선택했다.

내가 학습의 일반이론을 포착하려는 세 번째 이유는 도시를 학습한다는 일은 어떤 특정 지역에 국한된 일이 아니기 때문이다. 도시학습은 도시 내 특정 장소에서만 이루어지는 것이 아니라, 다양한 장소에서 일어날 수 있다. 예를 들어, 특정 인물이 도시나 도시 형태 또는 과정을 학습하는 데 있어 중요한 순간은 도시 자체의 공간이 아니라, 자동차 여행 중 친구와의 대화, 시골 휴가, 웹사이트, 책 읽기 또는 회의장에서 발생할 수 있다. 예컨대 도시 정책결정자들은 데이터베이스와 스프레드시트, 과거 정책 문서, 또는 그들이 일하는 도시에서 멀리 떨어진 회의에서 다른 정책결정자들과 나눈 대화를 통해 도시에 대해 배울 수도 있다. 도시학습의 특정 장소와 소스를 알 수 없고, 도시학습의 지리를 사전에 파악하고 조사할 수 없기 때문에 먼저 학습 자체를 이해한 다음, 학습이 특정 도시생활배경에서 어떻게 발생하고 작동하는지를 고려하는 접근방식을 택했다.

나는 이 책에서 학습 자체에 대한 이론으로 시작하고, 그 이론이 도시와의 관계 속에서 어떻게 작용하는지를 고려할 것이다. 두 가지 예를 든다면, 우선 이 책의 2장과 3장에서 논의할 '전술(tactics)'의 본질이나 4장에서 논의할 '포럼(forum)'(4장)을 통해 탐구될 문제의 형태 등이 주로 도시의 공간, 과정 및 관심사에 적용될 수 있지만, 여기서 개발된 학습의 개념은 여전히 비도시의 맥락에도 의미 있게 적용될 수 있다. 이 책에서 논의된 어떤 특정 학습 형태가 주로 어바니즘에 특정되는 방식으로 기술되었다고 하더라도 ―예를 들어 무허가 정착지의 사회적 · 물질적 특성과 관련된 것이었다고 하더라도― 내가 개발한 학습 이론은 여전히 도시의 생산, 경쟁, 가능성 등을 넘어서 어바니즘 이외의 영역(예: 국가 또는 마을)에도 적용될 수 있다. 사정이 이렇다면, 도시는 ―만남의 공간이며 급속한 변화의 중심이고, 정치적, 경제적, 문화적 자원이 집중되는 공간일뿐더러, 종종 혼란스러운 불법성의 공간이기도 하다― 다양한 사람들로부터, 그리고 종종 매우 다양한 이유로, 대처 메커니즘이나 개인적 진보의 문제로부터 정책 결정과 논쟁과 정의에 대한 문제에까지, 계속해서 배우고 또 배울 것을 요구한다.

왜 도시는 계속해서 학습을 요구할까? 도시의 특성은 그 밀도, 변화 가능성, 복잡성 등에서 찾아질 수 있다. 도시는 평등, 기회, 투쟁, 갈등, 착취, 고난의 장소일 수도 있지만, 정착, 안전, 편의, 사회성의 장소일 수도 있다. 도시는 점차적으로 고밀도화되는 특징을 갖는데, 일례로 무허가 정착지의 성장으로 인해 지금은 도시 인구의 3분의 1이 그곳에서 살고 있다(Davis 2006). 또한 도시는 지속적으로 확장되어 가면서 통신 및 경제의 난잡한 배선통로를 가지고 있다. 도심이 낮과 밤 사이에 변화하는 것부터 산업 및 서비스 지역의 패치워크, 쇼핑센터, 버려진 공간, 공원 및 다양한 건축물에 이르기까지 도시는 그 공간적 경험에서 극도로 다양할 수 있다. 출퇴근자와 관광객, 학교와 밤 문화의 리듬과 함께 변화하며, 종종 새로운 정치, 생활방식, 하위문화, 상상력 및 기술의 중심지가 되기도 한다. 도시는 데이비드 하비(David Harvey 1997: 229)가 언급한 대로, '대립하는 이질적인 과정들에 의해 구성되어 가는 공간이며, 그 안에서 생성되는 모종의 시공간성 및 사물, 구조 및 영속성들로 인해서 인간의 사회적 과정의 본질이 제한되어 간다'. 도시 경험의 다양하고 변화하는 특성, 많은 도시들 자체의 변형적 특성, 그리고 도시 생활을 하는 우리의 관심사, 의제 및 삶의 변화 등 속에서 우리는, 우리의 거주 도시의 형태 혹은 어바니즘의 형태가 어떻든 관계없이, 도시에 대한 우리의 인식과 지식을 시간이 지남에 따라 변화시켜 가게 되며, 결국 필연적으로 도시를 배우고 다시 배우게 된다.

그렇다고 해서 사람들이 반드시 명시적이고 공식적으로 도시를 지속적으로 학습하려고 노력한다는 의미는 아니다. 예를 들어, 이사갈 새로운 동네를 이해하려고 하거나 지도, 지하철 시간표 또는 건축물 가이드북을 가지고 도시들을 옮겨다닐 때를 떠올려보면, 마치 사람들이 도시의 변화를 알려고 하는 이유가 그 무지에 대한 불확실성을 두려워하기 때문에 그 도시로 들어가기 전에 미리 어떤 학습을 하는 것처럼 보일 수 있다. 이는 학습을 선형적인 방식으로 정보를 습득하는 인지적 과정이라고 오해하도록 만든다. 하지만 실제로 학습은 우리가 깨닫지 못하는 사이에 도시 공간에 거주하거나 인식하는 방식을 점진적으로 변화시키는 과정에서 발생하는 암묵적인 체험과정인 경우가 많다. 모든 사람들이 동일한 방식으로 도시를 학습하거나 동일한 정도로 학습하지는 않는다. 오히려 당신이 거주자이든, 방문객이든, 혹은 정책결정자나 활동가이든 관계없이 누구나 도시의 변화하는 특성과 경험, 그리고 다양한 개인 및 그룹의 특정 맥락, 의제 및 이해관계의 변화 속에서 해당 도시에 대한 지식과 인식이 변화한다. 이 책은 그러한 변화가 어떻게 일어나는지에 대해 다루고 있다.

이 책은 6개의 장과 결론장으로 구성되어 있다. 1장에서는 이 책 내용을 이해하는 데 도움이 되는 '도시학습 배치(urban learning assemblages)' 개념을 발전시킬 것이다. 첫째, 번역(translation), 조율(coordination) 및 거주(dwelling)라는 서로 밀접하게 관련된 세 가지 프로세스를 기반으로 학습을 개념화한다. 번역(translation)은 학습이 변위와 변화의 사회물질적 인식론(sociomaterial epistemology of displacement and change)으로서 생산되는 관계적이고 상대적인 차이를 만들어낸다. 조율(coordination)은 복잡성에 대처하고 적응을 촉진하며 다양한 지식 영역을 조직하는 수단으로서 학습을 가능하게 하는 기능적 시스템을 구성한다. 거주(dwelling)는 학습이 세상을 관찰하고 거주하는 방식으로 작동하는 주의환기 교육(education of attention)의 과정을 의미한다. 이러한 논증의 각 단계는 물질성과 공간적 관계성을 강조하는 분산화 과정으로서의 학습이 지닌 중요성에 그 초점을 맞춘다. 둘째, 역사와 잠재력의 관계, 실천을 통한 학습공간 만들기에 주안점을 둔 학습의 공간적 문법을 개발하고 지식, 힘 및 자원의 불평등한 관계를 통해 학습공간이 어떻게 구성되는지를 강조하기 위해 배치의 개념을 사용할 것이다.

2장에서는 도시가 일상적으로 어떻게 학습되는지를 조사하고, 무허가 정착지에서의 주택건설과 유지관리, 뭄바이 거리 아이들의 삶부터 스케이트보드 타기, 여러 형태의 걷기, 생계창출 등의 다양한 실천방식을 살펴본다. 나는 일상적인 도시생활의 생산과 경쟁에 학습이 어떻게 특징적으로 드러나는지를 보여주기 위해서 두 가지 상호 연관된 개념을 제시한다. 점진적 어바니즘(incremental urbanism)과 전술적 학습(tactical learning)이 그것이다. 점진적 학습은 어바니즘이라는 것이 선형적으로 뭔가를 계속 더해 나가는 과정이 아니라 지속적인 노력을 통해 지식을 역사적으로 축적해 가는 과정이라는 것을 의미한다. 이러한 학습 개념은 주거를 통해 형성되는 학습의 핵심적 특징이며 모든 도시적 과정과 형태에 공통적으로 적용된다. 예를 들어, 일상적인 학습은 도시의 물질들이 서로 다른 관계와 상호작용을 통해 서로 배치되는 과정 속에서 각각의 도시 물질들이 어떤 역할을 하는지를 이해하는 인식의 변화 과정을 말한다. 이런 맥락에서, '즉흥(improvisation)'적 과정이 등장하는데, 이것은 어떤 의도하지 않은 갑작스러운 변화가 아니라 오히려 일상적인 주거로부터 비롯된 관계의 창조적 재구성 과정으로 보아야 한다. 점진적 어바니즘은 도시적 변화의 점진적 시간성을 타고 일어나며, 따라서 이 장에서는 도시학습을 통해 부분적으로 협상되는 다양한 시공간적 리듬, 즉 도보여행(걷기)부터 거주지 이전과 같은 장기적인 시간성에 이르는 변화들을 관찰한다. 마지막 부분은 전술적 학습에 초점을 맞추고 있다. 전술적 학습은 점진주의와 같은 도시거주 형태에서 나올 수도 있지만, 오히려 일상적인 주거와는 별개로 나타나는 일종의 저항적 형태를 통해서도 출현할 수 있다. 뭄바이에 본부를 둔 세입자협회연맹(the Federations of Tenants Association)의 사례를 통해 확인할 수 있듯이 전술적 학습은 학습의 '조율'과 '번역' 과정을 통해 나타날 수 있고 또한 도시의 '주거'적 가능성을 극적으로 개방해 낼 수 있다. 이 장은 뭄바이(2005-2006) 및 상파울루(2008)에서 수행된 무허가 정착지의 생산과 유지관리에 관한 현장조사를 기반으로 한다.

3장에서는 학습이 단지 사회운동에 대한 논쟁의 후경에 위치해 있다는 전통적 관점과는 대조적으로, 오히려 학습 자체가 도시 사회운동 활동가들이 그들의 조직형태와 정치 전략을 개발하는 전경에 위치해 있다고 주장한다. 여기에서는 빈민가/판잣집 거주자 국제기구(Slum/Shack Dwellers International, SDI)의 활동, 특히 인도 지부 얼라이언스(Alliance)의 활동을 통해 도시학습의 정치적 측면을 조사한다. 첫째, 나는 SDI 활동의 핵심이 바로 그룹 내에서의 사회물질적 학습이었다는 점을 주장한다. 둘째, SDI에서의 도시학습이 그 정치조직을 형성해 낸 핵심 요소였다는 점을 주장한다. 셋째, 이 도시학습이 사회변화를 위한 특정한 정치적 주체성 형성에 핵심적 역할을 했다고 주장한다. 특히 전술적 학습 관련 모델 주택건설 사례를 통해 어떻게 SDI의 도시학습 배치가 형성되고 작동하였는지를 설명하였다. 그 다음으로 인구목록 전술, 자체인구조사, 그리고 무허가 정착 등을 통해서 SDI의 정치조직 학습이 작동한 방식을 살펴보았다. 이 장에서는 자체인구조사 지도, 차트, 열거 문헌들 및 모델하우스 재료들 등이 보여주는 물질 행위자성의 동향을 배치의 개념을 통하여 설명하며, 또한 이들이 다층적 장소와 실천 사이를 이동하며 그 모습을 구성해 내는 과정에서 도시학습 배치 안에 위치하는 문서적 표상(documentary representation)의 중요성을 드러낸다. 이 장의 마지막에는 주택 건설과 인구목록 조사 등에서 나타난 SDI 학습 실천화가 어떻게 특정한 정치적 주체와 사회 변화를 형성해 내었는지에 대해 비판적으로 논의한다. 2장이 도시학습 배치의 세 가지 요소

중 번역(translation)과 조율(coordination) 요소보다 거주(dwelling)에 주로 초점을 맞추었다면, 이 장에서는 번역과 조율의 중요성을 드러내는 데 중심을 둔다.

SDI에 대한 논의는 SDI, 특히 얼라이언스(Alliance)에서 실시된 현장 연구를 기반으로 한다. 2001년 10월부터 2002년 3월, 그리고 2005년 11월부터 2006년 6월까지의 뭄바이 방문을 통해 이루어진 것이다. 이 장에서 사용된 데이터는 얼라이언스(Alliance)에 소속된 30명 이상의 구성원 및 인도, 영국, 브라질, 독일의 SDI 운동의 다른 구성원들과의 반복적인 인터뷰와 회의를 통해 수집되었으며, 학술 외 문헌들의 분석과 그들의 작업 관찰을 통해 얻어진 것이다. SDI의 온라인 문헌들은 일단 그 양이 방대할뿐더러 내용도 주의 깊게 읽어야 한다. 많은 다른 사회운동들과 마찬가지로, SDI의 기록은 그 자체가 정치적 프로젝트의 일환으로 생산된 것이며, 그 프로젝트를 혁신적이고 세련되고, 권력이나 자원 및 지식 간의 불평등한 관계가 없는 어떤 결과물로 드러내려는 의도를 가지고 있다는 점에서 매우 비판적인 시각으로 접근해야 한다.

4장에서는 도시학습포럼(urban learning forum)의 아이디어를 개발함으로써 진보적인 형태의 도시학습을 촉진할 수 있는 환경에는 어떤 것들이 있는지 조사한다. 여기에 나오는 포럼은 국가, 기부자, 비정부기구(NGO), 지역단체, 연구원 및 활동가들을 포함한 다양한 행위자들 간의 학습을 위해 구체적으로 집중화되고 조직된 환경의 생산을 시사하는 특정 유형의 도시학습 배치를 보여준다. 다양한 사람과 그룹의 여러 지식 형태를 중앙집중화하고 번역하는 방식으로 전개되는 '조율을 통한 학습'의 사례들이 여기에 해당한다. 이 글에서는 브라질에서 이루어지는 참여적 도시포럼에서의 학습에 대한 몇 가지 주목받는 사례를 살펴보고, 이 과정에서 다양한 행위자들의 역할을 분석한다. 본 장은 참여적 도시 학습 포럼을 성공하기 위해 과학기술 논쟁에 대한 칼롱 등(Callon et al. 2009)의 연구를 바탕으로 다음과 같은 점들이 중요하다고 주장한다. 첫째, 포럼의 강도, 개방성 그리고 질(quality), 둘째, 소외계층과 빈곤층의 참여와 포럼에 의사결정권한을 양도하겠다는 국가 당국의 약속, 셋째, 시민사회의 압력 등이다. 이 장의 두 번째 부분에서는 전 세계를 북부-남부로 구분하는 횡단적이고 초지역적인 도시학습 배치의 맥락에서 일어나는 도시학습포럼이 과연 어떤 의미와 문제점이 있을지에 관한 질문을 다룬다. 이를 위해서 3장에서 이미 논의된 인도 얼라이언스(Alliance)와 런던 기반의 노숙인 운동인 그라운드스웰(Groundswell) 사이의 교류 사례를 제시하였다. 이와 같은 사례들이 보여주듯이, 글로벌 북부-남부 구분을 횡단하는 도시학습포럼은 이러한 형태의 사례에 속한다. 기존에 우리가 가지고 있는 지구 북쪽과 남쪽, 제1세계와 제3세계, 선진국과 개발도상국과 같은 고전적 범주들은 우리가 지향하는 초지역적 도시학습포럼의 가능성을 방해할 수 있다.

이 예시에서 초지역적 도시학습(translocal urban learning)에 대한 방해요인 가운데 하나가 전 세계를 북부-남부로 구분하는 특정한 인지방식이지만, 여기서 주목할 만한 부분은 초지역적 도시학습실험의 성공은 단순히 '비슷해 보이는' 도시들을 비교하는 것을 넘어서 '번역을 통한 학습'—차이를 통해 배우는 학습—에 얼마나 치열하게 도전할 수 있는지에 달려 있다는 것이다. 이 같은 연구는 2001년부터 2002년까지 영국에서 진행되었는데, 그라운드스웰(Groundswell) 활동가들과의 인터뷰 및 교류참여, 그리고 영국에서의 SDI 회의, 특히 코번트리(Coventry)에 기반을 둔 SDI-기부단체 홈리스 인터내셔널(Homeless International)을 통해 조직된 SDI 회의를 통해 수행되었으며, 뭄바이의 SDI 활동가들과 런던의 SDI 지지자들과의 후속 인터뷰를 통해 수행되었다.

5장에서는 도시정책과 도시계획의 이전형태에 대해 최근 증가한 관심을 기반으로, 그에 포함된 이데올로기가 정책과 계획학습의 성격 형성에 어떻게 영향을 미치는지에 대해 고찰한다. 나는 두 가지 방식으로 이 주제에 기여하고자 한다.

첫째로는 도시정책 이동성을 개념화하기 위한 주요 프레임워크를 제시하고, 그 이후 네 가지 핵심 쟁점을 설명한다. 이를 위해서 첫째, 특정 유형의 학습을 촉진하고 구성하며 구조화하는 권력의 형태, 둘째, 정책과 계획의 이동성이 만들고 해결하는 인식론적 문제 영역, 셋째, 학습의 조직적 성격, 넷째, 학습이 달성하려는 도시 재배치의 이미지이다. 이 프레임워크의 목표는 이동형 정책학습의 이데올로기와 불평등을 비판적으로 검토하고, 이를 구성하는 특정 행위자들의 역할을 분석하는 것이다.

둘째로는 이 프레임워크를 활용해서 지금까지의 도시정책 이동성 연구를 뒤집어 보고자 한다. 여행, 회의, 연구여행, 정책네트워크 및 인터넷사용의 증가로 인해 정책 이동성의 범위와 속도가 증가했지만, 도시정책 이동성 자체는 새로운 것이 아니다. 계획자, 건축가, 정책결정자 및 컨설턴트는 항상 다른 도시의 여러 사례들을 통해 도시 배치에 관해 다양하게 학습해 왔으며, 따라서 이미 도시들은 다른 여러 도시들이 이미 경험한 의제와 전략들과 연결된 관계적 산물이 되었다. 모바일 어바니즘의 다양한 맥락, 논리 및 형태를 보여주기 위해 나는 다음과 같은 세 가지 특정 시기의 구체적인 도시학습 배치를 조사하고자 한다. 첫째, 식민지 시대 봄베이(현재의 뭄바이)의 도시 계획에 초점을 맞추어 '번역'으로서의 학습 현상을 논의한다. 여기에서 나는 도시 계획자들이 영국 도시와의 비교 학습을 통해 봄베이의 위생 위기에 대한 해결책을 공식화한 방법을 탐구하면서 비교가 도시 계획자들이 도시를 학습하는 방식의 중심이었다고 주장한다. 둘째, 영향력 있는 건축가 콘스탄티노스 독시아디스(Constantinos Doxiadis)와 그의 바그다드 계획, 그리고 독일 민주주의 공화국의 동베를린에 대한 사회주의 이데올로기 계획 이니셔티브를 예시로 들면서, 모더니즘과 사회주의 리얼리즘의 냉전 이데올로기에 의해 주도된 1950년대의 이동형 도시 계획 이니셔티브를 논의한다. 독시아디스와 그의 시각적인 계획은 과학적인 모더니즘적 계획과 자본주의적 비전을 결합한 초지역적 학습 배치를 구축하는 데 핵심적인 역할을 담당했다. 반면 사회주의 리얼리즘은 모더니즘적 계획에 명백히 반대했으며, 동독에서는 지역적인 건축 전통과 소련의 기념비주의를 결합한 형태의 도시 사회주의적 비전을 전파하려 했다. 식민지 봄베이와 마찬가지로, 이들은 도시를 사회-물질적으로 개념화하고 있었는데, 즉 이데올로기적으로 구조화된 형태의 학습을 통해 어바니즘의 배치구조를 변형하려고 시도하였다. 셋째, 나는 여기에서 신자유주의 이데올로기의 본질과 의미에 대해 살펴보려고 하는데, 이것이 점점 더 모빌리티(mobility)적 성격을 갖게 되는 도시 정책 및 그 환경에서 학습이 구성되고 번역되고 경합되는 다양한 방식 등과 어떻게 관계되는지를 설명할 것이다. 이를 위해서 도시 '개발', 도시 '회복', '창의적' 또는 '스마트' 도시의 이데올로기가 어떻게 현재의 도시 정책 학습 배치를 구조화하는지를 보여주는 다양한 예시를 이용할 예정이다. 이러한 신자유주의적 모바일 도시 정책 형태를 틀 짓는 데에는 세계은행(World Bank) 또는 맨해튼 인스티튜트(Manhattan Institute)와 같은 기관, 그리고 리차드 플로리다(Richard Florida) 및 윌리암 브래튼(William Bratton)과 같은 영향력 있는 컨설턴트들이 큰 역할을 한다. 이 장에서 검토하는 세 가지 시기 동안, 이데올로기가 도시학습의 성격을 어떻게 형성할 수 있는지를 밝히고, 외부 사례들을 통한 학습이 도시 재배치에 어떤 중요한 역할을 하는지를 보여줄 것이다. 이 장의 연구는 2006년에 뭄바이에서 진행된 기록 연구로, 당시 나는 뭄바이의 위생에 관한 연구 프로젝트의 일환으로 19세기 중반 봄베이의 위생 논쟁과 인프라 개발에 관한 자료를 수집했다. 이 시기는 식민지 위생 인프라와 그 관련 논쟁이 활발한 시기였으며, 나는 주로 당시 자치 도시의 기업 보고서와 신문 보도 자료를 활용했다.

6장은 도시학습의 비판적 지리학을 발전시킨다. 이 장에서는 (5장에서 개발된 프레임워크를 통합하면서) 기존의 지배적인 도시 지식과 학습을 평가하는 비판적 실천들의 윤곽을 제시하고, (4장에서 논의된 도시포럼에 관한 논의와 병합해서) 지배적인 도시지식이 학습되는 방식을 구성하는 지식과 그룹을 민주화하는 한편, 이러한 민주화 과정을 통해 구축될 수 있는 더욱 사회적으로 정의로운 형태의 도시학습 대안을 제시한다. 이후, 평가-민주화-제안의 체계를 심화하고 확장하기 위해 두 가지를 고려할 것이다. 먼저 비판적 도시학습을 강화하는 데 배치(assemblage) 개념이 어떤 기여를 하는지에 대해 검토한다. 그 다음, 도시학습의 비판적 지리학이 탈식민주의적 도시학습 프로젝트에서의 초지역적 문제 해결에 어떻게 조응할 수 있는지를 탐구한다. 배치 개념은 도시학습의 비판적 지리학을 구축하는 데 세 가지 방향성을 제시해 준다. 첫째, 역사와 잠재력의 관계 또는 실제와 가능성의 관계를 통해 형성되는 학습에 대한 기술적 초점을 제시해 준다. 둘째, 특히 배분 및 비평과 관련하여 학습 행위자를 기존과는 다른 관점에서 고려하도록 해준다. 셋째, 코스모폴리탄적 구성을 통하여 특정한 방식의 비판적 상상력을 더해준다. 탈식민주의적 문제에 대응하기 위해서는 누가 도시학습의 비판적 지리학을 생산해 내는 주체인가에 대해 특히 깊은 주의를 기울여야 하는데, 이것이 곧 어떤 전략을 평가하고-민주화하고-제안하는 과정에 대한 민주화적 명령이다. 여기에서는 1장에서 처음으로 논의되었고 4장과 5장에서도 계속해서 언급된 초지역적 도시학습에서 강조되는 비교의 중요성을 살펴보고, 또한 이러한 비교의 개념을 다중 이론 문화의 윤리-정치를 통해 생성된 한 가지 사고 양식으로서 검토할 것이다.

이 책에서 다양한 도시학습의 형태와 맥락을 검토하면서 어떤 학습형태가 더 '진짜'라거나 '실제적'이라는 것을 주장하지는 않는다. 예를 들어, 제2장에서 검토한 일상적인 학습이나 제3장에서의 SDI 활동가들의 학습이 정책결정자들(제5장)이나 도시연구자들(제6장)의 학습보다 도시현실을 더 정확하게 반영하고 있다고 주장하지도 않는다. 마찬가지로, SDI가 연구자나 도시들이 우선시하거나 채택해야 하는 도시학습의 모델이나 패러다임적 예시를 제공한다고 주장하는 것도 아니다. SDI의 특정한 학습형태는 그 자체가 놀랍기는 해도 비판을 받지 않는 것은 아니다. 이 책에서 내가 주장하는 것은 도시학습의 민주화다. 사실 SDI가 소외된 사람들에 대한 지식을 도시개발의 중심에 두는 것을 지향하는 측면에서 이러한 요소를 제공하는 것은 사실이다. 4장에서 도시학습포럼에 관해 설명한 것처럼, 예컨대 도시 재분배 등과 관련하여 참여가 의미 있고, 지속적이며, 결정력이 있다면 그러한 도시참여의 가능성 안에는 사회적으로 정의로운 변화에 대한 급진적인 잠재력이 내재되어 있다고 할 수 있다. 4장에서 논의한 포르토알레그레(Porto Alegre)의 주민참여예산제도 사례는 여기에서 말한 것과 관련하여 주민참여가 무엇을 달성할 수 있는지를 보여준다. 6장에서는 도시학습의 비판적 지리학에 대해 소개함으로써 내가 지지하는 일종의 도시학습의 개념을 확장한다. 이 책을 통해 내가 주장하는 것은 특정한 내용이나 특정한 모델이 아니라, 이러한 도시학습의 배치가 만들어내는 일련의 비판적 지리학의 과정이다.

만약 르 코르뷔지에(Le Corbusier)가 1923년에 '집은 살기 위한 기계'라고 말한 것으로 인해 꽤 악명이 높았다면, 나는 이 책에서 또 다른 도발적인 주장을 편다. 즉, 도시는 배움을 위한 배치라고 주장할 것이다. 스위스 건축가의 책 『새로운 건축학을 향하여(Towards a New Architecture)』에서 랩소디적으로 표현된 '기계 미학'은 사실상 기존의 건축을 탈학습(unlearning)하고 어바니즘을 재학습(relearning) 하라는 강한 메시지라고 할 수 있다. 그는 목공, 석공, 목재 접합 기술과 같은 전통적인 공예 기술이 사라져야 한다고 주장하며, 그 대신 집은 공장에서 기계 도구로 만들어지고 포디스트(Fordist) 생산 라인을 통해 배치된 '하나의 전체로' 지어져야 한다고 주장했다. 그는 또한 역사를 한눈에 바라보며 또한 대량 생산의 가능성을 가지면서, 주택을 기하학적이고 기능주의적인 효율성 원칙에 따라 대량 생산하기 위해 새로운 배치 규칙과 기준이 학습되어야 한다고 주장했다. 이러한 주택은 과거에 사용하던 이런저런 재료들이 아닌 새로운 어떤 것, 예컨대 마치 경량 자동차 본체와 같은 것으로 지어져야 한다고 보았다. 르 코르뷔지에의 주장과 디자인의 장단점이 무엇이든 간에, 그의 논지 속에 함의되어 있는 도시학습과 재학습에 대한 여러 가지 주요 논쟁들은 현재까지 도시연구에서 여전히 제대로 다루어지지 않고 있다. 이 책이 그 문제를 해결하는 데 어느 정도 도움이 되길 바란다.

제1장
학습 배치

서론

이 장은 학습에 대한 개념을 제공한다. 나의 목표는 학습이 무엇인지, 그리고 이러한 학습이 무엇인지를 아는 것이 어바니즘(urbanism)에 대한 사고와 글쓰기에 어떤 의미 있는 도움을 주는지를 논의하는 것이다. 이 장 이후 도시생활이 논의되는 과정을 통해 나는 내가 생각하는 학습이론이 어바니즘과 어떤 관계가 있는지를 구체적으로 논의할 것이다. 학습은 일반적으로 지식이나 기술 습득, 또는 문제, 쟁점, 관계나 장소를 보는 한 가지 방식에서 또 다른 방식으로 인식이 전환되는 현상을 뜻한다. 그런데 여기에서 학습은 반드시 명시적이거나 인지적인 것만은 아니다. 예를 들어, 기술은 공예 실습 경험을 통해 암묵적으로 습득될 수 있다. 학습은 지식, 인식 또는 자아가 변형되는 과정에서 나타날 수도 있고, 통제와 질서 또는 혼란과 불안정의 과정일 수도 있다. 또한 반복과 즉흥적인 퍼포먼스, 그리고 체계적인 훈련 및 자율적인 실험을 통해, 이른바 이미 '알려진' 것들을 넘어서는 사건이나 새로운 시각으로 이끄는 사건을 통해 나타날 수 있다. 이러한 조건들을 종합하면, 팀 잉골드(Tim Ingold 2000: 416)가 언급한 것처럼, '탈맥락적인 명제적 지식(기술 또는 문화)이 실제로 그 자체로서 존재하며, 교수를 통해 전달될 수 있다'는 가정에 얽매이기보다는 오히려 학습을 세계에 대한 실제적 참여를 통해 나타나는 것으로 이해할 필요가 있다(Lave 1988).

한편, 칼롱 등(Callon et al. 2009: 58)의 주장에 따르면 학습은 '체화된 형식으로서의 방법, 요령, 다양한 물질들 안에 구체화된 지식, 혹은 수공 기술 등으로 나타나며, 종종 불확실한 사건으로서의 창의성이나 발명 등과 같은 것이기도 하다. 실천적 측면에서 바라보았을 때, 학습 과정은 특정 구성원들 및 그들의 담론적 구조들이 포함되어 있으며, 사람과 인식론들에 대한 일련의 선택과 배제의 논리가 담겨 있고, 수행 과정에서 일종의 지침이나 전술 또는 기회를 통해 학습이 계속될 수 있는 수단들을 생산해 낸다. 하나의 과정이나 결과로서 학습은 사람-소스-지식의 특정한 배치(assemblage)를 변경하거나 새롭게 형성해 낸다. 이처럼 학습은 일상적이거나 실용적으로 궁금한 것들을 묻고 답하는 것 이상의 어떤 것이며, 어바니즘과 관련하여 본다면, 학습이란 도시 세계가 출현하고, 병합되며, 경쟁하고, 가능성을 품는 과정을 이해하기 위한 핵심이라고 말할 수 있다. 이 장에서는 첫째, 학습이 실제로 무엇인지에 대한 개념을 제시하고 둘째, '배치'라는 개념을 통해 학습의 공간성을 어떻게 개념화할 수 있는지를 살펴볼 것이다. 이를 통해 학습의 개념을 세 가지의 의미로 발전시키고자 한다.

첫째, 학습은 번역의 과정(a process of translation)이다. 이것(일련의 번역의 과정)은 지식이 공유되고 확산하는 과정에서 매개자가 중요하다는 점을 시사한다. 지식이 이동하는 매개자로서의 공간(space)과 행위자(actor)는 학습의 배경을 넘어 그 핵심 구성체라고 할 수 있다. 둘째, 그 연장선상에서 볼 때, 학습은 공간의 변화에 따라 지식을 적절히 번역(translation)하거나 이미 저장된 데이터에 접근하는 과정일 뿐만 아니라, 여러 영역들을 조율(coordinate)할 수 있는 기능적 시스템을 (재)구성하기도 한다. 셋째, 학습은 사실 규칙, 아이디어 또는 정책모델 등을 반복주입함으로써 이루어질 수 있다고 하더라도, 실제적인 실천과정에서는 '주의환기 교육(education of attention)'*(Gibson 1979; Ingold 2000)방식으로 작동한다. 그럴 경우 학습이 어떤 사태를 보는 방식(ways of seeing)의 변화를 수반할 수 있다는 점은 매우 중요하며, 여기에서 '보는 방식'이란 단순히 시각적 요소뿐만 아니라 촉각적 몰입(haptic immersion)까지도 포함하는 개념이다. 이러한 학습의 세 가지 측면은 각각 번역(translation), 조율(coordination), 그리고 거주(dwelling)라는 개념들로 요약될 수 있다. 각각의 단계들은 학습이 일종의 분산적인 차이를 만드는 과정이며, 여기에서 (예전에는 우리가 주목하지 않았던) 물질성과 공간적 관계성이 학습의 과정에서 매우 중요하다는 점을 일깨워 준다. 또한 이 세 가지 영역 각각에서 학습의 윤리적-정치적 차원이 중시되어야 하는데, 말하자면 어떻게 학습이 일어나며, 어떤 유형의 어바니즘 담론이 우선시되고, 혹은 활동가, 정책결정자 및 연구자 등을 포함한 다양한 구성원들의 잠재적 역할이 핵심적으로 고려될 필요가 있다. 이러한 주장을 발전시키기 위해 나는 지리학, 조직이론, 과학 연구, 인지인류학, 탈식민주

* 역자 주: 여기에서 말하는 '주의환기 교육'이란 잉골드가 말한 학습의 방식을 말하는데, 그는 '초보자가 볼 수 있거나 만질 수 있거나 들을 수 있는 이런저런 측면에 특히 주의를 기울여 스스로 '느낌'을 얻을 수 있도록 하는 '지도된 재발견'을 주의 교육이라고 불렀다. 즉, 이 교육을 통해 우리가 어떤 것에 대해 주의를 기울이도록 격려하는 세상과의 소통하고 생산적으로 재구성하는 방식을 교육의 개념으로 표현하였다.

의 연구, 도시 연구 등 여러 분야에 내포되어 있는 학습과 관련된 다양한 논쟁점들에 주목할 것이다.

나는 이렇게 정의된 학습 개념을 특정한 방식의 배치(assemblage) 개념과 연결시키고자 한다. 이 장에서 내가 말하는 '번역'과 '조율' 및 '거주'의 개념은 일종의 공간적인 프로세스라고 말할 수도 있지만, 그 자체만으로 이것이 학습의 공간성 이론이라고 하기에는 충분하지 않다. 이것을 넘어서기 위해 나는, 배치(assemblage)라는 개념을 통해서, 학습이라는 것이 사회공간적 상호작용(sociospatial interactions)을 통해서 일어나며, 결코 이미 존재하는 행위자들 자신의 속성과 지식을 통해서 일어나는 것이 아니라는 점을 강조한다. 이때 학습의 공간성은 결국 학습을 구성하는 요소들 간의 관계가 만들어가는 과정이다. 앞으로 더 설명하겠지만 이 책은 학습의 이러한 세 가지 핵심적 공간성을 통하여 배치를 일종의 개념임과 동시에 어떤 행위들에 대한 일종의 지향성의 의미로 사용하게 될 것이다. 첫째, 배치는 학습의 구성을 역사와 잠재성 간의 관계(relations of history and potential), 또는 현실과 가능성의 관계 안에 위치시킨다. 배치는 앞에서 말한 번역, 조율, 그리고 주거가 만들어내는 다중 시공간성(multiple spatiotemporalities)을 통해 생성되는 특정 배열방식에 주목하며, 이들이 서로 다른 방식의 관계성 및 맥락을 통해 어떻게 재구성되는지에 대해 관찰한다. 둘째, 배치는 학습이 단순히 정적인 공간 범주나 그 산물 혹은 그 결과로 형성되는 어떤 것이 아니라 모종의 활동하기, 수행성, 그리고 이를 둘러싼 사건들(through doing, performance, and events)을 통해 생성된다. 셋째, 배치는 학습이라는 것이 지식과 권력 및 자원의 불균등한 관계 속에서 사회공간적으로 구조화(sociospatially structured)되고, 계층화(hierarchicalized)되며, 언술화(narrativized)되는지를 분명하게 보여준다. 나는 이 장에서 다양한 주장을 어바니즘과 관련지어 설명하고, 후속 장에서는 여기에 적용될 학습 배치의 개념을 발전시키는 부분을 논의할 것이다.

'번역': 분산, 실천 및 비교

'번역'은 지식을 창조하고 변형하는 과정을 통해서 도시 학습에 필요한 네 가지 관점을 제공하는데, 그것은 (1) 분산(차이)에 초점을 맞추기, (2) 매개자와 변위(displacement)에 관심 두기, (3) 사태를 부분성과 다중성 그리고 실천 기반으로 이해하기, 그리고 (4) 비교를 통해 생성하기 등이다. 첫째, 번역은 지식의 운동성을 일종의 혁신으로 이해하는 지식전파모델을 비판한다(Latour 1986, 1999). 기존의 지식전파모델은 어떤 고정된 지식이 중심지(예: 대학교나 연구소)에서 주변으로 퍼져나간다고 설명하는데, 즉, 지식이 특정한 중심지에서 만들어져 이동한다고 본다. 반면, 번역은 이러한 지식의 이동이 (외부에서 전파된 것이 아니라) 공간과 객체들의 차이와 분산적 양태 안에서 혹은 그것을 통하여 행위자들이 직접 생산해 낸 어떤 것, 즉 인공물이나 아이디어로부터 생산물과 모형들을 만들어내는 것이라는 점에 초점을 맞춘다(Gherardi & Nicolini 2000: 335). 즉, 번역은 지식이 움직이고 학습의 차별성을 열어가는 과정에 매개되는 물질성과 공간성에 주목한다. 말하자면 물질성과 공간성이라고 하는 것이 지식이 이동할 때 어떻게 그것들을 방해하고, 촉진하며, 왜곡하거나 급진적으로 재포장하는지 등을 분석한다. 예를 들어, 3장과 5장에서 논의할 것이지만, 도시활동가들이나 정책결정자들은 부분적으로 다중 공간을 통해 이동하는 모델과 문헌들 안에 담긴 지식을 '번역'함으로써 무엇인가를 학습하게 되는데, 이러한 것들은 리소스 센터, 콘퍼런스 미팅룸 등에서부터 인터넷 사이트나 커피숍 대화 등의 다양한 공간 안에서 일어난다. 이는 '번역을 통한 도시 학습'이 어바니즘이라는 지식 자체에 한정되기보다는 오히려 특정 장소나 시간에 한정되지 않고 다양한 시공간의 확장 속에서 일어난다는 것을 보여준다.

둘째, 결정적으로 번역은 다양한 형태의 중개자들이 중요하다는 점에 주목하게 하며, 그들 간의 두 가지 서로 뗄 수 없이 서로 상관된 관점들의 중요성을 일깨운다. 말하자면 지식을 생산하는 데 있어서 '가까운'과 '먼'이라는 관계의 중요성을 예로 들면, 인터넷이나 혹은 활동가들이나 정책 설계자들의 교류 안에서는 서로 멀리 떨어져 있는 행위자들이라도 아주 가깝게 느껴진다. 또한 학습을 생산하는 과정에서 보이는 물질의 행위자적 역량인데, 예컨대 도시 학습이 일어나고 형성되며, 쟁송하는 과정에서 다루어지는 도시 계획들, 문헌들, 지도들, 데이터베이스들 혹은 각종 모델들이 보여주는 다양한 차별성과 우연적 역할들이다(Amin & Cohendet 2004). 이러한 매개자들은 매우 중요하다. 그리고 번역은 안정성과 유동성이 흔들릴 수 있다고 가정한다. 모든 접합된 사태들이 항상 변화를 수반해야 하는 것은 아니며, 또한 모든 그러한 조우들이 항상 중심의 이미지에 따라 주변이 닮아가도록 재창조해야 하는 것도 아니다. 이러한 특징들을 미루어 볼 때, 번역이라는 개념을 통해 포착되는 학습은 세계에 대한 어떤 변혁 행위 이전에 미리 일종의 준비작업으로서 수행되거나 혹은 그 변화가 완수된 이후 나중에 이루어지는 것이 아니다. 오히려 이때의 학습은 세상 만들기(world-making)라는 구성행위적 과정 그 자체이다. 식민지 시대의 여행문화를 기술한 데렉 그레고리(Derek Gregory 2000)의 글을 인용하자면, 번역은 학습을 변위의 인식론(epistemology of displacement)으로 규정하는데, 그 속에서 여행(travel)은 단순히 학습과 별개의 어떤 것이 아니라 학습을 구성하는 활동 그 자체이다.

셋째, 앞에서 말한 것처럼 번역이라는 맥락에서 매개자(intermediaries)와 분산(distributions)이 중요하다고 할 때, 번역의 지리학(geographies of translation)은 우선 실천을 그 중심에 둔다. 실천에 주목함으로써 지금까지의 전통적인 이분법들, 예컨대 앎과 행동, 정신과 노동, 추상성과 구체성 등의 구분이 무너지게 되며, 이후 계속해서 학습의 존재론적 윤곽을 새롭게 형성해 가게 된다(Polanyi 1969; Hutchins 1995; Wenger 1998: 48). 만약 우리가 지식을 안정적이고, 경계 지어지고, 고정된 것으로 바라보는 기능주의적 관점을 거부하고, 그 대신 지식이 사회적인 것이라는 관점을 옹호하기 시작하면, 지식이 학습되는 과정에서 대두되는 실천성과 물질성이 비로소 시야에 들어오게 될 것이다. 학습은 관계적 유물론을 필요로 하는 이질적인 엔지니어링 과정(a process of heterogeneous engineering)이다. 예를 들어, 상품이나 상점에서부터 공공 예술, 공원 및 인프라에 이르기까지 다양한 물질들이 도시지식의 생산과 이동에 영향을 미치며 그 차이들을 만든다(Thrift 2007; Graham & Thrift 2007; McFarlane 2009b). 실천에 주목할 경우 학습의 부분적이고 다중적인 본질이 잘 드러난다. 학습은 다양한 형태의 포함과 배제를 통해 그 자체를 경계 짓는데, 그 말은 결국 학습은 '적합한' 공간의 안과 밖에서 다양한 강도로 일어난다는 것을 뜻한다(Law 2000).

도나 해러웨이(Donna Haraway 1991)에 의해 잘 알려진 '상황 지식(situated knowledge)'이라는 개념은 지식 생산의 체화적 성격 및 그 우연성에 초점을 맞춤으로써 그 부분성(partiality)을 강조한다. 지식의 상황성에 대한 강조는 실천이 현재, 즉 도시에서의 즉각적인 만남의 실천일 뿐만 아니라 과거 또는 미래를 향한 개인과 집단의 기억, 나아가 상상의 실천이 될 수도 있음을 시사한다. 그러나 지식이 상황적이라고 하더라도 지식은 동시에 이동성을 가지고 있다. 상황지식은 단순히 어떤 장소에 고정되어 있는 것이 아니라 여러 공간을 통과하며 그 존재를 드러내는 중층적 지식들을 통해서 형성된다.

넷째, 번역을 통한 학습의 주요 형태는 비교학습(comparative learning)이다. 예를 들면, 도시생활방식은 늘 서로 비교되는 방식으로 인식되고 인지되어왔다. 도시 A와 도시 B를 비교하는 것과 같은 명시적인 비교 형식뿐만 아니라, 도시에 대한 모종의 주장들도 다양한 범위에서 암시적 비교를 통해 만들어져 왔다. 특정 도시에 대한 연구를 읽을 때, 우리는 그것들을 종종 우리가 공부하거나 알고 있는 다른 도시들의 논쟁, 주장 및 사례와 비교하곤 하며, '그 도시'에 대한 어떤 선언이나 혹은 특정 형태의 어바니즘에 대한 주장은 모두 암묵적으로 비교되는 방식의 주장들이라는 것을 의미하는데, 왜냐하면, 어떤 주장이나 논의들도 결국은 항상 다른 종류의 도시 장소, 경험, 가능성 또는 상상력과 대비되면서 형성되는 경향이 있기 때문이다. 그럼에도 불구하고 우리는 도시연구에서 이를 거의 인정하지 않는다. 물론 이때 비교라는 것이 어떤 명시적인 연구방법론의 하나라고 말하는 것은 아니다. 오히려 비교는 어떤 도시에 대한 지식과 이론을 구성하는 방법에 대한 일종의 암묵적인 사고방식일 수 있다. 즉, 도시가 무엇인지에 대해 배우는 방식에서 비교는 그 중심에 있다. 여기에서 비교란 공간적인 차원에서 도시를 배우는 것만을 의미하지 않는다. 과거의 경험이나 도시에 대한 우리의 기억 등과 관련하여, 비교는 학습의 시간적 차원까지도 포함한다. 이렇게 네 가지 번역의 요소인 분산, 매개자, 실천, 그리고 비교 등은 지식이나 인식을 만들거나 변화시키는 방식으로서 학습이 기능할 수 있게 하는 위치와 방법 등을 식별할 수 있게 해준다.

학습 '조율'하기

'번역'은 항상 여러 위치와 대상들과의 관계에서 일어나며, 따라서 일련의 '조율'이 필요하다. 인류학자인 에드윈 허친스(Edwin Hutchins 1995)는 분산된 지식이 어떻게 학습의 차원을 개인의 개별적인 결정이나 행동 단위에서 집단 주체 단위의 학습으로 전환하도록 하는지, 그리고 실제로 집단적 차원의 행위성이 가능한지를 보여주었다. 이 과정에서, 허친스의 용어를 빌린다면, 학습은 개인과 환경 사이의 경계를 '완화하는' 것으로 재인식되어야 한다. 즉, 학습은 복잡체계에서의 적응적 재조직화 과정이다(Hutchins 1995: 288, 289). 이러한 상황에서 서로 다른 현상들은 학습을 조직화하는 장치들의 역할을 하는데, 허친스는 이를 '중재구조(mediating structures)'라고 부른다. 도시 안에서 이러한 장치들은 언어, 모델, 절차, 규칙, 문서, 기구, 신호등, 시장 레이아웃, 아이디어, 담론 등과 같이 다양한 형태로 발현될 수 있다(ibid: 290). 그러나 이것들이 반드시 성문화된 지식의 형식을 가져야 하는 것은 아니다. 개인들, 특히 예컨대 도시사회운동 지도자들과 같은 사람들은 그 사회운동조직 구성원들에게 새로운 아이디어나 전략과 관련된 의사소통을 하는 데 다양한 형태의 암묵적 및 명시적 지식을 필요에 따라 선택하고 조율할 수 있다(2장). 허친스가 사용한 한 가지 예는 바로 글로 기술된 기록물(written artefact)을 실제로 해 보는 과정이었다. 글로 기술된 어떤 절차를 실제로 실행해 보기 위해서는 그것을 실행하도록 정해진 절차 및 당시의 실제 환경 사이를 서로 조율(coordinate)해야 한다. 이때 그 안에 포함되어 있는 단어, 그 의미, 문서, 그리고 그것이 놓여 있는 세계는 시간이 지남에 따라 서로가 서로에 대해서 조율하며, 결국 그것을 보는 개인 및 관찰되는 외부의 경계가 희미해지는 일종의 '상황적 보기(situated seeing)'라는 현상을 만들어내는데(ibid: 300), 이것은 결국 학습이라는 것이 누군가의 '소유물'이라고 말하기 어렵다는 것을 의미한다.

허친스의 기록물에 대한 논의는 학습 내에서 재현(representation)이 어떤 수행적 역할을 하는지를 상기시키며, 여기에서 학습은 각자 다른 영역들을 서로 조율해 가는 기능적 시스템을 지속적으로 구축해 가는 과정(constructing functional systems that coordinate different domains)이라는 점을 보여준다. 여기에서 조율이란 결국 사회물질적 적응의 과정이다. 예를 들어, 피셔(Fischer 2001)는 도시계획실험이 어떻게 서로의 다양한 관심사들을 연결하는 데 있어서 상호작용하는 전자테이블이 도움이 되는지를 보여주고 있는데, 이것은 사람들은 함께 도시 얼개를 공동으로 설계하고 편집하는 과정에서 다른 행위자들과의 이해를 서로 '조율'하게 해주는 도구로 작용할 수 있다는 것을 보여주었다(Amin & Roberts 2008a: 362). 세넷(Sennett 2008: 127-129)은 학습을 '영역 전환(domain shifts)'과 관계된 일종의 '조율'이라고 보았는데, 이것은 어떤 실천이나 형태가 여러 장소들을 거쳐나가면서 '번역'되는 과정을 의미한다. 예를 들어, 도시계획(예: 인프라의 도시계획)은 과학, 공학 및 사회정책과 같이 서로 다른 영역들을 조율함으로써 그들 사이의 잇따른 번역을 가능하게 만든다. 세넷(sennett 2008: 201-205)은 17세기의 대학자 크리스토퍼 렌(Christopher Wren)이 말한 도메인(영역) 이동을 예시로 들었는데, 그는 당시에 1666년의 대화재 이후 런던의 재건 계획을 담당했어야 했다. 렌(Wren)은 이 새로운 도시계획에 과학자로서의 자신의 경험을 활용했다. 혈액의 순환원리를 활용하여 도로를 자유롭게 흐르는 교통, 상품 및 사람들의 동맥과 정맥에 비유했다(Joyce 2003 참조). 또한 망원경 이미지를 활용하여 도로가 깊은 우주 속으로 사라지는 모습을 상상했다. 그리고 도시의 밀도를 계획하기 위해 현미경 이미지를 활용하여 각각 여러 지역에 살고 있는 사람들에게 필요한 교회의 수를 설정하기도 했다. 렌(Wren)은 계획이라는 매개를 사용하여, 과학적 도구가 제공하는 특정한 시각화 방법, 신체, 이동성, 인프라, 서비스, 그리고 파괴된 런던을 새롭게 계획할 수 있다는 희망과 같은 과학의 관점 등이 서로 간의 영역들을 조율하는 데 활용했다. 이처럼 영역 전환—일종의 '재포맷팅(reformatting)'(Sennett 2008: 210) 또는 '전환에 의한 학습(learning-by-switching)'이라고도 할 수 있는(Grabher & Ibhert 2006: 261)—은 연속적인 '번역'의 작업이 이루어질 수 있도록 하는 일련의 조율 장치라고 할 수 있는데, 이것은 또한 새로운 종류의 어바니즘을 학습할 수 있는 상상력을 자극하였다.

도시를 조율할 수 있는 도구에는 매우 여러 가지가 있는데, 여기에는 여행시간표나 지도와 같은 장소성과 관련된 일상적인 문건 등도 있지만, 정책문서, 도시인구조사 데이터베이스, 도시 노동시장과 투자 역사에 관한 통계 데이터베이스, 정책 콘퍼런스, 학습여행, 활동가 교환, 타운홀 미팅과 같은 일회성 행사들도 포함된다. 이 목록에 포함된 것들은 다양한 형태의 지식을 결합하여 계산을 가능하게 한다는 점에서 라투르(Latour 1999)가 언급한 '계산의 중심(centers of calculation)'이라는 개념의 역할과도 일맥상통한다. 그런데 조율 장치는 물론 중립적이지 않다. 형성과정에서 정치적 요소가 반영되기도 하며, 특히 다양한 형태의 도시 지식이 어떻게 조율되고 그리고 그 조율이 사회적으로 공정하거나 또는 불공정한 도시화의 형태를 촉진하는 잠재력을 가지는가와 관련하여 더욱 그렇다고 볼 수 있다. 이어지는 4장에서 언급하겠지만, 이와 관련된 중요한 조율장치는 도시 포럼(urban forum)이다. 이것은 국가, 기부자, 비정부기구(NGO), 지역단체, 연구자 및 활동가 등과 같은 다양한 행위자들 간의 학습을 명시적으로 지원하는 일종의 중앙집중화된 도시학습 환경이다. 이런 도시포럼이 종종 사회적 배제를 유발하거나 관리와 통제의 중심이 될 수도 있지만, 그와 동시에 다양한 구성원 간 학습의 역사적 잠재력을 구현함으로써 더욱 민주화된 어바니즘뿐만 아니라 사회적으로 공정한 어바니즘을 발전시킬 수도 있다.

'거주'와 지각

'번역'이나 '조율'이라는 개념이 학습이 어떻게 이루어지고 작동하는지에 대한 통찰을 제공하기는 하지만, 학습이 어떻게 '살아지는지(lived)'에 대해서는 아직 상대적으로 충분히 논의되지 못했다. 이러한 맥락에서 나는 '거주(dwelling)'라는 개념을 사용하여 개인이나 집단, 혹은 도시들 간의 관계를 통해 학습이 어떻게 발현하는지 살펴볼 것이다. 거주는 물론 지리학에서 일부 이론적으로 회자되었지만(예: Elden 2001; Obrador-Pons 2003; Harrison 2007; Jacobs & Smith 2008; Kraftl & Adey 2008; McFarlane 2011a), 그것을 학습과 연결시키려는 시도는 거의 없었다. 인류학자 팀 잉골드(Tim Ingold 2000)는 그의 저서 『환경에 대한 지각(The Perception of Environment)』에서 이 문제와 관련하여 특별한 통찰을 제공한다. 잉골드는 학습을 기술이나 주거와 연결시키는데, 특히 그 안에는 사람들이 항상 세상이 존재로서 생성되는 과정의 일부라는 전제가 숨어 있다. 즉, 그가 보기에 도시정책을 수립하는 프로세스 안에는 사람들이 그 장소, 문헌, 혹은 사건 등에 대해 지각하는 방식을 조음(attune)하는 일종의 침잠의 과정(immersion)을 포함한다. 잉골드(2000: 154)는 하이데거 및 현상학에서 영감을 받아서, 어떤 상황에 푹 잠기는 듯한 이러한 침잠의 경험을 '거주 관점(dwelling perspective)'이라고 불렀는데, 그것이 상상력이든 '현실적인 상황'이든 간에, 세계는 '생활의 활동적 흐름 안에서' 비로소 형성된다고 주장한다. 한 가지 사례를 살펴보면 어떤 의미, 즉 예컨대 도시정책의 의미라고 할 때 그것은 문서나 주변환경, 담론 또는 아이디어 등과 함께 '사람들이 실용적으로 참여하는 맥락 속에 내재적으로' 존재한다. 즉, 그 의미는 바로 사람들이 '살아가는 환경과 실질적으로 참여하는' 맥락 속에 놓여있다(Ingold 2000: 154, 168).

오브라도-폰스(Obrador-Pons 2003: 49)는 하이데거의 현존재(現存在; being-there)에 대해 다음과 같이 주장했다. '현존재는 언제나 이미 세상 가운데에 있다. 우리의 참여, 즉 우리가 세계에 거주하는 방식은 인지적인 것이 아니라 주로 실제적인 것이다. 세상 속에는 늘 매일매일 능숙하게 구현된 대처방식 또는 환경과의 관계가 살아 숨 쉬고 있다'. 이러한 정의는 사람들이 변화하는 환경에 주의를 기울이고 대응하기 위해 실제적인 능력을 통해 정책을 인식하는 방법을 학습한다는 것을 의미한다. 우리가 알고, 배우고, 조율하고, 구축하고, 협상하는 방식은 지식의 '번역'이나 '조율'뿐만 아니라 잉골드가 심리학자 제임스 깁슨(James Gibson)의 말을 인용하여 '주의환기를 통한 교육'이라고 부르는 거주적 학습 방식에 의존한다(Gibson 1979: 254; Ingold 2000: 166-7; Seamon 1993, 1998, 2000).

이러한 '주의환기를 통한 교육'에서, 거주로서의 학습은 인식의 변화를 이끌어낸다. 즉, 여기에는 감지되고, 구체화되고, 실행되는 등의 감각적 차원의 이해 방식이 모두 포함되며, 이때 학습은 문서나 객체, 혹은 상황 등에 의해 유도되는 행동 방식을 어떻게 다르게 지각할 것인가의 문제로 재위치된다. 하이데거(1971)가 하우징(housing)과 관련해서 제안한 것처럼, '거주' 개념과 관련하여 가장 중요한 점은 사람들이 주거하는 법을 배워야 한다는(learn to dwell) 것이다. 지각을 통한 학습은 실용적인 지식을 창조해 내는데, 왜냐하면 지각은 사람이 현재 참여하고 있는 실제 활동들을 기반으로 하기 때문이다. 잉골드는 '물체나 사건을 지각한다는 것은 바로 그 안에서 실제 가능한 것(affords)을 지각한다는 것'(Ingold 2000: 166)이라고 말했다. 링기스(Lingis 1996: 14; Harrison 2007: 631에서 인용)는 하이데거를 통해 '무언가를 보는 것은 그것이 어떤 용도인지를 보는 것이다. 우리는 외적 형태가 아닌 그 안에 담긴 가능성을 본다'라고 주장했다. 한편, 힌클리프 등(Hinchliffe et al. 2005: 648)은 도시 생태에 대한 연구에서 도시경관에 대한 그들의 인식이 어떻게 변화하는지에 대해 다음과 같이 언급했다. '라투르(Latour 2004)가 가르쳐준 것을 실천하는 것처럼, 우리는 우리가 그 도시로부터 영향을 받는 법을 배우기 시작했다. 우리 몸은 변화의 과정 안에 던져졌고, 새로운 시선 혹은 새로 조건화된 된 망막을 가지게 되었으며, 약간은 더 주변을 경계하는 코, 그리고 이전과는 다른 감성을 가지게 되었다'. 이처럼 학습은 어떤 사태를 기술하는 능력을 넘어서 주변의 물체와의 관련 형태를 발전시키는 것을 포함한다. 후기 에세이에서 잉골드(Ingold 2008: 1797)가 주장한 것처럼, 세계는 이미 존재하던 것들에 의해 점유된 고정된 것이 아니라, 정주되고 생활이 지속되는 곳, 즉, '계속해서 형성되는 새로운 가닥들로 직조되어 가는' 것이다. 예를 들어 수잔 리 스타(Susan Leigh Star 1999: 380)가 수자원 인프라와 관련하여 주장한 것처럼, 도시인프라의 문제 상황이란 일반적인 것이 아니라 어떤 특정한 용도와 실천 속에서 규정되는 것이다. 예컨대, 요리사에게 상수도 체계는 저녁식사를 만드는 데 꼭 필요한 인프라일지 모르지만, 도시계획자나 배관공에게 있어서 상수도 체계는 복잡한 도시계획의 일부분이거나 혹은 고장 수리의 대상이다.

이러한 설명은 부르디외(Bourdieu 1977)의 '아비투스(habitus)'에 대한 연구와 밀접한 관련성을 가진다. 사람들은 시간이 지남에 따라 특정 성향과 감성을 학습하게 되는데, 이로써 그는 그를 둘러싼 환경과 모종의 특별한 관계를 맺게 되고, 그로 인해서 이후에 어떤 학습이나 행동을 할 수 있게 되기도 하고 혹은 반대로 그것을 할 수 없게 되기도 한다. 잉골드(2000)는 이러한 점에서 교육을 실천과정에서 나타나는 '미세 조음(fine-tuning)'으로서의 능력 개발로 이해했다. 이것은 도시에서 사람들이 어떻게 주거를 학습하는지에 관한 윤리적-정치적인 문제들을 설명하는 모형이 될 수 있다. 예를 들어, 사람들이 공정무역과 재활용에 참여하려고 하는지, 혹은 그들이 코스모폴리탄주의자로서 각종 차이에 대하여 관용적이고 개방적인 태도를 실천하는지, 또는 지역의 시민활동이나 정치활동에 참여하는지 등의 여부와 방법 등이 이에 해당한다.

'거주'라는 개념과 관련하여 우리가 확인해야 할 일련의 학습 양식들이 존재한다. 아민과 로버츠(Amin & Roberts 2008a: 366)는 조직학습에 대해 연구하면서 몇 가지 형태의 학습 양식을 포착했다. 예컨대 세심한 지도와 반복적인 실습을 통한 공예/과제 학습, 직업적 아비투스를 '느끼도록' 하는 내면화하는 전문가 학습, 혹은 공유된 문제상황에 초점을 맞춘 공동체 내의 인식적/창조적 학습, 그리고 열정 활동가들의 익명에 기반한 약한 고리를 매개로 한 가상 학습 등이 여기에 해당한다. 여기에서의 핵심은 조직 학습이 성공할지 실패할지의 문제는 결코 그 구성원들의 물리적 근접성과는 별 상관이 없다는 것이다. 조직 학습에서 관계의 질감이나 신뢰는 공간적 근접성(공동체)보다는 상호작용과 의사소통의 질에 의해 결정된다(Amin & Roberts 2008a: 366; 2008b). 이처럼 지리적 근접성보다는 그 과정 자체에 중점을 두는 접근법은 '거주'의 개념을 지역과 이웃 등에서처럼 '일상적인' 의미로 받아들이지 않도록 해 주는데(Ingold 2008: 1808; Hinchliffe 2003; Rajchman 1998 참조), 잉골드(Ingold)는 이러한 곡해를 '아늑하고 잘 포장된 지역

주의'라고 완고하게 표현하였다. 이렇게 '거주' 개념을 통해 학습을 공간적으로 활성화시키는 과정에서, 다양한 '시간성' 또한 동시에 고려되어야 한다. '거주'의 개념이 매일같이 참여하고 경험하는 도시 생활 안에서 학습이 어떻게 창발되는지에 주목하기는 하지만, 이것이 단지 학습이 지금 현재의 순간에서만 일어난다고 보는 것은 아니다. 도시에 거주하는 과정에서 사람들은 과거의 경험이나 기억을 활용하며, 도시 자체의 다양한 시간성과 리듬, 예를 들어 낮과 밤의 리듬, 성장과 붕괴, 자본주의의 순환, 장기적인 이동의 리듬 등 다양한 시간의 흐름 속에서 '거주' 개념을 통한 학습의 가능성이 열린다.

이제, 우리는 상호 연결된 세 가지 학습과정에 기초한 학습이론을 갖게 되었다. 첫째는 '번역'이다. 번역이란 학습이 일종의 관계적 분산(relational distribution)을 통해서 그 안에서의 변위와 변화라는 일종의 사회-물질적 인식 변화를 발생시키는 현상으로서 나타나게 된다. 둘째는 '조율'이다. 조율은 복잡성을 다루고 적응을 용이하게 하며 다양한 지식 영역들을 서로 조직화하기 위해 학습을 가능하게 하는 일종의 기능적 시스템 구축 과정이라고 할 수 있다. 셋째는 '거주'이다. 거주는 도시 세계를 이해하고 그 안에 제대로 주거할 수 있도록 하는 방식으로서의 학습이 작동할 수 있도록 하는 주의환기의 교육(education of attention) 과정이다. 이 세 가지 영역은 서로 긴밀하게 연결되어 있으며, 각각의 영역이 다른 영역에 의존한다. 학습은 시공간을 가로지르는 지식의 '번역' 과정이지만, 동시에 이 과정은 어떤 방식으로든지 '조율'되어야 한다. 또한 이 과정에서 조직활동과 학습의 장치가 필요할 경우, 그러한 학습은 어쨌거나 일상적인 도시 생활 속에서의 '거주'라는 양식을 통해 실천되는 학습이 될 수밖에 없다. 그러나 번역, 조율, 거주의 세 가지 개념만으로는 학습의 공간성에 대한 충분한 이론을 제공하기는 어렵다. 다음 절에서는 도시 학습의 공간성을 개념화하기 위해 어떤 종류의 공간 문법이 필요한지에 대해 알아보고 학습의 공간성을 더 명확하게 설명할 것이다. 이러한 맥락에서 배치(assemblage)라는 개념을 사용할 것이다.

배치 공간

우리는 다양한 방식으로 배치라는 개념을 생각해 볼 수 있다. 배치의 일반적인 용례는 우선 그것을 어떤 객체적 사태를 설명하는 '기술법(description)'으로 이해하는 것인데, 즉, 서로 다른 요소들이 어떻게 서로 조합되어 있는지를 설명하는 방식이다. 다시 말해 세계를 구성하는 객체들 사이의 관계를 그들의 상호작용을 통해 설명하는 것이다. 또한 배치는 현상에 대한 일종의 '접근법(approach)'으로서도 존재한다. 이는 사회, 정치, 경제 또는 문화를 관계적인 구성 과정으로 보는 방식으로서, 그 자체가 실천, 물질성 및 새로운 출현에 민감한 방법론의 하나라고 할 수 있다. 배치를 대상 기술법으로 보는 것과 접근법으로 보는 것은 서로 배타적이지 않다. 우리는 배치를 세상에 대한 지향(예: 도시정책 생성에 대한 사고형태)으로 봄과 동시에 세상 속의 객체(예: 도시정책, 주택 또는 인프라)로 생각할 수 있다.

학습 개념을 배치로 이해하려고 할 때, 나는 지향(방향성)으로서의 '배치'와 객체로서의 '배치물'**이라는 두 가지 의미를 모두 고려할 것이며, 넓게는 이 개념을 정치적으로까지 확장하려고 한다. 말하자면 학습이 어떻게 생성

** 역자 주: 혹은 회집체.

되는지뿐만 아니라 실제로 도시들이 어떻게 차별화되어 학습될 수 있는지를 생각하는 방식으로 배치를 이해하는 것이다. 즉, 배치란 현실(the actual)과 가능성(the possible) 사이의 상호작용을 계속해서 사고하는 수단이다(6장; McFarlane 2011b).

일반적으로 배치라는 개념은 점차적으로 불확정성, 창발성, 되어감(becoming), 과정적 성질, 난기류 그리고 현상들의 사회물질성을 넓게 포괄하는 의미 등으로 확장되어 가고 있다. 이러한 맥락에서 볼 때, 배치는 사회현상을 '물질적 이질성'에 기반하면서 동시에 '실천 기반'으로 재구성해 가려는 개념이라고 할 수 있다(Schatzki 2001; Latour 2005; Massey 2005; De Landa 2006; Thrift 2007; Anderson & Harrison 2010). 배치는 자연-문화, 신체-기술 또는 물리적-정치적과 같은 근대주의 이분법을 넘어서는 기술적 용어로서, 종종 구성적 정렬(compositional alignment) 및 재정렬의 중요성을 일깨우는 일종의 지식생성의 한 가지 스타일로 기능한다(Phillips 2006). 도시지리학에서 배치라는 개념은 다양한 방식으로 활용되어 왔다. 도시의 사회자연(socionature), 사이보그 어바니즘, 또는 도시 메타볼리즘의 사회-물질적 변형을 묘사하는 용어로 사용되었다(예: Gandy 2005; Swyngedouw 2006). 또한 행위자-네트워크이론의 도움을 받아서 도시의 본질을 다시 사고해 보기 위한 사고 수단으로 사용되기도 했는데, 예를 들어, 파리아스(Farías 2009)의 배치 개념은 들뢰즈와 과타리(Deleuze & Guattari 1981)의 '아장스망(agencement: 배치, 배열, 조합, 구성을 의미하는 프랑스어)'이 의미하는 바, 즉 서로 다른 요소들의 정렬이라는 점에 착안하고 있는데, 이를 통하여 배치라는 개념은 도시의 중심성을 해체하고, 어바니즘을 '되어감', 사회기술적 네트워킹, 그리고 이질적 집합성 등이 야기하는 다중적 과정을 설명하는데 활용되고 있다. 또한 도시 정책의 이동성의 차원에서 볼 때에도, 어떤 도시 정책이 다른 곳에 이전되어 해당 지역 맥락에서 구현되는 상호 관계성에 대한 설명도 내포하고 있다(예: Allen & Cochrane 2007, 2010; Ong 2007; Sassen 2007; Farías & Bender 2009; McGuirk & Dowling 2009; McCann & Ward 2011).

배치가 함의하는 다양한 용법들을 역사적으로 공유되고 있는 전혀 다른 분야들로까지 확장하여 적용하고자 하는 유혹에 빠져서는 안 되겠지만, 그럼에도 불구하고, 벤(Venn 2006a: 107)은 이 개념의 용법들이 공유하는 여러 강조점들이 있다고 주장한다. 예컨대 '고정성이나 본질보다는 적응성이라는 점 … 선형적이고 개별적인 결정론보다는 상호 공진동과 양립가능성에 대한 강조 … 그리고 과정의 시간성' 등이 그 예이다. 그런 점에서 배치라는 개념이 서로 다른 소스들을 생산적으로 정렬해 내려는 경향에 딱 맞는 어휘가 되기는 했지만, 여전히 그 자체로는 개념적 정교화가 제대로 이루어지지 않았다고 보아야 한다. 따라서 내가 선택한 포괄적인 작업적 정의로서의 배치 개념은 들뢰즈(Deleuze)가 말한 것처럼 '이질적 용어들로 이루어진 다중성이며 그 사이에 연결고리, 상호관계를 수립하는 것'으로 정의한다(Deleuze & Parnet 2007: 52). 들뢰즈에게 배치의 유일한 통일성은 '공동-기능성(co-functioning)이다. 그것은 공생이며, 동시에 '공감(empathy)'이다. 여기에서 중요한 것은 순수한 계통성(친자관계)이 아니라 오히려 '이질적인 것들 사이의 동맹' 혹은 '혼합물의 합금'이다. 그리고 이것들은 승계나 혈통이 아니라 전염, 전염병, 바람을 통해 전수되고 확장된다'(ibid.). 이것이 의미하는 것은, 도시의 여러 행위자들, 형태들, 또는 과정들이 미리 결정되어 있는 확정된 존재들이 아니라 오히려 새로 진입하고 재구성되어 탄생하는 배치들이라는 것이다. 예컨대, 5장에서 예시한 것처럼, 19세기 새로 가설되던 도시위생 인프라들이 새롭게 공중보건과 개인위생에 대한 담론들을 생성해 냈으며, 이때 이 상황을 구성했던 세 가지, 즉, 인프라, 담론, 그리고 실천 사이의 상호작용이 이러한 새로운 변화를 가능하게 만들었다. 또 다른 예로는, 특정한 도시 생활에 대한 통계적 지식들, 예컨대 건강이나 교육 등과 같은 지식을 학습하고 알게 됨에 따라 새로운 도시정책에 대한 권고들이 나타나게 되었는데, 이때 이러한 배치의 힘은 —다시 강조하지만— 그 상호작용 속에서 나타난다.

배치 안에 포함된 개별 요소들은 그들 간의 공동-기능성(co-functioning)을 통해 비로소 배치물로서 스스로를 드러내며, 상호중첩 과정 속에서 어떤 때에는 안정화(영토화 또는 재영토화)되기도 하고, 혹은 탈안정화(탈영토화)되기도 한다. 이때 배치의 핵심은 결코 각각의 구성 요소들이 가지는 특성에 기인하지 않는다. 오히려 배치는 그 구성 요소 간의 상호작용(interaction)이며, 이는 구성요소들의 개별 특성으로 환원되지 않는다. 공간적 관계성이라는 형식의 차원에서, 배치적 사고는 개별 요소들 및 그 상호작용적 전체의 행위성(agency)에 모두 주목한다. 이 두 가지 행위성은 모두 시간이 경과함에 따라 나타나는 상호작용을 통해 변할 수 있다. 이 과정에서 특정 상호작용 과정에서 배치물이 소모되는 것은 아니며, 오히려 개별적 부분들은 새로운 배치를 위한 미래적 자원으로 재사용되거나 혹은 배치에 의해 형태가 변형될 수 있다. 배치의 변화하는 특성은, 마누엘 데란다(Manuel De Landa)가 주장했듯이, 배치가 '외부성의 관계'로 특징지어지기 때문이다. 즉, 기존 배치물의 각 구성 요소들은 탈영토화 이후에도 사라지지 않고 다른 배치와의 상호작용을 위해 분리될 수 있음을 의미한다. 이렇게 볼 때, 학습은 번역, 조율 및 거주를 통해 나타나는 상호작용으로 표현되는 배치라고 할 수 있다. 학습의 공간성 측면에서 볼 때 배치는 다음과 같은 세 가지 주요 관점에서 출발한다.

첫째, 우선 배치 개념은 도시학습이 그 도시의 '역사'와 '잠재력' 또는 '실제성'와 '가능성' 사이의 관계로 구성된다는 점을 강조하려는 시도에서 출발한다. 이와 관련하여 두 가지를 언급하고자 하는데, 우선 지나간 도시의 역사가 가지는 역할이 중요하다고 보는데, 역사는 도시정책과 도시경제의 궤적을 형성하고, 실천 습관을 만들며, 진행의 방향성을 형성하며, 그것을 통해서 도시 학습의 맥락을 형성한다. 또한 현재의 잠재력과 잉여의 순간 및 그로 인하여 기존의 패턴이 파열되고, 사람과 사물 간의 새로운 만남이 생성되며, 일상적인 도시 생활에 새로운 연결과 방식들이 만들어질 수 있도록 하는 다양한 학습의 가능성이 창출되기에 충분할 만한 사건들에 대해 언급할 필요가 있다. 여기에서 잠재력이란 학습 안에서 표출되는 실제와 가능성 사이의 거리를 가리키는데, 즉, 이미 실제로 작동하는 도시의 모습과 새롭게 가능하거나 혹은 가능했을 수도 있을 도시의 모습 사이의 차이를 말해준다. 이것은 일종의 도시적 상상력에 관한 것이며, 다양한 한계 혹은 불평등한 조건 아래에서 도시가 생성해 낼 수 있는 모종의 가능성이 될 수 있다. 니콜라스 탐피오(Nicholas Tampio 2009: 385)가 주장한 대로, 들뢰즈(Deleuze)에게 배치라는 개념은 자유와 평등의 이상을 실현하는(actualizing) 것이었다. 도시학습의 공간성을 사고하는 도구로서, 배치라는 개념은 단순히 관계의 생태학에만 주목하지 않는다. 오히려 번역, 조율 및 거주의 다중 시공간적 특성을 통해 형성될 수 있는 특정한 방식의 도시정렬(particular urban alignments)에 더 많은 관심을 둔다. 특정 순간이나 어떤 일정한 기간 동안, 다종의 외부적인 것들이 배치의 형성 안에 참여할 수 있으며, 그로 인해 도시정렬방식들이 언제건 간에 특정한 '시각'에서 변경되거나 분산될 수 있다(De Landa 2006; Li 2007). 이때 배치라고 하는 개념이 ANT에서의 네트워크와 동일하게 읽힐 수도 있는데, 나는 배치 개념과 네트워크 개념

사이에는 분명하고 확실한 차이가 있다는 점을 강조하고 싶다.

예를 들어, 행위자-네트워크이론(ANT)과 관련하여, 배치는 안정성이나 엄밀성 등뿐만 아니라 과잉, 유동 및 변형 등의 의미도 함께 포함하고 있다. 물론 ANT연구가 무조건 안정화 혹은 경직성만을 강조하고 있다는 의미는 아니며, 단지 이러한 경향성이 강하다는 점을 말할 뿐이다. 옹(Ong 2007: 5)은 배치와 신자유주의와의 관련성에 대해 다음과 같이 말한다.

> 배치는 연결성(nexus)을 떠올리게 하지만, 단일 목표를 지향하는 완전한 시스템을 설명하려는 '네트워크 사회' 또는 '행위자-네트워크이론'과 같은 개념과는 근본적으로 다르다… 배치의 공간은 신자유주의가 개입하는 공간임과 동시에 그것이 야기하는 통치와 생활의 문제들을 해결하는 공간이기도 하다.

이처럼 배치는 기존 사태에 대한 변형이나 재배치의 작업을 포함하며, 새로운 발명의 가능성 및 그 잠재력에 집중한다. 여기서의 발명이란 반드시 어떤 새로운 것일 필요는 없으며, 베리(Barry 2001: 211-12)의 주장처럼 사물이나 장치가 다음과 같은 특징을 갖게 되는 배열방식을 말한다.

> … 다른 행위자들과의 관계를 창조적으로 사고하고, 실행하며, 구성하고 재구성하도록 조율된다… 새롭다는 것은 새로운 인공물과 장치들을 장착했다는 뜻이 아니라 기존 인공물과 도구들이 위치하거나 혹은 가까운 미래에 새롭게 위치할 수 있도록 하는 사물과 활동들의 배열 방식의 새로움을 말한다.

ANT(행위자-네트워크이론)에 따르면 네트워크는 개별 부분들 간의 상호작용에 초점을 두지만, 배치는 개별 부분들 및 그들이 정렬되는 방식 모두에서 행위성이 변화하는 양상에 주의를 기울인다. 배치는 여러 이질적인 의도와 활동들이 만들어내는 예상치 못한 결과들도 수용해 내는 더 큰 개념적 개방성을 가진다.

그러나 여기서 내가 배치의 개념을 끌어들인 이유가 기존의 행위자-네트워크이론(ANT)에서 말하는 네트워크 개념의 불만족을 채우기 위한 대안으로서 가져온 것은 아니다. 사실 지금까지 ANT는 종종 네트워크의 안정화에 많은 관심을 기울여왔지만, 최근에는 '유동성, 변형, 양면가치를 강조하는 에토스'에도 그 초점이 더해지고 있다(Van Loon 2006: 310). 그러나 레그(Legg 2009)가 지적한 대로, ANT의 주요 주창자인 브루노 라투르(Bruno Latour)조차도 네트워크를 그대로 안정화로 이해하거나 그 구조/복잡성 또는 인간/비인간과 같은 관계적 복잡성을 약화시키려는 끈질긴 주장들과는 스스로 거리를 두고 있는 것이 사실이다. 이렇게 배치가 경직성과 변화 모두에 주의를 기울인다는 점에서 네트워크에 대한 일부 ANT 번역과 다를 수 있지만, 그럼에도 불구하고 배치는 여전히 네트워크와 유사한 영역에 속한 개념이며, 그 자체가 사회물질적 관계성의 복잡성에 맞서려고 시도한다.

둘째, 도시생활을 개념화하는 데에서 배치 개념은 단순히 공간적인 범주, 산출물 또는 결과적 형성물 등으로서 학습이 이루어지는 결과적 차원을 넘어서 그 행위와 성과, 혹은 사건의 과정 등 속에서 생성되는 학습의 과정적 차원을 강조한다. 배치를 구성할 때 필요한 미리 준비된 공간적 템플릿이라는 것은 없다. 배치의 공간성이란 사회-물질적 정렬이 만들어내는 공간성이며, 이는 역사적으로 구축되어 온 자본 축적과 사회적 분극화의 과정에서 생성된 공간 형태부터 임의적인 병치들, 파열을 초래하는 사건들, 그저 뻔한 낮과 밤의 활동 리듬들, 주변 분위기들 및 친근성 등에 이르기까지 다양한 공간 형태들을 보여준다. 배치가 만들어내는 구체적인 특성들은 그 과정에서 작동하는 상호작용이 만들어낸 결과이지만, 이러한 구체적 배치들은 결코 일개 사건이나 실천 등으로 환원될 수 없으며, 그 배치들이 생산해 내고 변형하는 역사적 맥락 안에서 이해되어야 한다.

시간의 여러 다른 순간순간들 속에서 일어나는 학습들, 혹은 어떤 위치나 행위자들 안에서 혹은 그들 사이에서 일어나는 여러 학습들은 결코 동일한 방식으로 만들어질 수 없다. 또한 그런 학습들은 쉽게 붕괴될 정도로 취약하거나 쉽게 다른 형식으로 재배치화될 수도 있다. 베넷(Bennett 2005: 461)이 들뢰즈와 과타리(Deleuze & Guattari 1987)를 인용하며 지적했듯이, 이는 배치물에 포함된 각 구성원들 각자가 아니라 이들 전체를 집합화한 것으로서의 집합 행위자의 존재와 역할을 강조한다. 어떤 분위기 혹은 특정한 구성배열들 속에 존재하는 힘과 궤적들이 만들어내는 내적 변형이 핵심이다. 학습 배치를 형성하는 각자의 여러 '부분들'은 결코 원자적으로 서로 상호작용하는 것이 아니라 서로를 규정하는 방식으로서의 공동-구성관계(co-constituting relations)로서 상호작용한다. 모든 면에서 배치의 시공간성은 매우 중요하지만, 여기서 한 가지 특기할 만한 점은, 일부 푸코 추종자들의 경우 배치의 시간성을 장기적인 것이기보다는 오히려 단기적인 것으로 이해하고 있다는 것이다(예: Rabinow 2003; Li 2007; Legg 2009). 래비나우(Rabinow 2003: 56)에 따르면, 배치물은 수 세기가 아니라 수년 또는 수십년 안에 사라지는 '이질적인 요소나 기술 혹은 개념의 실험적 매트릭스'이다. 푸코 추종자들이 보기에 단기간이 아닌 더 장기간 지속되는 '문제제기'는 —그가 '더 확장된 문제제기'라고 부르는 것들은— 어떤 우연적이고 창발적인 과정이라기보다는 오히려 이미 정해진 필연적 결과로 형성되는 것으로서의 의미를 더 많이 내포하며, 이것을 그들은 장치(apparatus 혹은 dispositif)(voir Li 2007; Legg 2009)라고 부른다. 이에 비해서 배치 개념 혹은 배치물은 새로운 창발성에 더 큰 방점을 찍는다고 할 수 있지만, 그럼에도 불구하고 나는 배치에 어떤 특정한 시간성이나 어떤 필요한 수준의 안정성이 담겨 있다고 믿지는 않는다. '배치'를 '장치'와 대립시키는 대신, 나는 권력이나 합리성, 혹은 이해 가능성 등의 형식들이 어떻게 도시의 배치물들을 구성하고 에워싸는지를 생각해 보려고 한다. 혹은 이에 대해 배치에 대한 들뢰즈의 언어들—영토화(territorialize), 탈영토화(deterritorialize), 재영토화(reterritorialize)—을 사용할 수 있는지에 대해 생각해 보고자 한다(De Landa 2006; Dovey 2010). 나는 어떤 특별히 강력한 의제나 집단의 행동을 통해 기존의 배치물이 다시는 되돌아올 수 없는 특이점을 넘어서게 될 수 있다고 본다. 그렇지 않을 가능성이 어느 정도 상존하고 있다고 하더라도 말이다. 요소들이 한 때 특정한 국면에 모여들어 어떤 배치를 형성했다고 하더라도, 곧바로 분산되거나 재정렬될 수도 있는 법이다. 여기에서 말하고자 하는 핵심은, 실제성과 가능성으로서의 어바니즘을 구성하는 도시 학습의 배치 개념은 다름 아닌 창발적인 물질적 실천과정 안에서 작동한다는 것이며, 그것은 또한 도시 역사의 궤를 같이 하며, 이것들은 결코 미리 마련된 공간 및 시간의 템플렛에 의해 결정될 수 없다는 것이다.

셋째, 마지막으로 권력, 자원 및 지식이 만드는 심각한 불평등의 관계적 맥락 속에서 도시학습 배치가 어떻게 사회공간적으로 구조화되고 위계화되며 담론화되는지에 관한 양상에 주목할 필요가 있다. 사회의 구조적 위계화에 대해 무조건 날것의 비판을 하기보다는, 정책이나 개발이 전개되는 과정에서 도시학습 배치의 공간성과 시간성이 다른 것들보다 더 효과적으로 포착되고, 구조화되며, 이야기화될 수 있는데, 특히 이 활동에 특출나게 효과적이며 영향력이 큰 행위자 집단이 존재한다. 다음에 언급할 갠디(Gandy 2005)와 스윈게두우(Swyngedouw 2006)의 예시는 권력, 정치경제 및 사회문화적 차별화가 도시 배치 생성에 어떤 핵심적인 역할을 하는지를 보여준다. 갠디는 사이보그 형상이 몸, 테크놀로지, 배제 및 폭력 등을 함께 연결하여 비판적으로 통찰하게 해 준다고 설명한다. 인프라가 생명 유지 시스템으로 작동하는 방식 속에서, 또한 사회의 사회물질적 군사화를 야기하는 것들로서의 기술적으로 강화된 도시 전사들, 시민 인프라의 파괴, 도시를 통한 감시 기술의 급격한 확장과정 속에서(Graham 2008, 2009), 혹은 폭력, 빈곤 및 질병를 통해서 소외된 집단에 대한 '디사이보그화'를 추동하는 과정에서, 갠디(2005: 32)는 어떤 형태의 선택된 어바니즘이 도시 생활의 특정 형태를 파괴하고, 축소하거나 혹은 가능하게 하는 힘이 있는지를 보여주었다. 스윈게두우(Swyngedouw 2006)는 신진대사 흐름의 탈영토화 및 재영토화로서의 도시화에 대한 비판적 설명에서, 권력의 불평등한 관계 속에서 특정 행위자들이 계급, 민족, 인종 및 성별에 따라 자신들의 도시환경을 방어하고 생성할 수 있도록 나서게 된다고 주장하며 다음과 같이 언급했다(2006: 106).

> 자본주의하에서 상품관계와 돈의 흐름은 다양한 지배/종속과 착취/억압의 사회생태학적 과정을 숨기고 은닉하게 되는데, 이 과정은 그대로 도시화 과정에 되먹임되면서, 그로 인해 도시를 친근한 지역사회로부터 이탈시켜 지구의 가장 먼 구석까지 확장시키는 일종의 사회환경적 물질대사 과정으로 전화시켰다.

내가 이 책 전반에 걸쳐 제시하고, 특히 6장에서 자세히 살펴보고자 하는 것처럼, 배치는 도시학습의 비판적 지리학을 조명하는 개념적 도구로서 기능할 수 있다.

배치는 창발성 현상에 초점을 맞추는데, 예컨대 어떤 특정 형태로 창발한 도시 학습이 다른 형태보다 전반적인 우위를 점하는 이유와 방식이 무엇인지 진지하게 캐묻기도 하며, 또한 어떤 특정하게 창발한 지식의 형식이 경계를 넘어 더 넓게 퍼지는 반면 다른 지식의 형식들은 한 지역 경계를 넘지 못하는지 등의 문제에 주목한다. 구체적인 사례를 살펴보면, 도시 정책과 관련하여 최근 몇 년간, '창의적인' 또는 '스마트시티'라는 특정 이미지가 다른 것들을 밟고 올라서서 우세해지는 것을 목격했다(Florida 2002, 2005; Peck 2005). 홀란드(Hollands 2008)는 엘리트적이며 독특한 가상성의 차원에 머물고 있는 '스마트시티' 담론을 새로운 방식으로 회복시켜 보려고 시도했는데, 특히 새로운 한 가지 대안적 개념의 형태로 이 '스마트시티'가 다시 확산되어 가는 모습이 어떤 것일지 따져보았다. 예컨대 홀란드(2008: 312)는 다음과 같은 질문을 던졌다. 즉, 진보주의적이고 사회포용적 차원으로 스마트시티 담론을 전환하고, '스마트시티' 담론이 '덜' 스마트하거나 '덜' 창의적인 도시 영역과 결합할 경우 어떤 상황이 펼쳐질까? 또한 스마트시티는 표면적으로는 창의성, 다양성, 관용과 문화를 표방하는 선전 문구들을 내걸고 있지만, 실제로는 주로 지식과 창작 노동자들에게만 더 집중하고 있으며, IT와 예술을 활용해서 사회통합을 촉진하려는 노력은 상대적으로 덜 한 것은 아닐까? 그 해답으로서 잠정적으로 그는 진보적인 스마트시티가 추구할 수 있는 두 가지 도시 학습 배치 방식을 제시했다. 첫째, 그는 진보적인 스마트시티 개념은 테크놀로지가 아닌 인간 및 그들이 가지고 있는 기존의 지식과 기술에서 출발해야 한다고 주장했다. 그래서 정보통신기술의 기본 역할은 '사람들에게 권한을 부여하고 교육하며 그들이 자신들의 삶과 거주하는 도시환경에 대한 정치적 토론에 참여하도록' 하는 것이 되어야 하며(Hollands 2008: 315), 여러 계층의 다양한 사람들이 골고루 정보통신기술 관련 활동에 참여할 수 있도록 노력해야 한다는 것을 요청한다. 둘째, 기업, 정부 및 지역사회가 기술을 활용하는 방식에 있어서 권력의 중심을 이동하여 보다 많은 시민들이 참여할 수 있게 하고, 지역에서의 그들의 의사결정력을 증진시킬 수 있는 더 많은 기회가 제공되어야 한다. 이런 의미에서, 정보통신기술(IT)은 '가상 대중문화(virtual public culture)'를 촉진하는 데 잠재적으로 활용될 수 있다(ibid.). 이러한 맥락에서 홀란드(Holland 2008: 316)는, 스마트시티라는 화려한 슬로건이 현재 잠재되어 있는 도시의 불평등 문제를 가리지 않도록 하고, 현재의 스마트시티 담론을 계속해서 탐색하고 평가함으로써 '기술을 통해 더 도전적으로 문제에 접근하고, 권력과 주도권을 분산시키며, 불평등에 도전하고, 스마트라는 개념 자체를 재정의할 수 있도록 하는 대안적 스마트도시 담론을 구축해야 한다'고 주장했다.

이 설명을 통해서 홀란드는 '스마트시티' 안에 담긴 실제적 도시화와 잠재적 도시화의 차이에 관해 논의하면서, 스마트시티를 포용적이고 인간중심적인 대안적 도시화 담론과 대비시켰다. 이 상황에서 '배치'라는 논의는 구체적으로 현재의 도시와 가능태로서의 도시 사이의 관계를 다루는 문제로 압축될 수 있다. 우선, 여기에서 배치는 일종의 분석적 과정으로서, 한 가지 방식으로 도시학습의 특정 형태가 어떻게 우세해지고 전파 가능하게 되는지, 그리고 전파 과정에서 도시화가 어떻게 기존과 다르게 구성될 수 있었는지 등을 계속해서 질문해 가게 된다. 또한 배치는 일종의 지향성(orientation)으로서 지속적으로 대안적인 도시학습을 구축해 가기 위한 노력이기도 하다. 도시 생산에 초점을 맞출 경우 배치는 도시의 새로운 가능성을 생각할 수 있는 길을 열어준다. 즉, 대안적이며 사회적으로 더욱 정의로운 도시화 개념이 탄생하고 전파되는 상상력을 제공한다. 이 책에서 접하는 많은 도시학습 배치의 사례들은 본질적으로 지역을 넘나드는 특성을 갖는데, 원래 모든 배치물들은 초지역적(translocal) 특징을 갖기는 하지만, 그럼에도 내가 여기에서 '초지역적 배치'라는 용어를 사용하는 이유는 이러한 관계적 공간성을 특별히 강조하고 싶기 때문이다. 나는 여기서 '글로벌' 대신 '초지역적'이라는 용어를 사용한다. 이는 옹과 콜리어(Ong & Collier 2005)의 영향력 있는 편집 컬렉션인 『Global Assemblages(글로벌 배치)』와 대비되는데, 이 책은 '글로벌 형식(global forms)'을 일종의 영토화된 배치성으로 명시하였다. 여기서 '형식'은 —마치 '배치'라는 개념의 위상처럼— 신자유주의, 시민권, 민주주의 또는 국제 규정과 같은 추상적 개념들을 나타낸다. 옹과 콜리어(Ong & Collier 2005: 4)에 따르면, 배치와 배치물은 물질적, 집단적, 담론적 관계를 가지는데, 여기에서 특히 '글로벌 형식'의 특성이라는 특정 형식을 언급하는 이유는 그러한 배치의 형성과 재형성이라는 문제를 정치적이고 윤리적인 '인류학적 문제' 차원에서 이해하려고 하기 때문이다.

옹과 콜리어(Ong & Collier 2005: 12)가 제시한 한 가지 핵심 구절 속에서, 글로벌 형식과 배치 사이의 관계가 명시되어 나타나 있는데, 그 안에는 특히 그 공간적 틀에 대한 질문도 함께 포함되어 있다.

> '글로벌'과의 관계에서, 배치는 그에 반대되는 것으로서의 '지역성'을 의미하지 않으며, 스스로를 광범위한 형태로서의 글로벌 세력과 대조되는 어떤 것으로 묘사하지도 않는다. 또한 그런 힘에 의한 구조적 효과도 아니다. 배치는 단일한 논리로 환원될 수 없는 다중 결정의 산물이며, 배치가 지니는 시간성은 창발적 특징을 갖는다. 배치는 항상 새로운 형식을 가지는 것

> 이 아니며, 오히려 그 형식 자체가 늘 변화하거나, 새롭게 형성되거나, 혹은 해체 위기에 놓인다. 이런 점에서 만일 글로벌이라는 개념과 배치라는 개념의 결합 형태로서 탄생하는 '글로벌 배치'라는 용어는 그 안에서 나름의 내적 긴장감을 가지게 된다. '글로벌'은 포괄적이고 매끄러우며 이동 가능한 것을 의미하는 반면, '배치'는 이질적이고, 우발적이며, 불안정하며, 부분적이며, 상황적인 것을 시사한다.

이 구절은 특히 배치라는 개념이 가지는 복합적이고, 우발적이며, 창발적인 특성을 강조하려는 점에서 매우 유용하다. 그러나 여기에서 말하는 형식(form)을 '글로벌'로, 배치(assemblage)를 '로컬'로 특화하는 것을 피하려는 의도에도 불구하고, 이 설명에서 배치는 글로벌 형식이라는 개념을 근본적으로 비판하려는 일련의 '성찰적 실천'처럼 보인다. 이 과정에서, '글로벌'과 '로컬' 사이의 구분이 다시 대두된다. 이러한 맥락에서 나는 이 상황을 도시학습 배치(urban learning assemblage)라는 개념으로 재기술하는 마당에 그 불필요한 범위적 구분을 흐리게 하기 위해 '초지역적(translocal)'이라는 접두사를 사용한다 (그리고 이것을 통해서 De Landa(2006)의 존재론, 『A New Philosophy of Society: Assemblage Theory and Social Complexity(새로운 사회 철학: 배치 이론과 사회적 복잡성)』에서 발견되는 배치와 스칼라의 구분과도 구별하려고 한다).

일종의 개념적 복합과 통합이라는 차원—반드시 내적 일관성일 필요는 없으며 개별 요소들 간의 외적 정렬 정도로 충분한—으로서(Li 2007; McGuirk & Dowling 2009), 여러 배치물들은 역사와 잠재성의 관계로서, 그리고 행위와 성과의 관계로서 구성되며, 지식, 권력, 자원 등의 불평등한 관계 속에서 구조화된다. 학습을 공간성 차원에서 이해할 때, 배치라는 관점은 앞에서 말한 번역, 조율, 거주가 어떻게 공간 안에서 구성되고 정렬되는지에 집중한다. 배치는 번역 과정을 통한 사회물질적 공간 분포, 조율 과정을 통한 영토화 또는 능력 활성화, 그리고 거주 과정을 통한 일상적 어바니즘으로의 몰입 및 어포던스(affordances) 등에 초점을 맞추고 있다.

결론

도시학습 배치 개념을 비판적으로 채택해야 하는 이유는 단순히 도시에 대해 더 많이 알아야 하기 때문이 아니라, 도시 학습의 정치학을 해체하고 그에 대해 쟁론하기 위해서이며, 또한 학습이라는 현상을 명시적으로 도시 문제 분석과 해결의 중심에 배치하려고 하기 때문이다. 이러한 학습과 재학습은 번역, 조율, 거주라는 세 가지 과정에 기초한다. 번역(translation)은 학습의 변위와 변화의 사회물질적 인식론으로서 생성되는 관계 및 관계적 비교와 분산화를 의미한다. 조율(coordination)은 복잡성을 다루고 적응을 용이하게 하며, 다양한 지식 영역을 조직화하기 위한 수단으로서 학습을 가능하게 하는 '기능적 시스템'의 구성을 말한다. 그리고 거주(dwelling)는 학습이 세상을 바라보고 그 안에 거주하는 방식으로 작동하는 주의환기 교육의 한 가지 방식이다.

나는 배치 개념을 도시학습의 공간 문법으로 개괄했으며, 역사와 잠재력, 행위와 성과, 그리고 (구체적으로 한정되지는 않지만) 구조화된 불평등 관계를 통해 학습의 구성에 초점을 맞췄다. 배치는 그 성질상 과정적이고 과잉적이며 수행적이다. 또한 배치는 자신의 사회물질적 합리성과 과정을 지속적으로 창발되는 불평등한 환경 속에서 드러내는 도시학습의 공간성 개념이다. 도시 배치는 단순히 학습의 공간적 범주를 표현하는 개념이 아니며, 또한 그 산출물이나 결과적 형성물도 아니다. 대신 배치는 학습이 어떻게 행위, 성과 및 사건 등을 통해 작동하는지에 관해 초점을 맞춘다. 시간의 흐름에 따라, 어떤 특정한 도시학습 형태들이 모종의 배치를 구성할 수도 있지만, 또한 그것 역시 붕괴되어 해체되거나, 다른 형태로 다시 재배치(reassembling)될 수도 있다.

이 장에서는 학습 배치(learning assemblages)의 개념화에 치중했으며, 도시학습 배치의 구체적 특징들에 대해서는 후속 장에서 그 설명이 이어질 것이다. 올즈와 쓰리프트(Olds & Thrift 2005: 202)가 다른 곳에서 언급한 것처럼 배치는 각각의 맥락에서 서로 다른 방식으로 작동한다. '배치는 특정 상황들에 적용하는 미리 정해진 규칙들의 거대 구조가 아니며, 오히려 이 과정에서 만들어져 재현된 결과들이다'. 다음 장에서는 도시학습 배치를 도시화에 적용하는 과정을 설명할 것인데, 주로 다양한 형태의 도시학습을 통해서 일상적인 도시생활들이 생성되고, 요구하며, 경합되는 다양한 방식을 탐색할 것이다.

제2장

일상을 배치하다: 점진적 어바니즘과 전술적 학습

서론

도시에 사는 대부분의 주민들은 도시의 사회적, 공간적 경험을 통해 도시를 학습한다. 도시학습은 공식적이고 선형적인 인지 과정이 아니라, 도시 시공간에 대한 체험적 과정(몰입)을 통해 발생한다. 그럼에도, 지금까지 도시에 살거나 속한 개인과 집단들은 놀라울 정도로 도시학습에 거의 관심을 두지 않았다(예외도 물론 있다. Chattopadhyay 2009; Hansen & Verkaaik 2009; Roy 2009a, b; Simone 2004a; Shove et al. 2007 참조). 그리고 도시의 거주형태는 앞에서 말한 '번역'과 '조율' 과정과도 물론 서로 불가분의 관계에 있지만, 이 장에서는 주로 도시의 '거주'에 초점을 맞춘다. 이를 통해서, 일상적 도시생활의 생성과 갈등이라는 두 차원에 학습이 어떤 형태로 나타나는가라는 문제에 관심을 갖는다. 즉, 점진적 어바니즘(도시생활방식)과 전술적 학습이라는 두 가지 서로 얽힌 개념화의 문제를 다룬다. 이 과정은 주거를 통해 나타나는 학습의 독특한 양식 혹은 그 과정에 나타나는 명시적 형태라고 할 수 있는데, 이것은 축적의 형태(일종의 선형적 추가가 아니라 누적되고 변화하는 실천된 지식의 집합)로 나타나거나 혹은 인식 혹은 도시주의를 경험하는 방식에서 보다 명확하고 갑작스러운 변화의 형태로 나타난다.

이 장에서는 중요함에도 불구하고 흔하게 일어날 수 있는 도시경험을 세 가지 정도 다룬다. 첫째는 필요와 상황에 따라 나타나는 '즉흥성'인데, 말하자면 자의적이든 타의적이든 여러 영역들, 예컨대, 주택 내 혹은 공동 시설 등의 다양한 영역에서 생길 수 있으며, 그 차원에 있어서도 물 부족 처리 시스템이 될 수도 있고 도시 스케이트장과 같은 오락 시스템이 될 수도 있다. 이러한 즉흥성은 도시의 변화하는 개념과 경험이 어떠한지를 알려준다. 둘째는 '도시의 리듬'이다. 도시생활의 리듬은 도시를 걷거나 이동할 때, 일속에서의 루틴 속에서, 예측 가능한 여러 활동 패턴을 통해서, 그리고 여러 병렬적인 리듬들의 균형과 조화 속에서 나타날 수 있는데, 이러한 리듬은 인간이 도시에서 살아간다는 일이 어떤 것인지를 잘 보여준다. 셋째는 한 도시에서 생활하고 타협해 가는 '대처 메커니즘과 전략'인데, 이것을 통해서 사람들이 어떻게 도시적 삶의 형식과 과정을 학습해 가며 적응하는지를 잘 보여준다. 이것들은 도시에 거주하는 사람이라면 누구나 공감할 수 있는 일상적인 도시 학습의 형태이지만, 계급, 성별, 인종, 연령, 종교 등이 다르다면 근본적으로 서로 다른 방식으로 경험하고 학습하게 된다. 보든 등(Borden et al. 2001: 9)이 『알려지지 않은 도시(The Unknown City)』의 서론에서 설명했듯이, 도시를 배우는 것은 무엇보다도 시간과 공간에 걸쳐 펼쳐지는 사건과 투쟁을 통한 일종의 '생성의 프로젝트'이며, 도시는 '재구성의 무한한 가능성들의 결합' 그 자체이다(Simone 2004b: 9).

이처럼 다양한 형태의 즉흥성, 도시의 리듬, 대처 메커니즘은 일상적인 도시생활을 통해 학습한다는 것이 어떤 일인지를 보여주는 좋은 예시인데, 이것은 주거의 중요한 과정인 점진적 어바니즘(도시생활)임과 동시에 학습을 통해 도시에서의 진보를 추구하려는 의도적이고 적극적인 도시전략이라고 할 수 있다. 에드가 피에테르세(Edgar Pieterse 2008: 113)의 주장과 같이, 일상적인 측면에 초점을 맞추면 어바니즘의 더 큰 매트릭스 속에서 학습의 존재성을 발견할 수 있는 가능성이 열리게 되는데, 이것은 종종 도시를 설명할 때 누락되곤 한다. 예를 들어, 인프라에 대한 접근 권한을 얻거나 주거공간을 확장하기 위해 '공개적으로 포착되지 않는' 일련의 사소한 행동 같은 일상적 측면이 있을 수 있다. 나는 서로 다른 집단이 도시 주변성을 다루는 방법에 있어서 여러 형태의 학습들이 중요하며, 그리고 이 학습들을 도시 전술적 학습의 지속적인 형태로 유용하게 개념화할 수 있다고 주장하고자 한다. 이를 통해 도시 전술적 학습의 형태가 어떻게 도시 거주의 가능성을 방해하거나 확장할 수 있는지를 생각해 볼 것이다. 이 장 전체에서는 주로 뭄바이에서 수행한 현장조사 사례를 살펴볼 것이지만, 바로 다음 절에서는 상파울루의 사례를 다룬다.

점진적 어바니즘

2008년 8월 어느 오후에 나는 사회복지사인 가브리엘라(Gabriella)와 함께 상파울루의 대규모 빈민가인 파라이소폴리스(Paraisópolis)의 프로젝트 현장을 방문했다. 파라이소폴리스는 남부 상파울루의 가파른 언덕에 위치한 약 7만 명의 주민이 거주하는 공간이다. 정착지 옆에는 교외의 고급주택 모룸비(Morumbi)가 붉은 벽돌 동네 위로 솟아 있었다(Caldeira 2000). 늦은 오후, 가브리엘라는 독특하게 독창적인 집을 보여주겠다며 나섰다. 그녀의 말은 과장이 아니었다. 화려한 아치형 출입구에서 나온 남자는 가브리엘라와 아는 사이였는데, 매일 바다에 나갔다가 돌아와서 다양한 색상의 돌과 수중에 들어오는 모든 물건을 가지고 어떻게 집을 지었는지를 나에게 들려주었다. 집의 지붕은 버려진 플라스틱 조각, 오래된 신발, 다리미, 아이들의 장난감, 머그컵, 주방용품 등 온갖 다양한 물건들로 이루어져 있었는데, 장식용의 색깔 돌들을 복잡하게 배열하고 돌 사이에 온갖 물건들을 집어넣고는 시멘트를 발라놓았었다. 그는 자랑스럽게 벽과 천장을 두드리며 어깨 뒤로 손짓하며 내부를 보여주었는데, 내부는 외부보다 훨씬 인상적이었다. 매끈하고 각진 돌과 다양한 물질로 배치된 아치형 통로가 있는 토끼 사육장은 빛이 들자 무지갯빛이 만들어졌다. 지붕 위에는 그의 자녀들이 사용하는 같은 테마로 꾸며진 정원이 있었다. 그는 끊임없이 계속 집을 지어왔으며, 이 프로젝트가 수년에 걸친 작업의 결과라고 말했다.

[그림 2-1]과 [그림 2-2]는 복잡하고 다양한 물건들로 구성된 이 집의 일부를 보여주고 있다.

나는 이 집을 낭만적으로 표현할 마음이 전혀 없다. 집 자체는 창의적이지만, 이 공간 자체는 안전하고 지속 가능한 생활을 유지하기 위해 주민들이 끊임없이 고군분투 중이며, 때로는 끔찍한 학대와 폭력의 희생자가 되기도 하는 위험한 빈민가에 위치하고 있다. 나는 이 같은 사례를 점진적(순차적) 배치의 과정을 통해 '거주로서의 학습(learning as dwelling)'이 어떻게 이루어지는지를 보여주는 휴리스틱 관점에서 활용하고자 할 뿐이다. 이 집은 우리의 관심을 사물 자체의 유물론적 도시 물질주의로 이끌어준다. 어떤 물질들이 사용될 수 있는지, 그 물질들이 원래의 용도를 벗어나 어떻게 기능하는지, 그 물질들이 해당 맥락에서 '유용한'지, 그리고 그 물질들 사이

[그림 2-1] 상파울루 파라이소폴리스의 주택(저작자의 허락하에 사용)

[그림 2-2] 상파울루 파라이소폴리스의 주택 천장(저작자의 허락하에 사용)

에서 순수한 병치(juxtaposition)가 어떻게 불가능한지 등을 보여준다(Bennett 2010 참조). 우리의 이목을 끌기는 하지만, 사실상 이 물질들은 기이하게 구성되어 있다. 이 도시적 기괴함 속에서 그 물질들은 집의 지붕이나 벽의 일부로 정렬되었다는 이유만으로 서로 관련성을 갖게 된다. 원래 이 물질들은 어떤 원래 기능(예: 달걀 상자나 다리미의 용도)을 가지고 있었던 것들이었지만, 지금은 서로 지붕의 일부를 구성하는 상호관계라는 새로운 맥락으로 규정되어 있는 것이다. 요약하자면 개별 인공물들은 원래의 익숙한 기능을 넘어서는 잠재력에 의해 새롭게 정의됨으로써 동시에 새로운 배치물을 구성하게 되는 것이다.

집의 물질성은 건축가의 직감, 의도, 기술을 축적시킨 결과이다. 이 집은 파라이소폴리스의 여러 다른 지역들을 디자인 했던 예술가가 만든 것인데, 그중에는 바르셀로나에서 활동한 가우디(Gaudi)의 다채로운 비선형 디자인을 연상시키는 스타일로 건축된 공공 계단도 있다. 덕분에 이 집을 짓는데 들어간 노동력과 장인정신을 있는 그대로 느낄 수 있다. 겉으로 보기에 무작위적으로 보이는 방식의 조합 속에서 이 건축물이 추상적인 사유보다는 오히려 구체화되고 체화된 몰입을 통해 만들어졌다는 것을 느낀다. 다시 말해 이 집에서 작동하는 물질성 자체가 순수한 인지 과정이나 시야적인 과정이 아니라 감각적 과정(haptic process)을 통해 획득된 학습의 결과물로 보인다. 이는 물질들이 서로의 새로운 관계에 의해 정의된다는 점에서 배치를 통한 학습의 한 형태라고 할 수 있다. 즉, 학습은 물질뿐만 아니라 가능성(새로운 상호작용으로 물질들을 끌어들이는 경우)을 볼 때도 발생한다. 이는 인간과 물질의 관계가 도시 환경에서 어떻게 작용하는지에 대한 질문을 던져주며, 그 관계가 점진적 어바니즘을 통한 학습 과정으로서의 도시, 즉 다중적이고 스스로 거주성을 확장해 가는 도시의 모습을 드러낸다.

존 터너(John Turner 1972)의 인상적인 설명에서처럼 주택은 때로는 도시 환경 내에서 점진적이고 단계적인 조작의 과정이며, 앤 마리 몰(Anne-Marie Mol 2008)이 말한 것처럼 '땜질하기(tinkering)', 즉 '동사로서의 하우징(housing-as-a-verb)'을 의미한다. 가정의 물질문화에 관한 문헌들이 보여 주는 것처럼, 가장 일반적인 의미에서의 가정의 형성은 집합(assembly)의 누적 과정이다(예: Noble 2004; Jacobs & Smith 2008). 제이콥스와 스미스(Jacods & Smith 2008: 517)가 주장한 것처럼, 집은 우발적인 사회물질적 질서의 집합이며, 그 구성은 집의 영역을 훨씬 넘어 확장되기도 한다.

> '주택(housing)'과 '거주(dwelling)'의 행위는 거주하는 사람들과 주택과 관련된 다양한 기술 간의 공동 생산물이다. 여기에는 장식과 장식품, 건축과 벽돌과 모르타르, 위생과 통신기술도 포함될 뿐만 아니라 주택 정책과 관행, 모기지 대출과 보험, 신용 점수 및 기타 모든 살아있는 금융적 '사물'도 포함된다.

제이콥스와 스미스(Jacods & Smith 2008: 518)는 '거주의 배치(assemblage of dwelling)'로서 '가정(home)'을 구성하기 위해 필요한 분산된 논리, 실천, 의미, 경험에 더욱 집중하기 위해서 가정/주택(home/housing)의 이분법을 없애는 것을 연구과제로 삼았다. 이 배치의 과정에서, 다양한 '살아있는 사물(lively things)'들이 상호 관계를 통해 서로 학습된다. 하이데거(1971)의 표현을 빌리면, 거주는 단지 공학, 건축 또는 테크네(그리스어로 '나타내기'의 개념)에 관한 것이 아니라, 모임 또는 집합을 통해 위치를 정하고 공간을 결합하는 개념이다. 그러나 파라이소폴리스의 사례처럼, 거주에 대한 학습은 냉혹한 불평등의 지리학에 의해 구조화되기도 한다.

예를 들어, 내가 주로 연구를 수행했던 어느 비정부기관의 뭄바이 저소득 주택 연구는 심각한 도시빈곤의 맥락에서 발생하는 점증적인 주택관련 현상의 한 단면을 보여준다(Indian Alliance 2008: 6). 다음 인용문에는 이제 막 도시에 도착해서 거주할 장소를 찾는 이주민 가족이 묘사되어 있다.

> 그들은 기둥에 플라스틱 판을 올려 놓기 시작한다. 밤에는 그 아래에서 자고 낮에는 다시 짐을 싼다. 시간이 지나면서 플라스틱은 골이 진 금속판으로 바뀌어 판잣집의 벽과 천장이 되고, 나중에는 벽돌과 모르타르로 바뀐다… 금속판 벽이 세워지면서 지붕은 1층이 된다. 이 벽들은 결국에는 콘크리트가 되고, 외부에서 올라가는 사다리나 좁고 가파른 계단이 생긴다. 추가되는 층은 종종 다른 이주자들에게 임대되어 원래 있던 가족의 수입을 늘려 준다. (중략) … 빈민가 거주자들은 이렇게 점증적으로 층을 계속해서 쌓아나간다(Indian Alliance 2008).

물론 이렇게 점진적으로 쌓여나가는 형태가 뭄바이의 가난한 지역에 사는 모든 사람들에게 해당되는 것은 아니다. 게다가 그 과정 자체는 계급, 카스트, 종교, 민족, 성별, 기타 요인들에 의해 달라지기도 한다. 또한 이 스토리는 관련된 인건비와 비용이나 가난한 사람들이 다양한 인프라와 서비스에 접근하기 위해 필요한 협상주체들에 관한 언급도 담고 있지 않다. 압두말리크 시몬느(AbdouMaliq Simone 2008a: 13)가 아프리카 도시에 대해 얘기한 것처럼, '행위자들은 집단 거래에 자신의 흔적을 남기게 되고, 이러한 행위자들의 독특한 무리들에서 나타나는 방식은 대부분의 아프리카 도시에서 생존을 '가능하게 만드는데' 필요한 일시적이지만 끊임없이 변화하는 관행, 일시적이긴 하지만 질서와 의식 사이에서 실행 가능한 방식에 관한 여러 과정들을 그 안에 감추고 있다.

다시 말해 이러한 서사는 사람들이 학습 배치에 거주하는 —주어진 배치 속에서 학습하고 다시 그 배치를 변형해 가는— 방식을 과소평가한다. 그것은 예컨대 그들이 어떻게 살아가며, 여러 형태의 작은 기회들의 열림과 닫힘이 갖는 형태들과 협상하는 법을 배워나가는지에 대해서 보여주지 않는다. 여기에서 물론 배치(assemblage)의 가능성은 열려있지만, 여전히 현재의 삶 안에 정렬되어 있지 않다는 문제도 포함한다. 그럼에도 불구하고, 여기서 내가 강조하고 싶은 부분은 바로 이 과정에 숨어있는 학습의 존재인데, 이때 학습은 점진적 거주(incremental dwelling) 과정의 한 가지라고 할 수 있다.

1장에서 논의한 대로, '거주'라는 틀 안에서 일어나는 학습은 '번역'이나 '조율'의 형태와도 연관되어 있다. 위에서 설명한 사회물질적인 엔지니어링의 과정은 다양한 물질들이 시간이 지남에 따라 새로운 용도로 번역되는 변화를 포함한다. 예를 들어, 지붕의 경우 처음에는 취침용 바닥이었다가 나중에는 임대 공간이 된다. 사다리는 지붕에 접근하는 수단이었다가, 지붕에 새로 지은 판잣집에 사는 새 가족을 위한 계단으로 용도가 변경된다. '번역 사슬(chain of translation)'(Latour 1999)의 각 단계에서 사다리나 골이 진 금속판과 같은 물질들은 판잣집의 제한된 공간에서 시작하여 거주자의 열망과 욕망, 돈과 물질의 가용성에 이르기까지 다양한 영역을 조율함으로써 학습의 기능적 시스템으로 작동한다. 이는 '공간과 시간의 흐름의 일부이자 공간, 시간, 사회적 존재의 상호 생산의 일부'인 일상적인 삶의 루틴, 활동, 시간성에 내재된 일상적인 건축이다(Borden et al. 2001: 11). 여기서 점진적으로 학습은 시간의 경과에 따라 물질의 다양한 어포던스(affordance)를 통해 나타나며, 도시환경에 대한 주의환기(attention) 교육은 도시 물질을 보는 다양한 방식에 대한 학습을 포함한다.

그런 맥락에서 보자면, 거주 과정에서 사람들은 그들이 어떤 객체를 인식하는 방식이 거꾸로 그 객체들이 사람들의 위태롭고 빈곤한 일상에서 그들에게 무엇을 제공해 줄 수 있는지에 의해 좌우될 수 있다는 것을 깨닫게 된다. 컬렌과 녹스(Cullen & Knox 1982: 285)가 도시와 자아에 관한 연구논문에서 주장한 것처럼, '우리는 사물의 '유용성'을 그것들을 관찰하고 그 속성을 규정함으로써 발견하는 것이 아니라, 우리가 사물을 사용하는 관계를 둘러봄으로써' 발견할 수 있다(Heidegger 1962: 102). 우리는 물질뿐만 아니라 특정 맥락을 통해 해당 물질의 가능성을 보고 도시공간을 배운다. '학습된 객체'들은 새로운 관계에서 무엇인가를 할 수 있다는 사실 자체로 유용할 뿐만 아니라, 도시생활의 가능성을 조건화하는 데에 있어서도 적극적인 역할을 하게 된다. 도비(Dovey 2010)는 들뢰즈와 과타리(Deleuze & Guattari 1987)를 활용하여 '절차적 다중체(processual multiplicity)'를 그 확적 차원과 강도적 차원을 구분함으로써 설명한다. '확장적 다중체(extensive multiplicity)'는 구성요소가 공간 확장에 의해 정의되고 새로운 요소에 영향을 받지 않는 경우를 말하는 반면, '강도적 다중체(intensive multiplicity)'는 새로운 추가 요소에 의해 서로 다른 정도로 변화할 수 있는 다중성을 가진다. '집, 동네, 도시는 강도적 다중체이다. 다른 사람들이 이사를 오거나 새로운 건물이나 방이 추가되면 전체적인 장소의 느낌이 변하게 된다'(Dovey 2010: 27). 판잣집이 일단 지어지면서 그것은 거주하는(dwelt) 실천행위로 표현될 수 있다. 반면, 불안하기는 하지만 지속적으로 판잣집들이 점증하면서 이것은 점차 거주의 집단화를 가져온다. 경멸적인 의미를 내포하고 있긴 하나, 이런 의미에서 '빈민가 거주자(slum dweller)'라는 표현이 널리 쓰이면서 공감대를 형성한다. 그러나 여기에서 '거주' 개념은 도시의 삶을 드려다 보는 일반적인 창구 역할을 제공하는데, 이를 통해서 도시는 심히 불공평한 도시

학습의 조건하에서 서로 다른 시기에 서로 다양한 가능성을 제공하는 사회 물질적 '번역'들이 지속적으로 이어지는 곳으로 인식된다.

점진주의(incrementalism)는 노동집약적이고 역사적인 축적과정이며, 거주를 통한 학습(learning through dwelling)의 핵심이고, 거주나 그 관련 정책에서부터 인프라와 문화에 이르기까지 모든 범위의 도시 과정 및 그 형태에 공통적으로 나타난다. 시몬느(Simone 2008a: 28)가 주장한 대로, 도시는,

> … 아무리 고갈되고 파편화되었더라도, 여전히 점진주의의 궤적을 그리는 하나의 플랫폼을 구성한다. 집들 사이에 제한적이나마 도시 인프라가 조금씩 얹어지고, 가족의 노동력을 동원한 영세 비즈니스들이 늘어나게 되고, 사람들이 이주해 오면서 새로운 경제활동을 위해 그들이 가진 저축을 하나로 모으기도 한다. 한가지 특정 활동에 전문성이 생길 만큼 충분한 경험과 연결망이 생길 때까지는 주로 이동 노동을 통해 우물을 파거나 건설 일을 돕거나 물품을 배달하는 따위의 일에 종사한다.

점진적 변화는 결코 선형적인 과정은 아니다. 학습은 일종의 번역의 과정인데, 이것은 한 문제에 대한 지식이 다른 맥락에서도 사용될 수 있거나 혹은 완전히 잊힐 수도 있다는 것을 의미한다. 특히 점진적 학습은 탈맥락적인 지식 덩어리들이 생성되고 축적되는 과정이 아니다. 또한 점진적 도시학습은 그 자체가 계층화되고, 불평등하며, 통제되어 있다. 시몬느(2008a: 28)에 따르면, '어떤 집단은 노동력, 자금 및 인맥을 조직하여 도로공사를 마치거나, 상하수도 프로젝트를 완료하거나, 자신들의 구역과 동네에 전기를 공급할 수 있지만, 다른 집단의 경우에는 이런 프로젝트의 수행 자체가 어렵다'. 소외된 정착촌에 사는 수백만 명의 생계는 일상적으로 생

산되는 다양한 배치와 전략들에 의해 좌우되며, '이러한 미묘한 협상을 통해 도시의 도시적 구조 혹은 그 안에서의 이런저런 도시양식들의 구성방식 등이 정당화된다'(AlSayyad & Roy 2006: 10). 노이비르트(Neuwirth)가 언급한 대로, '소외된 무허가(비공식) 거주지에 거주하는 사람들, 특히 가정을 꾸리고 가사를 유지하는 일의 대부분을 맡기도 하는 여성의 일상 대부분을 구성하는 임시변통적 도시생활에서 이러한 것들을 지속적으로 엿볼 수 있다. 그들은 임시변통적인 물질들을 통해서 자신의 미래를 만들어가고 있지만, 대부분 그들은 그 사회에서 미래가 없는 인간으로 치부된다. 이것이 그들의 존재를 드러내는 구체적인 방식이다'(Neuwirth 2006: 21-2). 드 세르토(De Certeau 1984: 15)가 브리콜라주(bricolage: 도구를 닥치는 대로 써서 만든 것)라고 불렀을, 이 임시변통적인 도시생활방식(incremental urbanism)은 '임시적 방법' 자체를 의미하며, 도시의 무형식성을 설명할 때 자주 사용되는 '즉흥성'을 의미한다.

시간이 지나면서 물질의 다양한 용도와 관계를 학습하면서 점차 거주지를 구축해 가는 과정은 이전에 알려진 비공식(무허가) 정착지의 일반적 방식과는 다르다. 여기에서 즉흥성(improvisation)은 단순히 어쩌다가 등장하는 어떤 특성이 아니라 도시 배치(urban assemblage) 속에서 땜질(tinkering)하고 수정(tweaking)한 결과로 얻게 되는 산물이다(Dovey 2010 참조). 그레엄과 쓰리프트(Graham & Thrift 2007)가 보여주듯이 이러한 현상은 도시에서 더 보편적으로 관찰되는데, 매일 지속적으로 발생하는 숨겨진 학습 및 적응의 양상들은 도로나 전기에서부터 물, 위생에 이르기까지 도시 인프라를 유지보수할 때 잘 드러난다. 그들의 주장대로, 도시가 종종 '즉시 손볼 수 있는' 것처럼 보이는 것은 주로 도시를 보수하고 수리하는 노동집약적인 사회기술 과정을 통해서 잘 드러난다. 여기서 즉흥성이란, 갑작스러운 변화가 아니라 점진적인 학습을 통해 나타나는 창의적 땜질의 과정이다. 다른 예시이지만, 보든(Borden 2001: 196)은 시간이 지남에 따라 스케이트보더들이 실천적 몰입을 통해 도시 사물들을 '즉흥적으로' 활용하는 방법을 학습한다는 점을 예시해 주었는데, 그들은 벽, 벤치, 보도, 계단, 틈 등을 놀이나 탐구의 대상으로 창의적으로 재구성하면서 일종의 '새로움'을 창조한다. 보든은 스케이트보더들이 어떻게 일상적 물질들을 새로운 가능성으로 재창조하며 그 활용법을 학습하게 되는지를 보여준다. 일례로, 스케이트보더들은 핸드레일(난간) 위에 올라타서 미끄러져 내려오면서 그것을 안전성의 대상에서 위험성의 대상으로 변형한다. 여기서 즉흥적인 학습이란 미시공간과 스케이트보딩 기술이 서로 함께, 그리고 동시에 만들어내는 학습을 의미한다. 이에 관련해서 보든(2001: 190)은 소리와 촉각 등과 관련하여 아래와 같이 설명한다.

> 스케이트보드가 지면 위를 내달릴 때 발생하는 소리는 속도, 그립력, 예측 가능성 같은 표면의 상태에 대한 많은 정보를 제공한다… 이는 바퀴, 트럭, 덱을 통해 스케이터의 발과 몸으로 전달된 표면의 부드러움과 텍스처의 리듬을 통하거나, 건물에 손을 대거나 벽에 발을 대는 식으로 지형과 접촉하면서 생성된 촉각이다.

이러한 몰입 속에서 길거리 거주는 다양한 즉흥성의 방식들을 만들어낸다. 여기에서 즉흥성은 곧 체화된 것, 즉 경험적이며 물질화된 형태로서의 도시적 지식이 즉흥적이라는 점을 말하는데, 이것은 도시 공간에 반복적이고 점증적으로 참여함으로써 생성된다. 보든(2001: 193)의 주장과 같이 '스케이트보더들의 감각'은 '역사적으로 형성된' 것이다.

물론 즉흥성이 항상 긍정적이기만 한 것은 아니다. 물, 위생시설, 전기, 주택의 공급과 관련된 즉흥적인 조치는 단지 삶이 피곤하고 가난하기 때문에 나타나는 조치 방식일 따름이다. 예를 들어, [그림 2-3]의 뭄바이 북동쪽 라피나가르(Rafinagar)에서 볼 수 있듯이, 뭄바이의 빈민촌 내 일부에서는 위생 시설을 임시로 마련하는데, 그 사람들에게는 공중보건의 재난상황일 뿐이다. 복지가 포기된 상황에서는 많은 사람들이 즉흥성을 강요받는데, 이 경우 이러한 상황을 대처하기 위한 즉흥적 방식으로 복잡한 조율 시스템이 창발되어 나온다. 예를 들어, 상호 교환이라는 방식은 사람들끼리 서로 빌리고, 빌려주며, 사고 파는데 필요한 보험 체계의 기반을 형성한다. 이러한 임시방편의 생존전략들 가운데에는 예컨대 고용에서부터 물 공급까지 다양한 서비스를 서로 나누고 공유하는 상호호혜성이 있을 수 있는데, 이것은 주로 가족이나 친구들 사이에서 일어난다(예: Lomnitz 1977; Moser 1996; Gill 2000). 상호호혜적 교환 시스템은 즉흥적이지만 나름의 점진적인 학습을 통해 구축되는 것인데, 주로 도시의 변화 속에서 가족과 친구들의 접촉 네트워크를 통해 형성된다. 이런 시스템들은 위기 상황, 예컨대 소득이 끊기거나 단수 등의 위험에 대처해야 하는 스트레스를 받을 때 활용되는데, 가족이나 친구와의 관계를 강화하며, 불확실성을 관리할 수 있도록 한다. 이런 불확실성은 지상 수도관의 오염 및 파손으로 인해 갑자기 물 공급이 감소하는 상황부터, 국가 또는 땅주인이 수도관을 완전히 제거해 버리거나 파괴하여 사람들이 대체 시스템을 개발할 수밖에 없는 상황까지 다양하게 나타난다. 예를 들어, 뭄바이의 라피나가르에서는 2010년 엘리트 계층들이 물 '부족'의 '원인'을 '불법 빈민가' 탓으로 돌리자, 지방정부가 수도관을 제거했고, 빈민가 사람들은 자신들의 사적인 네트워크와 지식을 활용하여 임시변통적으로 함께 활용할 수 있는, 하지만 훨씬 큰 비용이 드는 대체 시스템을 만들어야 했다. 이처럼 인프라와 주택을 파괴하는 행위—뭄바이의 수많은 빈민촌에서 흔히 발생하는 일들로, 도시 거주를 제거, 거부 또는 근본적으로 파괴하는 행위—에 직면할 때, 사람들은 대안적인 가능성을 즉흥적으로 창출하기 위해 그들이 이미 알고 있는 지식을 활용한다. 이 과정에서, 사람들은 도시가 만들어낼 수 있는 취약성 및 그에 대처하기 위해 사람들이 활용할 수 있는 종류의 대처 메커니즘을 점증적으로 학습해옴으로써 수년간에 걸쳐 구축된 사회 인프라 시스템을 활용한다.

[그림 2-3] 뭄바이 라피나가르의 간이 화장실
(사진제공: Renu Desai)

상호호혜성은 결국 거주에서 나타나는 여러 문제들을 조율하는 과정에서 형성된 학습의 결과라고 할 수 있다. 상호호혜성은 시몬느(2008b: 200)가 '어려움과 불확실한 비용에도 불구하고, 다양한 도시거주자들이 서로 교차하면서 도시생활의 광대한 이질성—사물, 자원, 공간, 인프라 및 사람—을 유지하는 상태를 계속해서 만들어내고, 여기에 적응할 수 있는 능력을 촉진하는', '일상의 거래'라고 부르는 형태를 담고 있다. 또, 파르타 채터지(Partha Chatterjee 2004: 40-41)의 언급처럼, 호혜성은 소외 계층이 자신들 계층의 외부로부터 —유사한 상황에 있는 다른 집단, 더 우월하고 영향력 있는 집단, 정부 관료들, 정당 및 지도자들과의— 수많은 관계들을 만들어냄으로써 확보한 불확실한 지형'에 적응하면서 배우는 다면적 과정이다(뭄바이의 길거리 판매상들에 관해서는 Anjaria 2006 참조). 이렇게 도시에서의 삶을 버텨내고 적응해 내려는 이러한 노력들은 다양한 다공성 학습 배치(porous learning assemblage)를 형성해 내며, 계속해서 다양한 도시 지식을 끌어내고 변형해 낸다. 이런 노력은 그 생활이 요구하는 다양한 긴급성을 해결하기 위해 나타나게 되는데, 벤야민과 라시스(Benjamin & Lacis 2004: 416-417)가 나폴리에 관한 유명한 에세이에서 쓴 것처럼, '어떤 대가를 치르더라도 그들이 획득했던 공간과 기회를 보존하기 위한' 것이 바로 즉흥성의 이유이다.

즉흥성은 점진적 도시생활방식 속에서 나타난다. 이런 예시들은 즉흥성이 저절로 발생하거나 '순간적'이거나 애드호키즘(ad hocism)*이 아니라는 점을 보여준다. 이는 다양한 여러 다른 영역들을 관리하는 조율 장치, 즉, 상호호혜성과 같은 기능적 시스템의 (재)구축을 통해 오랜 시간에 걸쳐 학

* 역자 주: 애드호키즘은 'ad hoc(즉석의, 임시의)'와 'cracy(통치, 지배)'의 합성어 애드호크라시(ad-hoc-cracy)에서 파생된 단어로, 필요한 순간에 임시적으로 구성되는 조직 형태로 특징지어지는 일련의 성질을 의미한다.

[그림 2-4] 뭄바이의 도색된 트럭(저작자의 허가를 받아 사용)

습되는 것이다. 또 다른 예는, 인도에서 트럭이나 버스의 차량 치장을 위해 고용되어 일하는 생계형 화가와 예술가의 대규모 산업이다. 이들의 예술은 정교하고 다채로우며 정치적이고 사려깊거나 유머러스한 메시지를 담고 있다(예시는 [그림 2-4] 참조). 스와티 차토파디야이(Swati Chattopadhyay 2009: 125)가 콜카타의 버스-예술 제작에 대해 기술한 것처럼, 이 예술가들은 자신들의 고유한 시그니처와 상상력을 갖추고 있는 반면, 또한 신과 여신, '암리차르(Amritsar)의 황금 사원, 타라케스와르(Tarakeswar)의 칼리(Kali) 사원, 꽃으로 장식된 카바(Kaaba) 같은 종교 기념물, 거룩한 성인들의 입체적 표현' 등에서 차용한 기존의 문화 자원과 모티프가 풍부한 레퍼토리를 활용한다. 도시 예술에서의 즉흥적인 특성은 한편으로는 공예 전통(시골 및 도시)뿐 아니라, 시, 정치적 슬로건, 비속어 관행의 문학적 전통에서 영감과 소재를 차용하는 예술가들을 통해 나타난다. 다른 한편으로는, 해당 요소에 '새로운 이미지와 사건을 주입하여, 현대성 속에서 협상하고 거주하는 방식을 옹호하는 대중적 실존주의의 영역을 창출하는 과정' 속에서 나타나는데(ibid: 129), 여기서 '거주로서의 학습'을 통해 만들어진 공예 전통—즉 일상적인 실천과 기술에 대한 체화된 몰입—은 다양한 시대의 계기와 순간들(당시의 정치적 논쟁, 대중 문화의 순간 등)을 만나면서 '번역'된다. 공예와 문학의 습관들과 대중적인 이미지와 슬로건들이 혼합되는 불가분한 상황은 생계 수단으로서의 예술이기 때문이기도 하지만 그 안에는 또한 영적이고, 대중적이며, 전통적이고, 환상적이며, 현대적인 인식 형태를 동시에 포함한다. 그러나 즉흥성은 사람들이 점증적인 경험을 통해 도시와 타협하는 것을 배우는 여러 가지 방법들 가운데 하나일 뿐이다. 예를 들어, 많은 대도시들이 가진 다양한 삶의 혼재 속에서 도시주민들은 종종 자신과 다른 단체들, 정체성들, 장소들과 자신의 그것들을 타협하는 법을 학습해야만 한다. 뭄바이와 같은 다문화 도시에서 이런 타협은 —갑작스러운 충격과 사건을 통해 빠르게 학습되기도 하지만— 일반적으로는 점증적 학습에 의한 '세속적 도시생활양식(worldy urbanism)'의 한 형태다. 이를 설명하기 위해, 뭄바이의 거리 아이들의 예를 들어보겠다.

미지의 도시 배우기: 뭄바이 거리의 아이들

1988년 미라 나이르(Mira Nair) 감독의 영화『살람 봄베이(Salaam Bombay)』는 거리의 아이들이 직면해 있는 불확실성과 학습이라는, 때때로 재앙과 같은 상황을 적나라하게 보여준다. 영화 초반, 주인공인 어린 소년 크리슈나(Krishna)는 기차를 타고 뭄바이로 향하는 은밀하고 위험한 여행을 떠난다. 네오고딕 양식의 건축물, 교통체증, 광고판 속 발리우드(Bollywood) 액션 스타들로 붐비는 도시에 도착한다. 그가 처음 만난 사람은 어느 거지이다. 절망적인 모습의 거지는 번잡한 거리를 바라보는 크리슈나의 얼굴에 혼란이 가득한 것을 보고, 어울리지 않는 자리에 외롭게 서 있는 그를 강탈하려고 시도한다. 크리슈나는 도망쳐 나와서 다른 거리의 아이를 만나게 되는데, 그 아이는 크리슈나의 판(paan: 구장나무(betel)의 잎)을 훔치고 그를 '시골 쓰레기'라며 무시한다. 이 영화에서 뭄바이는 무자비하고 알 수 없는 대도시로 묘사되며, 시골의 순진함과, 노련하고 착취적인 도시의 세속성과 스스로를 대비시킨다. 크리슈나의 취약함은 단지 돈과 보호 수단이 부족 하다는 사실을 통해서만이 아니라, 그가 도시에 대한 지식을 가지고 있지 않다는 점을 통해 극적으로 표현된다. 이 오프닝 장면은 크리슈나의 이야기가 그에게 생존과 생활의 기회를 제공하는 도시를 알아가는 과정이라는 메시지를 던져준다. 저자는 2006년 뭄바이에서 한 무리의 거리 아이들과 만난 적이 있는데, 여기에서 도시 학습의 필요성이 강조되었는데, 이것은 '도시라는 세상을 살아가는' 한 가지 중요한 방식이었다. 이 아이들은 모두 남자 아이들이었는데, 국내 이주민들 다수가 처음 도착하는 장소인 뭄바이 센트럴 철도역에서 생활하고 있었다. 특히 저자를 놀라게 한 것은 그들의 일상적인 도시 생활에서 학습이라는 역할이 얼마나 중요한가에 관한 것이었다.

'도시라는 세상을 살아간다'는 것은 도시에서 거리 아이들이 마주치는 다양한 정체성, 공간 및 시간성과 타협하는 과정을 의미하는데, 이것은 일종의 '서벌턴적 길거리 코스모폴리타니즘(subaltern street cosmopolitanism)'이라고도 할 수 있다. 이 말이 결코 고통과 착취의 대상이 되는 거리의 아이들의 삶을 낭만적으로 표현하려는 의도는 아니다. 오히려 이 말은 아이들이 생존을 위한 일상적인 투쟁 속에서 여러 집단과 공간들과 타협하는 방법을 어떻게 배워야 하는지를 보여준다. 이를 통해 아이들은 도시 생활에서 여러 다른 개인들과 집단들이 수행하는 역할뿐만 아니라, 특정 장소에 언제, 어느 위치에 있어야 하는지를 알아채는 감각을 발달시킨다. 거리 아이들이 도시를 이해하는 방식에는 실용주의와 환상성이 함께 포함되는데, 즉 취업 기회에 대한 접근부터, 저렴한 식품을 구할 수 있는 장소, 잠잘 장소, 놀거나 상상력을 충족시킬 수 있는 장소에 이르기까지 모두를 포괄한다.

라훌(Rahul)은 뭄바이로 온 많은 난민들과 마찬가지로, 2002년 9살의 나이에 부모를 여의고 집을 떠나 델리에서 라즈다니 익스프레스(Rajdhani Express)로 뭄바이에 도착했다. 기차가 뭄바이 센트럴 역에 도착했을 때, 그의 수중에는 옷 몇 벌 살 수 있는 정도의 돈밖에 없었다. 첫날은 기차 플랫폼에서 잠을 잤다. 두 번째 날은 역을 순찰하는 현지 비정부기구(NGO) 요원이 다가와 길 건너에 있는 주간보호센터(day center)로 가도록 권유했다. 그곳에서 식사와 물을 제공받고 다른 소년들을 소개받았으며, 덕분에 친구들로 이루어진 중요한 지원 네트워크와 취업 기회를 알려주는 커뮤니케이션 네트워크의 일원이 되었다. 인터뷰 당시, 그는 기차에서 잡지를 판매하며 하루에 50-60루피를 벌고 있었다. 13세였던 그는 생계를 유지할 수 있는 기회들을 이유로 델리보다 뭄바이를 선호한다고 말했다.

역 근처 주간보호센터에 있는 아이들은 전국 각지에서 왔지만, 대부분 비하르(Bihar) 주와 우타르프라데시(Uttar Pradesh) 북부주 또는 그레이터 뭄바이의 시골 지역에서 왔다. 이들 중 일부는 7살의 어린 나이에 도착했으며, 대부분이 가정 문제가 있는 집 출신이다. 주로 알코올 중독과 폭력에의 노출이 가장 흔하다. 일부 아이들은 가족 없이 자유롭게 사는 것을 즐기며, 그들은 분명 친한 친구들이라고 말했다. 그들 사이에서는 악의 없는 농담이 계속 오가고 가까운 친구처럼 상호작용을 한다. 센터를 운영하는 자원봉사자들은 가끔 소년들이 며칠, 심지어 몇 주 동안 사라지기도 하고, 잘못된 기차를 타거나 정류장을 놓쳐 길을 잃는 것으로 알고 있다고 말했다. 일부 아이들은 여전히 고향에 있는 가족들과 연락을 유지하며, 가끔씩 번 돈을 전달하러 돌아가기도 한다. 그들은 뭄바이를 인도에서 가장 좋은 곳, 돈을 벌 수 있는 곳이라고 말한다. 이들은 큰 꿈들을 가지고 있는데, 대부분이 군인이나 경찰처럼 행동 지향적인 흥미진진한 직업을 원한다. 아이들은 부자가 되기 위해 뭄바이에 왔다고 말한다. 그러면서도, 대부분의 길거리 아이들은 —범죄를 저지르는 일이 드물긴 하지만— 상식 밖의 사소한 범죄를 저지르는 것도 두려워하지는 않는다. 일부는 같은 나이대의 부유한 아이들을 상대로 금목걸이와 금반지 등을 뺏어서 나중에 전당소에 넘기거나, 역에 들어오는 다른 거리 아이들을 상대로 강도짓을 한 것을 자랑하기도 한다.

[그림 2–5] 뭄바이 센트럴 역의 '은신처(Hide–out)'(저작자의 허락 하에 사용)

그들 모두(넝마주이 한 명은 제외하고)는 기차에서 물건을 팔거나 역에서 신발을 닦는 등의 일을 하면서 기차나 역에서 살아간다. 빌라스(Vilas)에게 기차 없이 어떻게 생활할 것인지 물어보았을 때, 그는 구걸을 했을 거라는 의미로 손을 내밀었다. 그들은 라즈다니(Rajdhani)와 같은, 복잡한 도시간 열차가 물건을 팔기에 가장 좋다고 말했다. 기차역은 그들에게 피난처인데, 특히 우기(몬순) 동안은 더욱 그렇다. 대부분의 나머지 시간은 기차역, 자신들의 '은신처'—한쪽에 10피트 높이의 벽이 있는 선로 사이의 개방된 공간으로 그들은 여기에서 놀고 잠을 잔다([그림 2-5] 참조)—에서 보낸다. 하지만 역은 동시에 위협이 되기도 한다. 역에 있다는 이유로 범죄자가 되곤 한다. 가끔 근처에 앉아 있는 경찰관이 그들을 쫓아가서, 그들을 잡고 몽둥이로 구타를 한다. 종종 뇌물을 요구하는 경찰은 판매 허가를 받지 않았다는 핑계로 아이들을 쫓거나 폭행한다. 한 번은 장관이 역을 지나가게 되어, 경찰이 길거리 아이들의 공간을 정리하는 임무 수행에 나섰다. 이들 중 8명은 검거되어 인근 경찰서로 연행되고 유치장에 갇혔다. 갇힌 아이들은 단체로 화장실에 가는 때를 틈타 빠져나왔다. 다른 경우에도 이런 일이 발생하여 지원센터의 사람들이 그들을 석방해 주기도 했었다.

뭄바이 경찰에게는 뇌물 외에도, 매월 거리에서 소년범 보호소로 보내야 하는 할당량을 채우면 받게 되는 추가적인 인센티브도 있다. 일부 아이들은 우기(몬순) 동안 이 보호소에 머무는 것을 감사해하지만, 시설의 환경은 매우 열악하고 규율도 엄격하다. 많은 아이들이 이곳을 감옥으로 여기는데, 특히 아서 로드(Arthur Road) 교도소에 있는 소년범 보호소는 아주 악명이 높다. 소년들 대부분은 이미 거리에서 생존할 수 있는 기술을 갖추고 있고, 자신감을 과시하는 경향이 있지만, 대부분 경찰은 두려워한다. 빌라스는 경찰들에 큰 막대기로 등을 구타당했는데, 진정시키는 데 필요한 10루피 또는 20루피가 없는 경우에 특히 심하게 맞았다고 말했다(한 소년은 크면 경찰관이 되어 지금 자신을 구타하는 경찰관을 때리고 싶다고 말했다). 이 아이들에게 역과 철도 선로는 도시 자본과 주변화 사이의 관계를 냉정하게 압축해 놓은 고립된(섬) 체험이다. 『살람 봄베이』의 크리슈나처럼, 그들 또한 결코 안식처에 도달하지 못한다. 피난처와 생계는 항상 일시적이고 불안정하다. 이프타첼(Yiftachel 2009)은 그가 도시의 '회색 지대'라는 개념을 통해서 이렇게 주변화된 삶이 '통합되지도 제거되지도 않으며, 오늘날 도시 지역의 사이비 영구적인 경계를 형성한다'고 언급한다. 말하자면 그들의 경험은 일종의 '영구적인 임시성'인 셈이다(Yiftachel 2009: 89, 90).

다른 아이들보다 조금 나이가 많고 덩치가 큰 빌라스는 집단 내에서 권위를 가지고 있다. 그들은 매우 물리적인 집단으로, 그는 다른 한 명의 머리를 때리거나 어리석은 짓을 하면 소리치는 것을 두려워하지 않았다. 그는 기차에서 다양한 물건을 판매하는데, 폴리에스터 가방에는 칫솔, 빗, 펜, 포스트잇 등이 가득 차 있다. 북서부 뭄바이의 정착지 말라드(Malad)의 한 상인으로부터 이 물건들을 받았는데, 1,000루피를 그 상인에게 주고 나머지는 본인이 가질 수 있다고 알려 주었다고 한다. 그는 또, 조우 살인 전문가(갱단과 싸우는 악명 높은 뭄바이 암살전문경찰)가 되는 것이 목표라고 말했다. 빌라스는 나이가 더 많고 덩치도 더 크며 '도시 생활에 더 익숙(street-wise)'하다는 점, 즉, 다른 아이들에 비해 도시에 대한 지식이 더 많다는 점 때문에 다른 아이들과 구별된다. 그리고 일자리를 찾기 위해 도움이 되는 장소와 찾아가야 할 사람들에 대해 배웠다는 점에서 다른 아이들과 구별된다. 요약하면, 빌라스는 상호주관적으로 가치가 있는 지식을 가지고 있다.

도시의 거리에 살고 있는 수십만 명의 어린이들과 마찬가지로, 상당수 아이들은 이 도시에 꼭 오려던 것은 아니었지만, 이들에게 뭄바이는 발리

우드 액션 스타들이나 경찰 전문가들과 같은 영웅들이 있다. 그리고 기회의 중심지로, 한센과 베르카익(Hansen & Verkaaik 2009)의 표현을 빌리자면, '카리스마 넘치는 도시'이기도 하다(Prakash 2006, 2010; McFarlane 2008b 참조). 이들이 살고 있는 '도시라는 세상'은 집단 안에서 다중적인 주변화의 불확실성을 서로 타협하기 위한 수단과 방법을 사용한 점증적 학습을 통해 만들어진다. 이들은 종종 함께 일하면서 집단 내 다른 아이들이 가지고 있는 도시에 대한 지식과 경험을 이용해 취업 기회, 저렴한 음식을 구할 수 있는 곳, 잠잘 곳, 여가 장소, 하루 중 특정 활동을 하기에 가장 좋은 시간을 알아낸다. 길을 잃거나 공격을 당할 때 도시학습에 있어 필수 불가결한 불확실성과 취약성이 드러나게 된다. 이들은 도시의 다른 공간, 집단, 정체성과 쉽게 협상하지 않는다. 하지만 서로 다른 도시 지리에 대한 '느낌'을 배우는 사회 집단에 참여함으로써, 다른 맥락에서 한센과 베르카익(Hansen & Verkaaik 2009: 8)이 말한, '도시 생활의 불투명성, 불가침성, 역사성 및 잠재된 가능성을 자신이 노력해서 얻은 자원'으로 전환할 수 있게 된다.

그들이 시간의 흐름에 따라 상황이 어떻게 진행되는지를 서서히 이해하는 과정에서 점증적으로 무엇인가를 학습한다고 해서, 그들이 갑작스러운 사건을 통해서 배우지 않는다는 의미는 아니다. 실제로 그들은 체포되거나 경찰에게 구타를 당하는 등, 무서운 사건을 통해 배움을 얻지만, 학습의 대부분은 서로 간 관계, 비정부기구(NGO), 비공식 고용주, 기차 승객, 경찰과 같은 외부에 있는 개인이나 집단과의 관계를 밀고 당기는 법에서 비롯된다. 또, '은신처'를 이용하거나 철도 경찰의 눈에 띄지 않고 역 주변을 돌아다니기 좋은 때가 언제인지도 배우게 된다. 그럼에도 불구하고, 바로 이런 종류의 세상 사는 방법들을 학습할 수 있는 능력이야말로 —즉, 거주라고 하는 일종의 주의환기 교육(dwelling as education of attention)을 학습하는 일인데— 이 아이들의 주변화된 특성을 극적으로 표현해 준다. 이런 형태의 학습은 정보학의 한 분야처럼 도시를 아는 것이 아닌, 두려움, 희망, 환상, 재미, 경이로움 등과 관련된 감각을 통해서 일어난다. 단순한 인지적 관점이나 시각적 관점이 아닌, 온몸-촉각적이고 점증적인 몰입을 통해서, 그리고 집단 역학의 변화하는 권력 관계 및 제스처(표현)를 통해서 도시를 학습하는 것이다.

이 아이들은 엘리야 앤더슨(Elijah Anderson 1990)이 실시한 저소득층 아프리카계 미국인 동네의 거리 생활에 대한 연구에서 '거리의 지혜'라고 하는 것을 필연적으로 가지고 있을 수밖에 없다(Bridge 2005: 51-4 참조). 게리 브리지(Gary Bridge)가 보여준 것처럼, 거리의 지혜는 일련의 단계를 거쳐 얻어진다. 하루 중 여러 시점에서 거리(또는 기차역)에 있는 사람들과 그들의 활동을 관찰하여 '기억 메모(mental note-taking)'를 하고, 이런 반복적인 상호작용과 '메모 작성'은 앤더슨이 말한 일종의 '현장 연구'를 통해서 특정한 지식 체계로 이어진다(Bridge 2005: 52). 거리에서 얻은 지혜가 이 아이들이 어려움에 대처하거나 고난을 피하는 데 도움이 된다고 해서, 그들에게 실질적인 도움을 주지도 않을뿐더러 그들이 낯선 사람들과 협상할 때에도 마치 특권을 가진 도시인들이 보일 성싶은 자신감처럼 그들의 '거리의 지혜'를 뽐낼 수도 없다. 점증적 도시생활방식을 통한 학습에는 공간과 시간 모두가 중요한데, 특히 여러 집단이 종종 다양한 행위자, 권력 관계, 불평등의 불확실한 배열 속에서 도시에 대처하고, 즉흥적으로 협상하는 과정에서처럼 말이다. 도시에 거주한다는 것은 그저 공간을 이동하는 것이 아니라, 여러 행위자와 시간성을 협상하는 일이다. 다음 섹션에서는 리듬의 개념을 통해 일상적인 도시학습의 시간성에 대해 더 자세히 살펴보고자 한다.

학습, 리듬, 공간

'거주를 통한 학습'에 대한 논의는 도시 공간에 대한 개념에 무엇을 더해줄 수 있을까? 앞서 논의한 내용에서 명확하게 알 수 있는 사실은, 도시 공간은 무엇보다도 관계적 구성(relational constitution)으로 이해되어야 한다는 것이다. 즉, 도시 공간은 도시 주거의 연속성과 불연속성을 구성하는 배치—때로는 안정적이고, 때로는 불안정한 사회물질적 배열—에 의해 생성된다. 이런 배치(assemblage)는 다양한 공간적 형태와 기능을 갖는데, 그중 세 가지가 특히 두드러진다. 첫째, 배치는 거주의 가능성을 구조화할 수 있다. 배치는 거주 관행에 의해 만들어질 뿐만 아니라, 거주의 가능성을 제한하기도 한다. 이는 거주를 가능하게 할 수도, 방해할 수도 있음을 의미한다. 예를 들어, 많은 사람들이 도시 생활과 빈곤에 대처하고 협상하는 방법을 배우는 데에는 비공식 거주지 내의 주택이나 인프라가 필수적이다. 둘째, 그럼에도 불구하고 배치는 구조적 한계를 뛰어넘을 수 있다. 이는 최소 두 가지 형태, 즉, 주어진 가능성의 영역과 즉각적으로 존재하는 영역이 있다. 이들은 무작위적인 병치를 일으킬 수 있고, 상상할 수는 있지만 실현될 수는 없으며, 보고, 느끼고, 들을 수 있고, 인지할 수 없다. 셋째, 배치는 반드시 시간적 또는 공간적 형태를 가질 필요는 없다. 배치는 순간적이거나, 지속적일 수도 있고, 즉흥적이거나, 노동집약적일 수 있으며, 가깝게 있거나 멀리 있거나, 존재하거나 존재하지 않을 수도 있다.

이 세 가지 문제가 지적하는 공간의 생동감을 포착하기 위한 도시 사유의 역사는 길다. 예를 들어 베를린, 나폴리, 파리와 같은 도시에 대한 발터 벤야민(Walter Benjamin)의 생생한 묘사(예: Bullock & Jennings 2004)를 가득 채우는, 현기증 나고, 거슬리고, 시끄러운 움직임이나, 자본주의적 생산과 축적을 통해 만들어지는 공간의 생성적이고 끊임없는 착취의 본질에 대한 앙리 르페브르(Henri Lefebvre 2004)의 설명, 그리고 일상 생활의 열정과 행동에 대한 논의를 생각해 볼 수 있다. 아니면 가이 디보드(Guy Debord)의 반스펙터클(anti-spectale) 일상의 어바니즘의 정치학(예: McDonough 2009)과, 마누엘 카스텔(Manuel Castell 1983)이 주장한 도시 공간 재편을 위한 풀뿌리 운동 가능성에 대한 조기 개입을 생각해 볼 수도 있다. '서구의 도시 정경' 외에도 일상적 도시 공간에 대한 설명의 역사도 마찬가지로 풍부하다. 예를 들어 에드가르 피에테르세(Edgar Pieterse 2008: 113)는 '작은 포장도로나 몇 평방피트의 공간을 확보하기 위한 작은 행동들, 정부 소유의 전선에서 불법으로 연결하여 쓰는 소량의 전기 같이, 눈에 띄지 않는 작은 행동들이나, 암시장에 판매하기 위해 저작권이 있는 상품을 복제하는 것만큼 보이지 않는 행동'을 추적하는 작업을 조사했다(그리고 Simone 2004a, b, 2008a, b; Bayat 1997의 중요한 작업 참조). 다양한 설명에서 도시생활방식은 —잉골드(Ingold 2008: 1808)의 표현을 빌리자면— 실제로 존재하는 것이라기보다는, 다양한 만남, 노동, 동원을 통해 지속적으로 재창조되는 사회물질적 성취이다. 이 이야기들은 종종 심각한 도시 불평등의 상황에서 강요된 즉흥적인 연주 과정으로서, 도시 주거의 생동감을 중심으로 하고 있고, 도시 경험을 구성하는 다양한 리듬에 주목하게 된다.

뭄바이에서 진행한 연구에서, 저자는 도시의 다사다난하고 방해가 되는 일상적 만남의 공간적 단절, 반복되는 관행과 무작위 결합이 매일 밤낮으로 변화하는 리듬, 동네의 수많은 것을 특징짓는 소음, 피로, 평화의 불협화음의 병치, 그리고 종종 평온한 저녁 도시 거리에 형성되는 사회 분위기 등, 간단히 말해 '도시적 분위기, '시민성'의 주요 특성'의 일부에 놀랐다(Healey

2002: 1780). 실제로 거주가 주의환기 교육, 즉, 도시 환경을 통한 지각의 조율이라면, 촉각적, 감각적, 개인적, 명시적 지식을 결합함으로써, 거주를 통해 도시를 학습, 재학습할 수 있겠다. 잉골드와 쿠르티야(Ingold & Kurtilla 2000: 189)는 이를 '공간적 지향과 활동의 조율'의 중심인, '환경에 대한 다감각적 인식'(크랭 2001; 미들턴 2009 참조)이라고 부른다. 한 예로, 2007년 뭄바이의 대규모 현장 조사 중 한 장면을 소개하고자 한다. 이는 사람들이 거주를 통해 도시를 배우는 일련의 일상적 방식을 보여주는 리듬에 대한 더 폭넓은 논의를 갖기 위해서이다.

당시 나는 뭄바이 서부의 반드라(Bandra)에서 연구를 하고 있었다. 내가 묵고 있던 곳 근처에 아자(Aza)라는 청년이 운영하는 판(Paan) 가게가 있었다. 판(Paan)은 빈랑나무 잎에 보통 라임 페이스트와 아레카 열매를 채워 소화촉진제로 씹어 먹는 음식이다. 아자의 판(Paan) 가게는 반드라의 번잡하고 세련된 도로인 링킹 로드(Linking Road) 바로 앞 모퉁이에 자리 잡고 있는데, 판(Paan)은 소화기능과 연관되어 있어서 특히 저녁 식사 후 밤까지 영업을 한다. 그는 극도로 좁은 공간을 최대로 사용하는 법을 배워야 했다. 그의 목조 오두막의 면적은 2m×2m 미만인데, 세를 얻기 위해 지방 자치 단체에 20만 루피(연간 3만 파운드)를 지불해야 한다. 그는 '봄베이는 세계에서 임대료가 가장 비싼 도시'라고 불평한다. 아자(Aza)는 작은 공간에서 일한다. 그가 서 있을 수 있을 만한 공간은 충분하다. 그의 오른쪽에는 청량음료가 가득 들어 있는 허리 높이의 냉장고가 있다. 냉장고 위, 오두막 뒤편 선반, 그리고 오른쪽 벽에는 담배 상자가 빼곡히 쌓여 있다. 그의 앞에는 허리 높이까지 오는 탁자가 있는데, 그 위에는 판(Paan) 성분의 허브와 향신료가 들어 있는 은색 깡통과, 두 가지 크기의 빈랑 잎이 쌓여 있다. 물병은 아래 공간에 꽉 들어차 있다. 그의 왼쪽 선반에는 두 대의 전화기가 놓여 있는데, 하나는 시내 전화용이고 다른 하나는 국제 전화용이다. 파라이소폴리스의 도시 주택 조각가 같지만, 전혀 다른 형태의 공예를 이용한 아자(Aza)의 오두막은, 제한된 공간 안에서 온몸-촉각적 몰입을 통해 학습된 한 가지 배치의 방식이다.

30분마다 새로운 고객이 나타나 빈랑잎에 싸인 자신만의 특별한 판(Paan)을 요청한다. 가끔은 친근한 대화가 이어지기도 한다. 아자(Aza)는 '대화가 중요하다'며 '고객이 다시 돌아오도록 하려면 고객과 소통하는 방법을 알아야 한다'고 말한다. 그는 이 자리에서 5년 동안 일하면서 단골 고객들과의 관계를 쌓아왔다. 이런 라포(rapport)의 가능성은 사람들이 속도를 늦추고 시간을 내서 대화를 나누며, 낮과는 다른 방식으로 거리에 거주하는 따뜻한 저녁의 분위기에서 비롯된다. 아자(Aza)의 오두막이 있는 거리의 풍경은 사람들이 주차된 차들을 피해 여유롭게 걸으며 큰 상록수를 비추는 희미한 가로등 아래에서 주차된 차와, 판(Paan)을 사는 온화한 분주함으로 가득하다. 아자(Aza)의 고객들이 저녁 산책 중에만 그와 이야기할 시간을 낸다는 의미는 아니지만, 여유로운 저녁 산책의 분위기가, 더 많은 사람들이 아자(Aza)와 대화하는 데 시간을 들이게 만든다는 것이다. 단정하게 차려입은 외모와 카리스마 넘치는 성격의 아자(Aza)는 타고난 자신감이 있긴 했지만, 시간이 지남에 따라 고객과의 상호작용하는 방법을 배워야만 했다. 저녁의 리듬과 속도, 특히 느리고 편안한 산책의 속도 역시 아자(Aza)의 영업에 중요한 영향을 미친다. 걷기는 우리가 도시 공간을 배우는 방법의 핵심이다. 이는 단순한 공간적 학습이 아니라 장소가 가지는 시간리듬적 실천이며, 도시 장소를 특징짓는 더 넓은 리듬의 일부이다(Wunderlich 2008; Middleton 2009). 필리파 분더리히(Filipa Wunderlich 2008)가 도시 걷기의 현상학에서 주장한 것처럼 걷기는 일종의 무의식적 활동으로서,

이를 통해서 우리는 도시 장소와 우리의 관계를 확고히 세우고 또한 변화시켜간다.

걷기는 '거주를 통한 학습'의 핵심 형태로, 우리는 걷기로 인해 '공간적, 자연적 리듬 사건들과 융합된 사회적 일상 생활 활동의 시간적 연속체에 몰입'하게 된다(ibid: 26). 걷기는 때로 과거, 현재, 미래, 현실과 상상, 소음, 냄새, 시각, 촉각(De Certeau 1984; Seamon 2000; Rendell 2006; Bridge 2005, '전략적 합리성'으로서의 걷기에 대하여)과의 연결을 만들고 재구성함으로써 도시 장소에 대한 개념의 발견과 변형을 수반하지만, 지식의 전반성적인(pre-reflective) 형태이기도 하다. 움직임은 도시의 방향, 관점, 구별 및 배치에 대한 경험적 감각을 만들어낸다. 걷기는 '순행적(circumambulatory) 지식'(Ingold 2004: 331)의 한 형태로서, 사람들이 도시생활방식을 경험하고 배우는 도시 환경에 대한 특별한 종류의 '주의환기 교육'이며, 그것을 통해서 사고와 인식이 지속적 흐름 속에서 체화될 수 있는 조건을 제공한다(Winkler 2002; Wunderlich 2008: 128). 물론 걷기에는 다양한 형태가 있으며 독특한 형태의 다양한 도시학습을 수반한다. 여기서 나는 '목적성 걷기', '명료한 몽상', '담론적 걷기', '개념적 걷기'에 주목한다.

걷기는 도시 이탈(disengagement) 형태로도 경험될 수 있다. 아침에 기차역에서 직장으로 걸어가는 사람들이 주로 iPod을 듣거나 휴대폰으로 통화하거나 빠르게 아침 식사를 해결하는 경우가 있다. 분더리히(Wunderlich 2008: 131)는 이를 '목적이 있는 걷기'라고 불렀다. 르페브르(Lefebvre 2004: 28)의 리듬과 일상생활에 대해 논의에서 그가 서술한 것처럼, 이탈에는 공간-시간성(spatio-temporality)이 있다. '저쪽 거리를 걷는 사람은 다양한 소음, 중얼거림, 리듬(신체의 리듬을 포함하여)의 복합체에 빠져 있다(거리를 건널 때, 걸음 수를 계산해야 하는 순간을 제외하고는 주의를 기울이는가?)'. 싱클레어(Iain Sinclair 1997)가 '명료한 몽상(alert reverie)'이라고 부르는 도시 환경에 대한 관심과 개인의 이탈 사이의 변동 관계는 의도적인 표류의 특징이며, 여러 공간과 시간을 정렬하는 구체화된 도시 연결의 상상적 지리를 만든다.

> 전화 부스의 배열, 빅토리아 무덤 경사면의 이끼로 만든 지도, 매춘부 카드 컬렉션, 찢어지고 훼손된 요크 홀 행사 취소에 대한 판촉물, 죽은 작가의 집 방문, 전쟁 기념관의 청동 주조, 석고 개, 맥주잔 받침, 사용한 콘돔 무더기, 내파된 BMW 쿼터라이트 창을 둘러싼 유리 파편의 결정체 패턴. … 멀어지는 거리를 가로질러 걷고, 이동하면서, 신체적 피로와 극도로 높은 일산화탄소의 불법적인 혼합을 모두 꿰매어 연결한다(Sinclair 1997: 4; Borden et al. 2001: 19에서 인용).

걷기를 통해 '꿰매어진(stitched together)' 도시는 다양한 시간과 공간, 기억과 신체 경험이 얽힌 관계형 도시이며, 초지역적 상품 사슬, 생태계, 역사, 전개되는 사건들의 조합으로 구성된다.

걷기는 개인의 경험만으로 보일 수 있지만, 사실은 사회적으로 매개되는 경험이기도 하다. 거주의 한 형태로서, 걷기는 '경제적, 사회적 삶의 시간적 패턴의 일부로, 다양한 속도와 리듬으로 수행되며, 우리의 길을 추적하고 다른 사람들의 생활 루틴과 교차하는' 방법을 배우는 것이다(Wunderlich 2008: 130). 제인 렌델(Jane Rendell 2003: 230)이 '도시 배회(urban roaming)'라고 부른 것이나, 드 세르토(De Certeau 1984) 이후 필리파 분더리히(Filipa Wunderlich, ibid: 132)가 '담론적 걷기(discursive walking)'라고 부른 것은, 특히 감각적으로 주변 도시 환경을 경험하는 걷기 형태이다. 이는 계층, 인종, 민족, 성별, 그리고 '허용되는' 신체의 본성과 행동을 둘러싼 사회적 규범과 같은 사회적 관계에 의해 매개된다. 걷기는 개인의 수행(individual performance)이지만, 사회적 재생(social reproduction)이기도 하다(예: Munt 2001이 레즈비언 산책자에 대해 설명한 것처럼). 여기서 벤야민(Benjamin 1999)의 플라뇌르(flaneur, 산책자)는 사회적, 정치적, 경제적, 생태학적으로 매개되는 방식으로 도시 풍경과 그 흐름과 리듬을 경험했다.

그러나 걷기는 각 도시의 상황이 허용하는 한에서 볼 때 도시의 즉흥성의 한 형태일 수도 있다(Bridge 2005: 51; De Certeau 1984). 이와 밀접하게 관련된 개념이 분더리히(Wunderlich 2008: 132)의 '개념적 걷기(conceptual walking)', 즉, 특정 도시 장소에 익숙해지는 과정인 성찰적인 방식으로 걷기다. '이는 도시를 알아가는 방법으로 의식적으로 사용되며, 일상생활에서 보통 알아채지 못하는 특징을 드러낸다. 걷기는 도시를 다르게 경험할 수 있는 가능성을 제공하고, 걷는 사람은 관료적 계획과는 다른 도시를 개척함으로써, 권력으로부터의 해방감을 느낄 수 있다. 걷기를 통해 사람들은 보다 개인화된 도시에 사는 법을 배우게 된다. 개념적 걷기의 중요한 도시 전통 중 하나는, 초현실주의와 상황주의 표류(dérive), 어바니즘을 낯설게 만들어 재고하는 과정의 흐름인 부유(drift)이다.

드보르(Debord 1956; McDonough 2009: 78)에 따르면, 표류(dérive)는 '다양한 환경 속을 일시적으로 지나가는 기술'로, 도시의 경계, 관리, 지도화 및 통제된 '심리지리적 구제'를 불안정하게 만들고, 이동과 디자인, 거주의 자유를 가능하게 하는 창의적이고 유연한 형태의 도시 생활을 목표로 하는 시도이다. 이는 심리지리적으로 제한된 도시를 드러내는 것을 목표로 한다. 르페브르(Lefebvre)가 말한 것처럼, '도시의 점증하는 분열'을 드러내는 것이다(Merrifield 2002: 97). 그리고 방향을 잃고 혼란스러운 미지의 도시로서의 어바니즘을 경험하게 하여, 다시 배울 수 있도록 한다. '언젠가는 표류

(dérive)를 위해 도시가 건설될 것이다'(Debord 1956; McDonough 2009: 85). 스티브 파일(Steve Pile 2001: 264)은 다른 맥락에서 다음과 같이 주장했다. '미지의 도시를 탐험하는 것은 정치적 행위로, 도시 거주자에게 도시를 재구성하기 위한 새로운 자원을 제공하는 방법이다'.

걷기 활동은 다른 신체적, 사회적, 경제적, 정치적, 생태학적 도시 리듬과 함께 어바니즘의 리듬의 다중성(polyrhythmical)을 구성한다(Lefebvre 2004). 우리는 사회적 규범, 실천, 경험, 기억, 촉각적 회상을 통해 암묵적으로 또는 명시적으로 리듬을 알게 되는데, 이를 통해 다양한 리듬의 움직임을 이해하고 협상하며, 도시의 현재에 거주할 수 있게 된다. '모든 다양성 안에서 현재를 살기'(Lefebvre 2004: 36). 르페브르(Lefebvre 2004)에 따르면, 이처럼 다양한 리듬은 특정한 시간성, 속도, 주기, 반복, 차이의 형태, 감각적 분위기, 지리적 위치, 존재와 부재 등을 통해 누적적으로 도시 질서를 엿볼 수 있게 한다. 예를 들어, 국가(시각적으로 존재하지 않더라도 법, 규제, 투자 등을 통해 존재함), 일과 여가 시간을 생산하는 분업, 수업 시간이나 낯선 사람 사이의 특정 형태의 상호작용을 규정하는 사회적 규범, 거리, 동네, 서비스의 배치 등이 그것이다. 르페브르(Lefebvre)가 그의 유명한 저서인 '리듬 분석(Elements of Rhythmanalysis)'의 '창문에서 바라본 광경(Seen from the Window)'이라는 장에서, 도시 거리의 리듬을 바라보는 매체로 창문을 선택했다면, 창문은 무언가를 알게 되는 실제적인 은유, 즉, 도시학습의 장치이기도 하다. '불투명함과 지평선, 장애물과 관점은 다양한 시간의 영향을 받는 다양한 공간과 함께 거대 도시인 미지의 세계를 엿볼 수 있거나 추측할 수 있을 정도로 서로 중첩되어 있다'(Lefebvre 2004: 33).

배치적 사고는, 변화하는 도시 리듬의 시간적 역동성에 대해 경계의 눈초리를 던진다. 예를 들면 도시의 거리는 밀도와 평온함, 기능(쇼핑, 시위,

사회성, 통행 등), 성장과 죽음, 그리고 미학을 변화시키는 장소이자, 도시에 강렬함과 장소감을 부여하는 삶, 교통, 상품, 돈의 흐름의 장소이다(Dovey 2010: 16). 니콜라스 탐피오(Nicholas Tampio 2009: 394)에 따르면, '배치 개념의 뛰어난 점은, 그것이 분명한 실체가 되었건 모호한 경계를 가진 개체가 되었건 이들을 모두 설명하며… [그것은] 말하는 것과 행동하는 것 사이에 어느 정도 정합성을 가지고 있기는 하지만, 그럼에도 불구하고 지속적으로 용해되어 새로운 것으로 변한다는 점이다'. 여기서의 남은 과제는 도시학습 배치의 공간성을 도시 거주의 가능성이 다중의 리듬에 걸쳐 변경, 생성, 구분되는 지속적인 관계형 공동 생산으로서 받아들이는 것이다. 배치는 도시 학습의 다중적 시공간을 모종의 지역화되고 제한된 것으로 파악하기보다는, 거주의 개념에서 그것이 가지는 과정적인 측면과 이동성을 더욱 강조한다. 사람들은 거주를 통해 변화하는 다양한 도시 리듬 사이를 타협하는 방법을 배우지만, 배치는 거주라는 개념이 전통적으로 수행해 온 지역주의와 뿌리의 무거운 함의를 뒤흔들 필요성을 일깨워주는 역할을 하게 된다. 실제로 잉골드(Ingold 2008)는 과거에 거주(dwelling)를 강조했던 것을 후회하며, 이제는 주거(inhabiting)에 대한 담화를 선호하게 됐다. 잉골드는 거주(dwelling) 개념에 대한 스티브 힌클리프(Steve Hinchliffe 2003)의 우려를 인용하면서, 일종의 영토적이고 세속적인 낭만주의로서의 거주 개념을 초월하려는 힌클리프의 노력에도 불구하고, '그의 거주(dwelling) 개념은 아늑하고 잘 포장된 지역주의'를 함축하고 있다'고 본다(Ingold 2008: 1808). 그러나 거주(dwelling)라는 개념을 일축하기보다는, 도시 리듬의 이동성과 지역성을 통해 거주(dwelling)를 어떻게 다시 생각할 수 있을지를 모색하는 것이 중요하다.

도시는 일, 학교, 유흥의 일상적 리듬에서부터 경제적 축적과 투자 회수의 주기, 이주민의 문화적 흐름에 이르기까지, 여러 가지 시간성과 속도의 다양한 리듬을 가져온 이동과 교환의 환승 지점이다. 배치(Assemblage)는 도시의 재영토화가 시공간 이동의 다양한 지속 시간에 기초하고 있는 이동 사회의 인큐베이터라는 도시의 공간적 이미지를 제공한다. 여기서 도시란 거주 가능성의 조건이 부분적으로 매우 다른 이동성에 기반을 두고, 공존하는 시간성과 공간성이 역사적으로 관계하는 복합체로 등장한다. 예를 들면 벤(Venn 2006b: 47)이 도시 내 디아스포라 집단의 물질적 지리에 대해 언급한 것처럼, 도시 거주의 전개는 다원화된 이동성의 오랜 역사에서 비롯된다.

> … 일상생활에서 집과 건물의 장식과 스타일, 또는 낙서에서 드러나며, 예를 들어, 생활 공간의 기념화이자 사회화의 한 형태인, 로스앤젤레스의 차이나타운, 싱가포르의 리틀 인디아, 뉴욕의 뉴잉글랜드와 같이, 일반적으로 새로운 공간성에서의 반복(차이의 반복, 차이를 통한 반복)을 통해 장소가 번역되는 방식으로 나타난다.

벤(Venn)은 거주의 구조적 이동성을 문제시하는 인식보다는 '비-평형(disequilibrium)'을 정상이라 생각하고, 다양한 시간 길이를 가진 변화하는 리듬의 지속적인 공간성—사람들이 이에 대한 협상법을 배운다(피하거나, 무시, 또는 후퇴 등 협상하지 않는 법을 배우는 것이 포함)—으로의 도시에 거주한다는 배치 개념의 이점을 강조했다. 거주를 통한 학습은 내부적이고 제한된 경험을 통해 생성되는 것이 아니라, 일상적인 어바니즘을 형성하는 다양한 리듬, 시간성 및 공간성을 통해 생성되는 관계적 과정이다. 해당 맥락에서 점진주의는 도시학습을 형성하는 중요한 리듬 중 하나로 나타난다.

그러나 제1장에서도 주장하고 이 장에서 다양한 관점으로 재차 언급한 것처럼, 학습은 거주의 차원으로만 환원될 수 없으며, 번역 및 조율과 함께 더 넓은 맥락에서 이해되어야만 한다. 실제로 학습은 번역과 조율을 통해 나타나며, 예를 들면, 도시 사회 운동의 학습 전략에서 거주에 대한 다양한 가능성을 제공하는 전략으로 작동할 수 있겠다. 이 장의 마지막 부분에서는 도시의 주변성을 명시적으로 해결하려는 전략으로서의 학습이 어떻게 작동할 수 있을지 고민해 본다. 그리고 학습이 도시 거주에 대한 새로운 가능성을 열 수 있는 방법임을 설명함으로, '전술적 학습(tactical learning)'이라는 개념을 제시한다.

전술적 학습

아마도 전술에 관한 논쟁에서 가장 영향력 있는 연구는 미셸 드 세르토(Michel De Certeau 1984; De Certeau et al. 1998)의 전략과 전술에 관한 연구일 것이다. 전략은 일단 주체가 고립되었을 때(예: 정부 기관), 권력 기반에 의해 유지되는 '힘의 관계에 대한 계산법'을 의미한다(De Certeau 1984: 19, 35-6). 전략은 경계가 명확한 기지 역할을 할 수 있는 장소가 있고 그 주위 환경 및 타자들과 독립된 관계에 놓여 있을 때 적용된다. 반면, 전술은 전략의 일부분으로서 사태를 조작하고 그것을 기회로 변형시키는 기술이다. 전술의 핵심은 '순간의 포착'에 있기 때문에, 드 세르토(De Certeau 1984: 39)는 그것을 '시간을 적절히 활용하는' 능력으로 본다. 전술은 '적절한 장소의 부재에 따른 계산된 행동'이다. 전략과 달리 전술은 스스로와 외부를 구분하지 않는다. '전술의 공간은 타자의 공간이다'(De Certeau 1984: 37). 전술은

'다양한 이해관계와 욕망의 교활한 책략'을 통해 시스템을 '횡단'하고 '침투'한다. '전술은 독점 권력을 감시하는 과정에서 발견되는 접속성의 균열을 놓치지 않고 활용해야 한다. 전술은 균열을 통해 몰래 들어가고, 균열 안에서 놀라움을 만들어낸다. 그리고 이 균열은 가장 예상치 못한 곳에서 생길 수 있다'(ibid: 34, 37). 전술은 사람들이 여러 전략들에 의해 주변화되었을 때 취할 수 있는 행동들일 수 있는데, 예컨대 말하기, 걷기, 읽기, 장보기 등 다양한 형태를 포함한다. 드 세르토는 일상 생활에서 사람들이 사물이 어떻게 작동하는지에 대한 실천적인 지식을 사용하여 이를 다양한 용도와 맥락으로 변환할 수 있는 방식에 관심을 갖는다. 이런 점에서 그의 전술 개념은 '거주를 통한 학습'에 뿌리를 두고 있다고 볼 수 있다.

전략과 전술을 개념화하는 과정에서 공적인 것과 일상적인 것을 너무 분명하게 구분하는 것은 옳지 않다. 이와 관련하여 드 세르토의 연구는 주변성을 낭만화할 가능성이 있다(Ruddick 1996; Iveson 2007). 특히 그는 순응과 저항 사이의 공간에 대한 개념적 언급을 거의 하지 않았다(Napolitano & Pratten 2007; Hansen & Verkaaik 2009). 후자의 경우, 일상적 형태의 농민 저항과 관련한 '약자들의 무기'에 대한 제임스 스콧(James Scott 1985)의 연구가 유용하다. 스콧(1985: 29)의 '약자의 무기'는 '꾸물거림(foot-dragging), 위장(dissimulation), 거짓 복종(false compliance), 좀도둑질(pilfering), 가장된 무지(feigned ignorance), 중상모략(slander), 방화(arson), 태업(sabotage) 등'을 포함한다. 이것은 '거주를 통한 학습'의 형태에 주로 기초한다는 점에서, 전술의 개념과 겹치지만, 그럼에도 불구하고 스콧은 보다 가시적인 형태의 저항에 더 관심을 두었다. 전술과 마찬가지로, 무기는 배타적이지는 않지만 주로 일상적인 형태의 지식을 통해 나타나는 경우가 많다. '[이러한 형태는] 조율이나 계획을 거의 필요로 하지 않으며 종종 자력구제(self-help) 형태를 나타내고, 일반적으로 권위나 엘리트 규범과의 직접적이고 상징적인 대결을 피한다'(ibid.). 그는 '농민 불법 점유자(squatters)들이 종종 농장과 국유림에 침입하는 조용하고 단편적인 과정'을 한 예로 제시한다(Scott 1985: 32). 이러한 형태는 '종종 은밀하며, 즉각적인 사실상의 이득과 큰 관련성이 있다'. 스콧은 '공식적이고 명백하며, 체계적이고 법적인 변화와 관련이 있는' 제도화된 정치와는 대조적으로 이를 '비공식'이라고 명시적으로 언급했다(ibid: 33). 그는 책 전반에 걸쳐서 이미 이전에 논의된 바 있지만 항상 명확하지는 않았던 '암묵적인 이해'와 '저항의 하위문화'에 대해 자세히 설명했다. 이후 그의 저서(1990: 12)『지배와 저항의 예술: 은닉 대본(Domination and the Arts of Resistance: Hidden Transcripts)』에서 스콧은 그 다양한 과정을 '힘없는 자의 하부정치(infrapolitics of the powerless)'라고 불렀다.

하지만 스콧은 저항이 일종의 '일상적인 거주로부터 나타나는 방식'일 뿐만 아니라, 그와 더불어 거주와는 별개일 수도 있다고 보았다. 무허가 판잣집을 짓거나 걷기와 같이 '점진적인 도시 학습'을 통해 나타나는 저항의 형태도 중요하지만, 나는 여기서 '그 이외 방식의 도시 학습' 즉 거주에서 구체적으로 발생하지 않더라도 거주의 가능성을 열어주는 데 기여하는 도시 학습의 형태를 고려하고자 한다. 전술적 학습(tactic learning)은 점진적인 학습에서 발생할 수 있지만(비공식 주택과 관련하여 3장에서 다룰 예정), 도시 거주의 형태 외부에서도 발생할 수 있다. 보든 등(2001: 13)에 따르면, 전술은 일상적인 거주에 대한 것이 아니라, '주택 프로그램, 계획 정책, 정치적 의제를 통해 도시 문제를 해결하려는 시도, 그리고 도시와 자아의 관계를 재구성하려는 시도'와 같은 예외적인 개입 형태를 취하며, '전술의 목적은 차이를 만드는 것'이라고 본다. 그렇다면, 이러한 지식의 하부정치가 도시 거주를 방해하는 것을 과연 어떻게 이해할 수 있을까? 이런 맥락에서 나는 드 세르토와 스콧의 주장을 확장하여 전술적 학습의 형태가 거주의 구체적인 가능성에 어떻게 개입하며, 어떻게 이를 열어주는지를 살펴보고자 한다.

여기서 참고할 만한 유용한 개념 중 하나는, 한센과 베르카익(Hansen & Verkaaik 2009: 13)의 '도시 인프라파워(infrapower)' 개념으로서, 이것은 자원과 연결성의 지속 가능한 배치를 의미한다. 도시 인프라파워는 사람들이 도시를 번역하고 행동하는 세 가지 영역을 지칭한다. 첫 번째는 '도시 감지하기(sensing the city)'로, 이는 '과거의 행동, 영웅, 순교자, 사건, 위험에 대한 일상적인 신화를 통해 읽을 수 있는 도시의 소리 풍경, 시각적 과부하, 스타일, 냄새 및 물리적 풍경을 읽고, 재현하고 길들이는 것'(Hansen & Verkaaik 2009: 12)을 의미한다. 여기에서 감지(sensing)란 거주의 개념과 연결된다. 우리는 도시 풍경에 몰입함으로써 감각적으로 배운다. 두 번째는 '도시를 해독하고 도시의 불투명하고 위험한 측면을 관리하며, 도시 경관을 통제하고 지배하는'(ibid: 12-13) 의미에서의 '도시 알기(knowing the city)'다. 여기서 유의할 점은 이 개념이 특정 그룹이나 지역을 언급하는 것이 아니라, 정책 입안자, 지역사회 단체, 길거리 상인, 택시 운전사 등 다양한 사람들에 대한 이야기일 수 있다는 사실이다. 예를 들어, 가난한 동네와 관련하여 특정 형태의 인프라가 기능하게 하는 일상적인 점진적 도시 지식이 여기에 포함된다. 제임스 스콧(1988)의 국가적 시선에서 볼 때, '비록 인기 있는 동네는 남들이 기웃거리는 것을 꺼리는 경향이 있지만, 그럼에도 불구하고 해당 공간은 매일 주민들에 의해 탐색되고 해석된다'(Hansen & Verkaaik 2009: 15). 이 동네는 '이 인구 밀도가 높은 공간에 대한 뛰어난 지식을 가진 사람들(사기꾼, 거친 사람, 권모술수에 능한 자)'이 모여있는 곳이다(ibid.). 이는 도시를 아는 일상적인 방식, 도시 레지스터의 '수행적 능력', 그리고 평판과 기술, 부여된 관계 덕분에 빈민가와 대중적인 동네의 일반 거주자에게 '서비스, 연결성 및 지식을 제공하는 도시 전문가'임을 시사한다(Hansen & Verkaaik 2009: 16; Ferguson 1999). 번역-조율-거주라는 학습 도식에서, 한센과 베르카익의 '알기' 개념은 그중에서 조율 장치에 해당한다. 예를 들어 '권모술수에 능한 자'는 다양한 지식과 접촉을 한데 모아 다양한 방식으로 활용할 수 있는 사람이다. 세 번째 영역은 '도시 제스처'와 행동이다. 이는 특정 동네의 사람들에게 알려진 공공 성과를 레지스터(개인이나 군중 모두)한다(ibid: 13). 다시 말해 서로 다른 집단 간의 의미를 번역하여 학습을 촉진하는 제스처의 역할을 한다.

감지, 알기, 몸짓(제스처)이라는 도시 인프라파워 도식은, 물론 유용하긴 하지만, 나는 '알기'를 '감지'와 '몸짓하기'와 분리하고 싶지 않다. 오히려 감지와 몸짓은 알기가 형성되고 전달되는 중요한 방식이다. 한센과 베르카익의 설명에 따르면, 지식은 '공식적으로 성문화된' 것도, '은폐되거나 비밀스러운' 것도 아닌 '중개' 또는 전술적 목적의 형태이다(Hansen & Verkaaik 2009: 20). 인프라파워는 늘 창발적인데, 왜냐하면 그것은 행동이나 결과로만 나타나며, 행동을 통해 재창조되기 때문이다. 인프라파워를 구성하는 학습은 오직 기회를 창출할 때에만, 즉, 전술로 실현될 때에만 권력이 된다. 인프라파워 개념은, 전술과 무기를 배워야 한다는 사실에 주목한다는 점에서, 드 세르토의 전술과 스콧의 약자의 무기에서 주의해야 할 점을 강조하는 데 유용하다. 한센과 베르카익이 여러 지점에서 언급했듯이, '알고 있기' 때문에 도시 인프라파워를 지닌 중재자들은 도시를 아는 특정 방식을 습득해 왔었던 것이다. 그러나 인프라파워가 다름 아닌 거주에 개입해 들어갈 수 있는 역량을 가진 학습을 통해 창발적으로 획득될 수 있는 어떤 것이라고 주장할 수도 있지만, 다른 차원에서 학습이 어떻게 일상적인 거주를 근본적으로 방해할 수도 있는 인프라파워의 전술적 형태로 작동할 수 있는지에 대해서 더 논의하고 싶다. 이를 위해서 뭄바이에서 수행했던 임차인협회연맹(Federation of Tenants Association)의 도시 사회 운동에 대한 현장 조사 내용을 언급할 필요가 있다. 이 사례에서 전술적 학습은 일상적인 도시생활방식(everyday urbanism)을 통해서가 아니라, 급진적인 사회운동적 개입을 통해 창발될 수도 있으며, 그 사회운동은 또한 도시 거주의 가능성 공간을 여는 번역과 조율을 통한 학습을 통해 형성될 수 있다.

법적 배치

주로 중산층 주택 운동가들이 이끄는 남성 중심 조직인 임차인협회연맹(Federation of Tenants Association)은 소외된 정착촌 주민들에게 주택 권리를 보호하는 기존 법률 및 규정에 대한 인식을 높이기 위한 노력을 하고 있다. 연맹 지도자 중 한 명인 데시핀드(Deshpandy)가 인터뷰에서 주장한 것처럼, 정부는 이런 규정이 '국가-기업 개발 연계'를 위협하기 때문에 이를 홍보하는 데 관심이 없으며, 따라서 연맹은 도시 전역의 대중 거주지에서 대규모 공개 회의를 통해 자체 홍보를 시도한다. 이 연맹이 활동하는 지역 중 하나는 뭄바이 중심부에 있는 무슬림 정착촌인 바라트 나가르(Bharat Nagar)다. 이 오래된 동네 인근에는 금융 및 행정 단지인 반드라-쿨라(Bandra-Kurla)가 개발되면서 지난 15년 동안 이 동네의 부동산 가격이 기하급수적으로 상승했다. 때문에, 이곳은 약탈적인 개발자들의 위협에 노출되어 있다. 개발자들이 사람들을 이 땅에서 몰아내기 위해서 뇌물을 주고 철거 위협을 했다는 지역 사회 구성원들의 주장도 있었다. 철거는 수익성이 좋은 토지를 점유하고 있는 도시의 수많은 거주지에서는 일반적인 관행이다. 많은 정착지에서 흔히 행해지는 예측 불가능한 철거는 자본을 목적으로(그리고 종종 자본의 힘과 함께) 국가가 공간을 변형시키는 과정으로서, 바캉(WacQuant 2008)이 말한 신자유주의 형벌 국가에 의한 주변부의 군사화와 같은 현상이다. 이는 특정 인구에게 편중된 국가의 투자와 '포스트개발 국가'에 대한 Ong(1999)의 개념, 즉 인구를 '규율, 돌봄, 처벌 기술' 등의 다양한 혼합체로 나누는 점진적 주권을 가진 포스트개발 국가의 불평등한 생명정치적 투자와 같다(Ong 1999: 217).

2006년 봄, 연맹은 지역 지도자들과 소통하고 지역 주민들에게 다가가기 위한 대규모 모임을 조직했다. 회의가 진행된 것은 정말 놀라운 일이었다. 연맹은 문제의 개발자가 회의가 취소되었다는 내용의 포스터를 게시하여 회의를 막으려고 했다고 주장했다. 그러다 포스터가 거짓이라는 소문이 퍼지자 장소가 바뀌었다는 내용의 새 포스터를 붙였다. 이 모든 것이 아이러니하게도 관심을 불러일으켜 행사를 더욱 주목받게 했다. 연맹 지도자들과 다른 대표자들이 무대에 올라 군중들에게 연설했고, 연설이 끝난 후 1시간이 넘는 질의응답 시간이 이어졌다. 그 목적은 첫째로 해당 지역의 토지가격이 급등한 상황에서 토지의 정확한 가치를 사람들에게 알리는 것이었다. 둘째로는 논쟁의 여지가 있는 뭄바이의 슬럼 재활국(Slum Rehabilitation Authority, SRA) 계획에 따라 협동조합을 형성하여 스스로 집단 개발자가 될 수 있는 권리를 알리기 위한 것이었다(3장 참조).

이 연맹은 여러 활동들을 통해서 대부분의 도시 비공식 정착지 주민들이 공식화된 규정들에 대한 지식이 전혀 없다는 사실을 보여주었다. 이것은 특히 학습의 정치(a politics of learning)에 기반한 사회운동이었는데, 여기에서의 학습은 외부의 구성요소로서 주변부의 본질적 성격을 극적으로 보여준다. 이 정착지의 많은 세입자들은 불법 거주 중이기에 보안 및 서비스에서 배제된다. 그러나 일부는 보안 및 서비스에 접근하기 위해 법을 알고 싶어 한다. 약 3000명이 회의에 참석했는데, 거의 모든 정착촌 주민이 참여한 셈이었다. 남성 지도자들은 자신 있게 무대를 활보하고, 여성들은 회의 공간의 한쪽에 몰려있는 등 회의는 성별에 따라 극명하게 나뉘었다. 연맹의 카리스마 넘치는 지도자인 찬드라세카르 프라부(Chandrashekhar Prabhu)의 길고 생동감 넘치는 연설이 진행되는 동안 회의 분위기는 매우 뜨거워졌다. 프라부는 타고난 연설가로, 표현력이 풍부하고 세련되고 극적이었으며, 때로는 청중을 열광시키는 연설을 했다. 회의가 진행될수록 점점 더 많은 사람들이 프라부의 집단적 '자기개발'에 대한 이야기에 열광했다. 프라부는 간디의 지역사회 주도의 반체제 저항 전통을 노골적으로 활용했다.

연사들은 사람들이 주택협동조합을 결성하면 건축업자를 배제하고 토지를 스스로 개발할 수 있다고 강조하며 조합 결성을 장려했다. 연맹 지도자들은 뭄바이의 다른 지역에서 성공한 자체 개발 계획에 대한 이야기를 들려주었다. 한 NGO 지도자는 지역 협동조합이 착수할 수 있는 다양한 단계를 차례대로 설명했다. 단계별로 자신의 회계 장부를 정리하고, 건축업자 없이 스스로 조직을 구성하며 계약자와 지불 문제를 직접 처리할 수 있도록 독려했다. 여기서 전술적 학습은 거주를 통해서가 아니라 법적 지식과 비법적 지식 간의 '연쇄적 번역'의 성과로 나타나며, 이들 사이에서의 조율장치로서의 '협동조합'의 개념을 창출해 낸다. 이 '자체 개발 계획'에는 협동조합이 건설을 관리하고 주택 일부를 자체적으로 판매하여 얻은 이익(건설 비용을 제외한)으로 건물 유지 관리비를 충당하고 재산세를 납부하기 위해 협동조합 은행 계좌에 자금을 조달하는 것 등이 포함된다. 임차인이 지불해야 할 것은 없다. 하지만 며칠 후, 바라트 나가르의 상황은 불안정해졌다. 지역주민의 일부는 개발자와 협력하고, 일부는 자체 개발 협동조합 설립을 선택했다. 이웃과 가족들이 말다툼을 벌였고, 세부 사항과 규정 자체가 불안을 야기했다. 사람들은 뭄바이의 복잡한 개발 시스템인 건평 지수 및 양도 가능한 개발 권리를 이해하는 데 어려움을 겪고 있었다. 일부에게는 뇌물을 주는 것이 더 간단하고 빠른 방법이다. 연합이 개입함으로써 도시 거주의 가능성을 재고해 볼 수 있는 학습 기회를 제공했지만, 일부는 법적 정보를 제대로 이해하지 못했고, 복잡한 협동조합 설립절차 때문에 위축되었다. 그 후 몇 주 동안, 연맹 지도자들은 그 지역을 수백 가구씩 소구역으로 나누어 소규모 회의를 시작했다. 이 회의는 질문에 응답하고 구역별로 협동조합을 설립하도록 사람들을 설득하며 전술적 학습을 위한 조율 장치로 기능하도록 설계되었다. 그러나 정착지의 미래는 여전히 불확실하다.

일종의 전술적 학습(tactical learning)으로서, 연맹 활동은 권리를 제대로 보장받지 못하는 이웃에게도 도시의 주류 거주집단이 경험하는 공식적인 안전을 누리게 하도록 노력했으며, 그 목적으로 법의 영역 안에서 도시의 주변성 문제를 다루어 나갔다. 이런 학습은 프라부와 같은 카리스마 넘치는 핵심 인물에 의해 촉진되었다. 그는 이 사람들 중에서도 도시 인프라의 독특한 체제(감각, 지식, 몸짓)를 특히 인상적으로 구현해 낸다. 연맹은 이 운동의 성공을 위해 매우 중요한 공식적이고 성문화된 법률 정보를 활용하고 있지만, 이 정보를 전달하는 데는 일상적이고 비공식적인 기록지들을 활용한다. 도시의 공식적인 법률을 알고 있을 뿐만 아니라 법을 실행하는 데 필요한 몸짓과 말의 정서적 영역도 알고 있는 프라부의 카리스마 넘치는 모습은 공식적인 것과 비공식적인 것을 분리하는 것이 거의 불가능하다는 것을 보여준다. 또한 이 운동의 중심에 권리와 절차에 대한 학습이 있다면, 그 학습은 단순히 성문화된 지식을 만나는 과정만이 아니다. 오히려 프라부의 카리스마 넘치는 퍼포먼스는 다양한 영역의 조율을 통한 학습을 촉진한다. 이 영역에는 프라부의 대중 퍼포먼스에서 제스처와 연설이 가진 강력한 역할, '자체 개발' 담론의 홍보, 개발자의 위협이 도사리고 있는 적대적이고 불안한 환경에 처한 사람들의 인내심, 인도 저항의 역사 고취, 소유권 보장에 대한 열망, 도시의 다른 지역에서의 집단 소유권에 대한 성공적인 사례를 공유한 이야기 등이 포함된다. 바랏 나가르(Bharat Nagar)에서 연맹 활동을 통해 학습하는 것은 다양한 역사, 지식, 장소, 자료 및 집단뿐만 아니라 새로운 연대, 두려움, 희망 및 불확실성 등의 '배치'다. 이는 도시의 소외된 사람들의 열망을 성장시키는 것을 목표로 하는 도시 저항적 '전술'이며, 감각과 몸짓의 형태를 통해 성문화된 법적 지식의 '번역'으로 나타난다.

결론

점증적 학습(incremental learning)은 도시의 생장의 경험적 지리학의 한 가지 핵심 현상이다. 이는 비공식 주택이 새로운 요구나 가능성에 맞춰 서서히 추가되거나 변경되는 방식에서부터, 새로운 경제적 기회를 개발하기 위해 연결망과 자원을 모으거나 가족과 친구 사이에 상호 교환 시스템을 구축하는 것에 이르기까지 다양한 형태로 나타난다. 점진주의는 도시 거주의 중심 과정으로, 종종 극심하게 불평등한 조건에서 도시생활방식이 무엇을 가능하게 하고, 제한할 수 있는지, 그리고 사람들이 이를 어떻게 협상할 수 있는지에 대한 인식을 조율하는 과정이다. 도시 생활의 한 형태로, 점증적 학습은 학습 배치를 구성하는 일상적인 실천과, 그러한 실천들이 형성되고 결국 그 실천들을 변화시키는 지각적 영역을 지칭한다. 점증적 학습은 즉흥성으로 이어질 수 있으며, 즉흥성을 반드시 갑작스러운 영감의 순간이 아니라 시간과 공간에 걸쳐, 즉, 호혜 관계를 통해 도시의 배치와 공간을 조율하고 변경하는 한 형태로 본다. 하지만 주거가 제한된 지역주의를 내포하고 있는 경우, 배치는 도시학습을 통해 관계가 어떻게 모이고, 정렬되고, 변형되는지를 열어놓고 공간적 교정을 제공한다. 주거의 공간성으로의 배치가 불러온 리듬과 이동성에 대한 집중은 주거가 내포하는 제한된 낡은 생각을 혁파하고 도시의 공간적 위상에 대한 더 넓은 상상력을 열어준다.

즉흥성의 맥락에서 도시학습(urban learning)은 가족과 친구들 간의 다중적인 관계, 지속적이고 명백한 인프라 배열, 대차대여 시스템 등의 배치 안에서의 행위들을 필요로 하며, 낮과 밤, 주간과 계절, 합법과 불법, 현대와 전통, 새로움과 일상성에 대한 도시의 리듬을 타고 일어난다. 뭄바이 센트럴의 길거리 아이들의 경우, 그들이 세속성, 특히 특별한 종류의 주의환기의 교육을 경험하는 능력은, 도시학습이 정보학의 한 분야로서가 아니라, 두려움, 희망, 환상, 재미, 경이와 관련된 감정들과 집단 내 역학의 표현을 통해 도시에 거주하는 '느낌'을 얻는 과정임을 보여준다. 점증적 도시학습이 도시 변화의 점진적 시간성을 의미한다면, 그 안에서 도시학습 경험을 알려주는 다양한 시공간적 리듬을 되돌아보는 것이 중요하다. 도시 생활은 도시의 리듬에 참여하고 이를 협상하는 법을 배우는 것을 포함한다. 리듬은 도시를 탐색하고 종종 굉장히 불평등한 자원과 권력 관계의 맥락에서 도시를 정리 및 분류하는 차별화된 능력을 형성하며, 이에 의해 형성된다. 사람들은 도시에서 다양한 형태의 걷기와 같은 실천, 경험 및 기억을 통해, 어바니즘의 다중리듬적 특성을 협상하는 방법을 배운다.

도시 주변성(urban marginality)을 다루는 여러 가지 방식을 개념화하는 데 있어서, 드 세르토(De Certeau 1984)의 전술(tactic) 개념과 스콧(Scott 1985)의 약자의 무기(weapons of the weak) 개념은 도시 인프라파워가 감각, 지식, 제스처라는 한센과 베르카익(Hansen & Verkaaik 2009)의 주장과 관련하여 특히 유용한 출발점을 제공한다. 인프라파워를 획득하기 위해서는 전술과 무기를 학습해야 한다. 한센과 베르카익이 시사하는 바와 같이, 도시 인프라파워를 소유한 중재자들은 '그 앎의 내부에서(예컨대 프라부(Prabhu)와 같은)', 도시를 이해하는 특정 방식을 배워왔다. 전술적 학습은 일상적인 '거주'적 매개를 통해 나타날 수 있지만, 도시 주거의 대안 가능성을 열어주는 번역(예: 법률 지식의 번역)과 조율(예: 협동조합의 조율 또는 주권자 같은 인물을 통한 조율)을 통해 나타날 수도 있다. 전술적 학습은 종종 극도로 어려운 상황의 도시에서 사람들이 저항하는 방식에 중요한 역할을 하는, 한센과 베르카익이 이름 붙인 도시의 '구성적 불가지성'에 대응하는 다양한 자원 집합이다. 이 장에서 논의된 다양한 도시학습 형태는, 차토파디야이(Chattopadhyay 2009: 135)의 말을 빌리자면, '공간 내 파편화된 요소의 배치로, 이를 통해 하층 집단이 자신들의 존재에 도움이 되지 않는 공간 구조 내에서 자신들을 위한 공간을 만들어낸다'. 다음 장에서는 영향력 있는 도시 사회 운동인 '슬럼/판자촌 거주자 국제기구(Slum/Shack Dwellers International)'의 전술적 학습을 비판적으로 검토하면서 이 주제에 대해 계속적으로 검토해 본다. 이를 통해 학습에 초점을 맞추는 것이 사회운동을 구성하는 중요한 실천과 정치학을 어떻게 드러낼 수 있는지를 검토해 본다.

제3장

사회운동 학습하기: 전술, 도시생활방식 및 정치학

서론

2008년 여름, 나는 상파울로 중심부에 위치한 소규모 비정부기구(NGO)의 지도자 한 사람을 인터뷰하면서 그녀가 담당하고 있는 업무와 함께, 그 조직이 '빈민(슬럼)' 관련 국제 도시운동 활동가들과 연계되게 된 배경에 관해 들을 기회가 있었다. 인테르나상(Internacao)의 이사인 아나클라우디아 로스바흐(Anaclaudia Rossbach)는 그들이 연계되었던 국제운동의 중요성을 설명하면서, '우리 [Internacao]는 그들의 방법론 덕분에 살아남았다'라고 고백했다. 아나클라우디아는 이토록 광범위한 국제운동의 일부가 됨으로써 무엇보다도 도시 빈곤 문제를 다루는 다른 사람들의 경험으로부터 많은 것들을 배울 수 있었다. 그녀가 언급한 운동인 슬럼/판자촌 거주자 인터내셔널(Slum/Shack Dwellers International, SDI)은 20개 이상의 나라에서 빈민가의 도시 빈곤을 다루는 국제적 차원의 사회운동이며, 브라질은 최근에 인테르나상(Internacao)에 가입한 회원 중 하나였다. 나는 아나클라우디아에게 SDI와의 연계 경험에 대해 물었고, 그녀는 '이야기하는 것도 중요하지만, 현장에서 보는 것… 그게 신뢰가 가는 것 같아요'라고 답했다. 아나클라우디아는 상파울로에서 공무원으로 일할 때 도시발전에 관해 협력하는 정부 및 비정부기구 네트워크인 도시연맹(Cities Alliance)의 어느 회의에서 SDI 회원들을 처음 만났다. 상파울로에서 2004년에 노동자당이 정권을 잃었을 때, 그녀는 남아프리카공화국의 SDI 지도자들과 도시빈곤에 관한 브라질-남아프리카공화국 교류에 참석하기 위해 남아프리카공화국 항구도시 더반(Durban)을 방문하였고, '현장에서' 보고 나서 '브라질에서 SDI 이념을 실현하기' 위해 인테르나상(Internacao)을 설립하기로 결정했다.

상파울루의 사례는 SDI의 도시연계가 기능하고 발전하는 과정에서 학습이 얼마나 중요한지를 보여준다. 이 장에서 나는 도시사회운동을 하는 운동가들이 조직 형태와 정치적 전략을 개발하는 데 있어서 학습이 핵심이라고 주장한다. 나는 여기에서 얼라이언스(Alliance), 그중에서도 인도 지부와 관련된 SDI의 업무에서 도시학습의 정치학을 검토하려고 하는데, 첫째, SDI 업무의 핵심은 그룹학습의 사회물질적(sociomaterial) 실천이라고 주장한다. 둘째, SDI에서의 도시학습 성격의 핵심은 정치조직 형성에 있으며, 셋째, 이 도시학습은 사회 변화를 향한 특정한 방식의 정치적 주체성을 구축하는 데 매우 중요하다고 주장한다. 나는 먼저 사회운동관련 문헌들 가운데 학습과 정치에 대한 기존 연구를 간단히 설명하고, 그 경향성들을 추출하는 가운데 과거의 문헌들이 한편에서는 운동실천과 지지자 동원에 있어서 정보와 지식의 중요성을 강조하면서도 다른 한편에서는 학습의 역할을 경시해온 태도를 부각시킬 것이다. 그 다음으로 모델하우스 건설에서의 전술적 학습 사례를 통해 SDI에서 도시학습 배치가 어떻게 형성되고 기능하는지를 설명한다. 이후, SDI가 수행한 정치조직에 대한 학습 사례를 검토할 것인데, 특히 비공식(무허가) 거주지에 대한 실태조사나 자체인구조사(self-census) 등의 전술에 초점을 맞춘다.

이 장에서는, SDI 활동의 학습지향적 실천 속에 포함된 물질 행위자(agency of materials)들, 예컨대, 자체인구조사 지도, 차트, 실태조사문서, 모델하우스 자료 등의 동향을 이해하는 기본 프레임으로서 배치(assemblage) 개념을 활용하는 한편, 해당 문서적 표상들이 도시학습의 배치 내에서 얼마나 중요한 의미를 갖는지에 대해서 그들이 다양한 장소와 실천 장면 속에서 이동하고 또한 그것들을 형성해 내는 모습을 통해 적시할 것이다. 이후에는 주택 건설과 실태조사에서의 SDI의 학습적 실천이 어떻게 특정한 정치적 주체성 및 사회변화의 개념과 관련되며 그것들을 형성해 내는지에 대한 비판적인 논의로 이 장을 마무리한다. 이전 장에서 주로 도시학습 배치의 중심 요소가 '번역'과 '조율'보다는 '거주'에 더 집중되어 있었다면, 이 장에서는 '번역'과 '조율'의 중요성을 중심으로 살펴볼 것이다.

사회운동 이해하기

글로벌 시민사회에 관한 문헌들은 학습을 간과하는 경향이 있고, 그래서인지 사회운동에서 지식이 한 사회운동 현장에서 다른 현장으로 그대로 전이될 수 있고, 학습은 그렇게 전이되는 정보나 지식이 이동할 수 있도록 부수적으로 수행되는 필연적 결과물이라고 보는 식의 인상을 남긴다. 학습을 지식전달로만 보는 기능주의적 가정은, 몇 가지 영향력 있는 사례들이 보여주듯이, 사회운동과 글로벌 시민사회와 관련된 문헌에 중요한 공백을 남긴다. 아이어만과 제이미슨(Eyerman & Jamison 1991)의 '사회운동: 인지적 접근'은 사회운동 내의 행위자들의 시각, 해석, 사회적 및 정치적 정체성에 있어서 지식의 중요성을 보여주려고 했지만, 학습 실천에 대해서는 거의 언급하지 않았다. 칼도(Kaldor 2003: 95, 63)의 '글로벌 시민사회: 전쟁에 대한 대답'은 '다국적 시민 네트워크'를 '의사소통과 정보 교류의 형태'로 묘사하며, 냉전 시대 동안 동구와 서구의 사회운동 간에 '대화의 중요성'을 강조했지만, 학습 자체에 대한 문제는 대체로 다루지 않았다. 켁과 시킨크(Keck & Sikkink 1998: 24)는 다국적 지지 네트워크—'참가자들의 상호 전환 가능성이 있는 의사소통적, 정치적 교환을 위한 수단'—에서 의사소통 행위의 중요성을 강조했지만, 지식이 어떻게 이동하는지와 그 구체적인 의미가 무엇인지에 대한 성찰은 거의 다루지 않았다.

반(反)기업운동에 대한 민족기술지* 연구에서 제프리 주리스(Jeffrey Juris 2008)는 운동가들 사이에 부상하고 있는 국제 네트워킹 논리와 실천에 대해 고찰했다. 이 연구에서 주리스는 운동가들의 네트워킹에서 중요한 부분은 바로 정보의 소통이라고 주장했다. 주리스(2008: 269)는 급진주의자들이 그들의 정치적 이상을 장소에 투영한다는 케빈 헤더링턴(Kevin Hetherington 1998)의 '유토픽스(utopics)' 개념을 바탕으로 '운동가들이 새로운 디지털 기술 실험을 통해 자신의 정치적 상상력을 표현하는 방식을 설명'하기 위해 '정보적 유토픽스(informational utopics)'라는 개념을 제안했다. 특히 '수평적' 디지털 미디어 운동에서 그는 인터넷이 상상과 실천의 차원에서 어떻게 활용되는지를 보여주었다. 인터넷의 역할은 이메일 업데이트와 신속한 댓글 번역부터 웹사이트 및 인디미디어(www.Indymedia.org)와 같은 자율

* 역자 주: ethnography: 인간 사회와 문화의 다양한 현상을 정성적, 정량적 조사기법을 사용한 현장조사를 통해 기술하여 연구하는 학문의 분야.

적 미디어에 이르기까지 다양하다. 1999년 시애틀에서 열린 세계무역기구(WTO) 반대 시위 중에 설립된 인디미디어는 운동가들에 의해 운영 및 업데이트되며, 아이디어, 정보 및 자원을 교류하기 위한 포럼을 제공하는, 전자 인쇄물, 영상, 오디오, 사진의 초지역적 학습 배치를 포함하는 반기업 커뮤니케이션 네트워크로 발전했다. 주리스(2008: 270)가 주장한 대로, 인디미디어의 중심 조직 논리가 직접 민주주의, 평등주의 및 수평적 협력이었다는 점에서, 인디미디어는 '네트워크'의 논리가 기술적 조직 형태이자 운동가의 상상력이 되는 정보적 유토픽스의 예를 보여준다.

주리스(2008: 286)는, 정보 유토픽스가 '저 멀리 있을지 모르는 완벽하게 조화로운 세계에 대한 총체화된 비전을 내세우는' 전통적인 유토피아주의가 아닌 '지금 여기에서, 구체적인 정치적, 조직적, 기술적 실천'을 통해 직접적으로 표현되는 '포스트모던 유토피아주의'를 나타낸다고 주장했다. 여기서 정보의 순환은 적어도 주리스에게 중요한 것이었지만, 사회운동관련 문헌은 이러한 정보와 지식에 대한 언급을 넘어 학습이 사회운동의 활동, 목표 및 조직에 어떤 영향을 미치는지에 대해 검토하지 않았다. 학습 인프라는 사회운동에서 새로운 아이디어와 상상력이 출현하는 데 있어 중요한 역할을 하며, 현대 사회운동이 '사회 실험실'을 만들어 낸다고 가정할 경우(Juris 2008: 297; Melucci 1989), 우리는 그 안에서 학습이 새로운 정치적 실천과 상상력을 생성하는 데 어떤 역할을 할 수 있는지에 대해 보다 깊은 주의를 기울여야 한다.

리치와 쿤스(Leach & Coones 2007)는 학습이 사회운동을 형성해 내는 데에 결정적일 수 있다고 주장했다. 사회운동 내의 다양한 집단 간의 권력관계는 그 안에서 주도권을 갖거나 혹은 소외되는 지식이 무엇인지, 그리고 시간이 지남에 따라 학습이 정치적 입장에 어떤 영향을 미치는지를 결정한다. 여기에서 사회운동에서 나타나는 두 가지 즉각적인 정치학습의 형태를 살펴볼 필요가 있다. 첫째, 여러 집단이 각자의 학습의 대상을 정의하고 제한하려는 노력으로서의 정치 활동이다. 예를 들어, 기술적 지식은 그 자체가 정치적 지식이 될 수 있고, 그 반대도 마찬가지이며, 지식을 둘러싼 갈등은 그것이 관여한 운동을 촉진하거나 방해할 수도 있고, 법 지식은 저항의 플랫폼이 될 수 있으며(제2장 참조), 미디어를 통해서 지식이 담론화되거나 번역, 경합, 또는 무시될 수도 있다. 예를 들어, 정부는 도시의 상수도 보급 논쟁을 기술적 문제로, 민영화를 기술적 해결책으로 정의할 수 있지만, 사회운동은 그런 지식이 기술적 지식으로 치부되는 방식에 대해 문제제기를 할 수 있다(e.g. see Li 2008; Ferguson 1994, 2006).

둘째, 학습정치(learning politics)는 가치 있고 적합한 지식을 전파하기 위한 사회운동 캠페인을 특징으로 한다. 현대의 사회 운동이 시행하는 수많은 활동들 속에는 특정 형태의 지식을 학습하도록 하는 로비 활동들도 들어 있다. 예를 들어, 소외계층이 도시계획 수립에 참여하도록 캠페인을 벌이는 브라질 사회운동의 꽤 오랜 역사를 생각해 보자(제4장 참조). 경우에 따라서 사회운동은 사람들이 일상생활에서 습득한 '비전문 지식(lay knowledge)'이나 '경험적 전문성(experiential expertise)'(Collins & Evans 2002)을 활용한다. 주리스(2008)의 연구가 생생하게 보여주는 것처럼, 지식의 정치학은 사이버공간을 통해 번역되며, 사회운동 참여자들은 정부문서나 과학논문, 또는 운동 웹사이트에 게시되거나 이메일로 전송된 휘발성 비디오 영상 및 사진에 직접 접근할 수 있다. 웹사이트는 다양한 지식 영역에 영향력을 행사하는 폭넓은 조율도구로 기능할 수 있다. 그러나 지식을 둘러싼 충돌이 사회 운동 과정에서 피할 수 없을 경우, 이 충돌 전선은 종종 복잡하게 설정된다. 정부 대 지역사회 또는 '비전문' 지식 간의 대립 구도보다는,

문제에 대한 특정한 해석과 학습 형성을 장려하는 여러 집단들 간의 '담론 연합들(discourse coalitions)'(Hajer 1995)을 종종 보게 된다. 예를 들면 도시 비정부기구(urban NGO)는 때때로 정부 내부 부서들과 연대할 수도 있으며, SDI의 인도 얼라이언스(Indian Alliance)와 관련하여 살펴보겠지만, 내부 분열로 인해 특정 논쟁에 대하여 회원들이 서로 다른 입장을 취할 수도 있다. 리치와 쿤스(Leach & Coones 2007: 26)는 서로 다른 이해관계와 권력들 사이의 '지식동맹(knowledge alliances)'에 대해 언급하면서, 사회운동에서 '지식 정치(knowledge politics)'에 주의를 기울여야 한다고 주장했는데, 지식 정치란 '물질적 자원을 둘러싼 투쟁의 정치와 사회 정치적 주장과의 상호작용'으로 규정된다. 그들의 주장을 요약하자면 '오늘날의 갈등 정치는 대부분 지식 정치'이다(Learch & Coones 2007: 27). 여기서 사회운동 작업 내에서 학습이 수행하는 다양한 역할을 제대로 설명하는 것은 참으로 어렵다. 이 장에서 나는, SDI와 관련하여, 사회운동에서의 복잡하면서도 때로는 핵심적인 학습의 지리학(geography of learning)을 드러내고자 한다.

이 시점에서 주의할 사항이 두 가지가 있다. 첫째, 나는 도시운동 정치에 대한 설명에서 학습이 상대적으로 무시되고 있다는 문제에 대한 반대 주장으로서 정치가 곧 학습이라고 생각하자고 주장하는 것은 아니다. 도시사회운동의 정치 가운데에는 어떤 형태의 학습도 포함되지 않는 경우도 많이 있다. 예를 들어, '전쟁중지' 시위나 도시 비공식(무허가) 거주지 철거에 대한 집회 같이, '반대'라는 단순한 입장에는 아무런 학습도 내포되어 있지 않다(소통하는 방식은 학습을 내포할 수도 있지만). 둘째, 도시운동에 대한 번역-조율-거주로서의 학습의 중요성을 고려할 때, 사회운동의 정치로부터 학습을 따로 떼어내어 구분하는 일은 매우 어렵다. 따라서 학습과 정치 간의 관계는 해당 도시운동이 처한 특정한 우연적 맥락 안에서 검토되어야만 한다.

글로벌 슬럼밍

SDI는 아시아, 아프리카, 라틴아메리카 전역에서 활동하는 도시빈곤, 특히 주택 및 위생 문제를 다루는 비정부기구(NGO) 및 지역사회 기반 조직(CBO)들의 연합이다. 이는 새로운 형태의 도시사회를 구축하기 위한 초지역적 실험으로, 서로에게 배우기 위해 이웃끼리 왕래하는 소규모 도시 빈민 등, 조직의 지도자들이 '수평적 교류'라고 부르는 구조에 기반을 둔 학습 운동이다. 이 운동은 도시 빈민이 주도하는 개발 과정에서 조직의 지도자들이 필수적이라고 생각하는 여러 전술을 지지한다. 여기에는 일일 저축 제도, 모델 하우스 및 간이 화장실 전시회, 빈민가 조사, 교류 교육 프로그램 및 기타 다양한 전술이 포함된다. SDI는 풀뿌리적인 참여와 수평적 교류를 추구함에 있어 도시학습을 사회 및 정치적 관계의 중심에 두고자 한다. 도시 빈민들로부터의 학습, 그들 간의 학습을 강조하는 것은 국가가 도시 인프라, 서비스 및 주택의 집단 제공을 보장하지 못했다—의도적이건 아니건 간에—는 맥락에서 비롯된다. SDI 그룹은 뭄바이(네트워크 작용의 상당 부분이 시작되는 곳)에서 케이프타운, 프놈펜, 카라치에 이르는 소위 '글로벌 사우스'**의 여러 도시에서 사회적 재생산의 위기를 다루려고 한다. 이 위기는 글로벌 사우스의 많은 도시에서 자본과 국가 간의 관계가 재편되면서 더욱 심각해졌다. 이 도시들은 물 공급이나 전기 공급과 같은 인프라의 민영화, 부동산 가격의 전반적인 상승, 젠트리피케이션 증가 추세, 다양한 국가 및 지방 복지 제도의 붕괴, 그리고 토지재개발을 위한 '빈민' 거주

** 역자 주: 지구 남쪽의 저개발국

지 철거 형태의 정치적 탄압의 증가를 부추겨 왔다(Smith 2002; Lorrain 2005; Davis 2006; McFarlane 2006b, 2008b, c; Wacquant 2007, 2008).

뭄바이의 한 지도자가 SDI의 '도구상자(box of tools')'라는 것에 대해 설명해 주었는데, 그것은 다양한 지역에서의 도시투쟁의 복잡한 역사, 특히 주택철거 방지와 거주권 보장을 위한 캠페인들의 역사에서 비롯되었다. 그런 전술들은 비록 처음에는 특정 장소와 역사에서 시작되었지만, 그 장소성에 국한되기보다는 외부와의 상호작용을 통해서 그 형태가 만들어져 갔다는 점에서 초지역적(translocal)이라고 할 수 있다. 이 전술들은 사고하고 행동하며, 행위자들 사이의 관계를 구성하고 재구성하는 데 창의적인 방식이라고 할 수 있지만 본질적으로 그 자체가 새로운 것은 아니다(Chapter 1; Barry 2001). 말하자면 사회운동의 전술이 지역 간을 이동함에 따라 SDI의 학습활동이 생산하는 배치와 재배치의 과정에 새로운 명칭을 부여한 것이며, 이는 그 배치물을 구성하는 상호작용의 산물이다. 관계적 초지역주의(translocalism)에서, 투쟁의 대상은 여전히 지역(예: 지역의 지방자치단체)이지만, 지역을 넘어서 '유사한 지역 행위자들과 유사한 지역 투쟁을 벌이고 있는 전 세계의 여러 지역들의 지식과 암묵적인 혁신'에 의해 일부 영향을 받는다(Sassen 2003: 11).

남아프리카공화국의 SDI 지도자 중 하나인 조엘 볼닉(Joel Bolnick)은 다음과 같이 주장했다(2007: 320). '이 [SDI] 전략들(네트워크 전체에 공유된)은 거주권을 보장하기 위한 풀뿌리 조직들의 기존 방어 노력을 기반으로 하며, 이 노력을 보완하기 위해 지역 조직 역량을 강화하고 도시빈곤층과 정부기관 간의 관계를 개선하기 위한 조치들을 그 위에 추가한다'. SDI 지도자들은 빈곤층의 참여 없는 빈곤층을 위해 설계된 도시개발 전략들은 실패할 수밖에 없다고 주장한다. 'SDI는 공무원, 기술관료 및 전문가들에 의한 정보와 지식의 독점을 무너뜨려야 하며, 가난한 사람들 스스로가 자신들의 상황에 더 효과적으로 대처할 수 있도록 스스로 지식에 대한 통제권을 가져야 한다고 믿는다'(Patel et al. 2001: 51-2). SDI의 지도자들은 도시 빈민층의 역량과 기술을 강조하는 기업가적 형태의 집단주의 정치학을 명확히 제시해 준다.

집단주의 정치는 신자유주의를 반대하는 컴버스 등(Cumbers 2008; Routledge & Cumbers 2009)의 '글로벌 정의 네트워크(Global Justice Networks)'에서의 논의와는 차이가 있다(그리고 Featherstone 2008을 참조하라). SDI의 정치는 덜 적대적이며 기존의 지역 정치경제적 프레임워크 안에 위치하고 있다. 이 프레임워크를 통해 도시 계획과 빈곤 감소에서 가난한 사람들을 위한 공간을 활용하려고 한다. 이는 이 장의 말미에서 다시 논의할 주제이기도 하다. 또한 SDI 지도자들과, 문화적 장벽이 원활하게 극복되었다는 내용의 SDI 간행물로 인해 때때로 지역 간 교류가 낭만화된다는 점에 주의해야 한다. 이 운동이 초지역적 특성에도 불구하고 남아프리카노숙자연맹(South African Homeless People's Federation)이 정치적 이견으로 인해 SDI와 분리되는 경우도 물론 있었다(Ley 2010).

인도 얼라이언스(Indian Alliance)—SDI 운동의 뭄바이 지부—는 SDI 운동에서 가장 영향력 있는 목소리를 내고 있기에, 도시학습활동의 형태와 정치에 핵심적인 영향을 미친다. 인도 얼라이언스는 뭄바이 중심부에 있는 다음의 세 개의 그룹으로 구성된 삼자동맹이다. 첫째, NSDF(National Slum Dwellers Federation, 전국빈민촌거주자연맹)는 오랜 역사를 가진 남성 중심의 운동가 그룹으로서 오랫동안 철거에 반대해서 싸워 왔으며 기본권을 쟁취하기 위한 캠페인을 벌이고 있다. 둘째, 마힐라 밀란(Mahila Milan)('여성들의 모임')은 남성 배타적인 조직은 아니지만 주로 여성들로 구성된 조직으로서, 긴급 필요를 위한 지역 저축 및 대출 제도 또는 집단 거주 및 인프라 투자를 중심으로 조직되어 있다. 그리고 마지막으로 지역자원센터증진협회(the Society for Promotion of Area Resource Centres: SPARC)는 1980년대 초반 중산층 운동가들에 의해 설립된 NGO다. NSDF와 마힐라 밀란(Mahila Milan)은 국내 및 국제 운동을 위한 사실상의 본부 역할을 하는 하나의 자원센터를 공동으로 활용한다. 뭄바이 중심부에 위치한 바이쿨라(Byculla)에 위치한 이 센터는 활동의 중심지이다. 세 대의 전화기가 수시로 울리고, 현지 사람들이 끊임없이 드나들면서 돈을 예치하고, 대출을 요청하며, NSDF 활동가들의 조언을 구한다. 이 단체들과의 협업을 바탕으로, 아르준 아파두라이(Arjun Appadurai 2002: 30)가 논평한 것처럼, 지도자들은 전화 통화를 하면서 '뭄바이의 여러 지역—또한 인도와 세계 전역—의 긴급한 위기, 계획 및 뉴스에 대한 정보를 교환한다. … [뭄바이의] 만쿠르드(Mankhurd)나 바이쿨라(Byculla)에서 전화가 걸려오듯, 프놈펜 또는 케이프타운에서 전화가 올 가능성도 있다'. 일상 생활에서 이 센터는 단순히 지원과 연대만이 아닌, 초지역적인 정치전략과 함께 협력하는 방법을 배우는 공간이다.

차이를 통한 학습에 대한 그들의 헌신에도 불구하고, 일부 동맹(Alliance) 지도자들은 이 동맹을 운동 전체 내에서 지배적이고 더 많이 학습한 집단으로 본다. 뭄바이의 한 지도자는 다음과 같이 말했다.

> 당신이 해야 할 일은 뭄바이를 도가니와 같은 허브로 보는 것이다. 모든 새로운 아이디어[예: 주택 전시회, 실태조사, 저축]가 여기서 나온다… 이곳은 일하기에 가장 어려운 곳이다… 도시의 크기, 문제의 규모 때문이다. 만약 뭄바이에서 어떤 문제를 해결할 수 있다면, 다른 곳에서도 그 문제를 해결할 수 있다. 우리가 다른 곳이 아닌 뭄바이에 있는 이유이다.

또 다른 예로, 이 지도자는 뭄바이를 '어머니 기지(the mother base)'라고 언급했으며, 다른 뭄바이 지도자들은 동맹(Alliance)을 SDI 전반에 걸쳐 적용되는 '모델(모범)'이라고 불렀다. 존 알렌(John Allen)의 용어를 빌리자면 이러한 표상들은 조작적이고(manipulative) 연합적인(associational) 권력의 한 가지 형식이라고 할 수 있다(권력에 대한 Allen 2003, 2004 참조; 제5장; SDI와 권력에 대해서는 McFarlane 2009a 참조; 권력, 공간 및 사회 운동에 대해서는 Featherstone 2008; Leitner et al. 2008 참조). 이것이 조작적인 이유는 그것이 중립적인 사실처럼 제시되고, 광범위한 공간적 범위를 포용할 수 있는 간단한 메시지로 구성되어 있기 때문이다. 또한 그것이 연합적인 이유는 뭄바이 동맹이 이 운동을 이끌어야 한다는 공통된 합의를 이끌어 내거나 의지를 공유하려는 시도를 포함하기 때문이다. 물론 SDI에서 공유되는 수많은 전략이 뭄바이 동맹을 기원으로 해서 출현한 것은 사실이지만, 뭄바이 동맹이 SDI 활동을 주도하거나 최초로 일으켰다고 말하는 것은 어쩌면 국가의 '수평적' 교환 지향성과 동거해야 하는 운동 안에 모종의 암묵적인 위계 구조를 형성할 위험성을 동시에 만들게 된다.

SDI의 활동은 케이프타운, 프놈펜 및 뭄바이와 같은 서로 다른 도시들 간을 전전하면서 그 안에서 사회적인 것과 물질적인 것, '여기'와 '저기', 그리고 규정된 것과 '묵시적인 것들 사이를 결합하고, 투쟁하고, 협상하는 결과로서의 관계적 산물이다. SDI의 전술의 구축, 적용 및 사용에 수반된 실천은 일종의 학습과정인데, 그 안에는 로비, 자금조달, 국가 및 기부자와의 협상, 연대의 형태, 정치적 방향 및 어떤 지식이 중요한가에 관한 논의 등이 포함된다. 여러 지식들, 예컨대 건설 기술에서부터 빈민과 사회변화에 대한 특정 개념에 이르기까지 이종적 형태의 지식과 정체성들이 교환되는 과정에서 서로 순환한다.

요약하자면 '수평적 교환'은 물질, 실천, 디자인, 지식, 개인사, 지역 역사 및 선호도, 때로는 격렬한 논쟁, 그리고 자원, 자금조달 및 국가 및 기부자 연결의 인프라 등으로 구성된 초지역적 도시학습 배치라고 할 수 있다. 여기서 배치는 도시학습의 행위자성(agency)을 강조하며, 사회적 요소 및 물질적 요소 사이 또는 다른 장소들 사이의 정렬(alignments)을 통합하거나 생성해 낸다. SDI는 도시학습활동을 중심으로 서로 다른 시간에, 서로 다른 방식으로 결합하는 일련의 초지역적 배치이다. 예를 들어, 또 다른 SDI 회원인 남아프리카 얼라이언스(South African Alliance)는 지난 20여 년 동안 인도 얼라이언스(Indian Alliance)와 매우 밀접하게 연계되어 있었으며, 이 두 초지역적 얼라이언스 간의 관계는 그간 모델하우스 건설, 공동 간이화장실 디자인 개발, 자금조달 전략 또는 국가와의 협상 전략 논의, 비공식(무허가) 주거지 내에서 지역저축계획을 어떻게 하면 가장 잘 수행할 수 있는지에 대한 계획 등, 서로 간에 중요하게 여겨지는 것들에 따라 그 관계가 변화해왔다. 다음 장에서는 점증적 학습에서 비롯되지만 이를 능가하는 운동의 핵심적인 전술적 학습형태에 대한 논의를 통해 SDI의 활동에서 학습이 갖는 중요성에 대해 살펴보겠다.

주택 배치: 학습의 물질화

SDI에게 있어서 학습은 무엇보다도 먼저 집단적으로 벌이는 사회물질적 실천 활동의 성격을 갖는다. 이에 대한 핵심적인 사례이자 SDI의 중심적인 조직전략 중 하나가 바로 실제 크기의 모델하우스를 건축하고 전시하는 일이다. 비공식(무허가) 정착지 내에서 활동하는 단체들이 설계한 디자인들을 전시하는 일은 SDI 지부가 있는 여러 도시들에서 벌어지고 있다. 모델하우스들과 전시물들은 마치 중산층이 하는 식의 활동을 따라 하면서(Appadurai 2002), 그 안에서 도시의 사회적 재생산의 위기를 생생하게 극화하고, 토지사용권에 대한 우려에서부터 건설이나 지역 조직화까지 다양한 주제에 관한 집단 토론을 이끌어낸다. 모델하우스들은 국내의 지리학적 상상력과 그들이 도시 거주에서 점증적으로 획득한 지식을 활용하며, 그 안에는 SDI가 포착한 사회적 변화 및 빈곤층의 독특한 구성방식 등이 반영되어 있다(McFarlane 2004, 2008b). 특히 이 과정에서 빈곤층이 획득한 역량과 기술을 공개적으로 입증하며, 빈민들 스스로가 기업가적이고 자신의 발전을 스스로 관리할 수 있음을 투영함으로써 멋진 도시의 장관을 만들어 낸다(이 주제는 이 장의 후반부에서 다시 다룰 것이다). [그림 3-1]은 케이프타운의 에쿠품레니(Ekuphumleni)에서 남아프리카노숙자연맹(South African Homeless People's Federation)의 한 회원이 SDI 모델하우스를 들고 있는 모습이다.

모델하우스를 건설하는 방법은 여러 가지 방법으로 SDI 사이에서 공유되는데, 주로 여러 도시의 빈민층 아이디어와 경험이 서로 공유될 수 있도록 하는 조직적인 교환 시스템을 통해 이루어진다. 예컨대 방문 단체들은 현재 진행 중인 건축 및 전시에 참여하는 경우가 많다. SDI 파트너인 아시아주거권연합(the Asian Coalition for Housing Rights: ACHR)은 소형 주택모델이 '축소 도면이라는 추상적 개념에 익숙하지 않은 사람들에게 3차원의 상상적 도구'를 제공하는 주요한 기능을 한다고 언급했다(Asian Coalition for Housing Rights 2001: 13). 도시빈곤의 맥락에서 설정된 집(home), 열망, 일련의 물질적 실용성 등 다양한 영역의 조율을 통해 학습을 가능하게 하는 기능적 시스템인 이러한 모델하우스들은 달리 말하면 집(home)에 대한 지리학적 상상의 한 가지 표현이라고 할 수 있다.

[그림 3-1] 모델하우스, 케이프타운(사진 제공: Astrid Ley)

ACHR는 태국에서 열린 한 전시회에 대해 다음과 같이 설명한다. '모델하우스를 만들 때, 사람들은 판자를 꺼내고, 다양한 물건들을 못으로 박고, 이것을 바꾸고, 저것에 대해 논의했다. 측정값이 변경되고, 천장 높이가 높아졌다가 낮아지고, 창문 위치가 변경되고, 욕실과 주방이 커졌다가 줄어들었다'(ibid.). 모델하우스는 사람들이 살고 싶어하는 유형의 집의 협상에 기초가 되며, 이 과정에서 집단의 의지가 개인적 선호보다 중요시되어야 하며, 이 과정은 다양한 사회적, 문화적 특수성 및 변화의 대상이 된다.

모델하우스 건설에서 학습은 몸-집단-물질의 관계적 과정을 통해 발생하는데, 이는 관조적인 대화의 형태라기보다는 공예기술의 형태에 더 가깝다. 이는 만드는 일이 곧 생각의 과정이라는 리차드 세넷(Richard Sennett 2008)의 주장, 즉, 기술과 자아의 변화가 공예의 실천에 내재되어 있다는 주장을 반영한다. SDI의 주택 건설 과정은 달리 말해서 점진적인 도시 학습경험으로서의 특정 거주 방식을 통해 나타나는 과정이지만, 그것은 건설 및 교류, 전시를 거치는 동안 단순한 일상적인 점증주의를 넘어 도시 거주에 개입하고 또한 새로운 가능성을 열어주는 전술적 학습의 형태로 변모한다. 이 과정에서 모델하우스는 교류를 통해 번역되는 동안 조율장치의 역할을 한다.

모델하우스 건설에서, 학습은 기술지식을 습득하는 과정이 된다. 예를 들어, 뭄바이 근처인 푸네(Pune)의 마힐라 밀란(Mahila Milan)의 여성들은 마하라슈트라 사회주거 및 행동 연맹(Maharashtra Social Housing and Action League: MASHAL)이라는 NGO의 도움을 받아 간이 화장실 건축기술을 익혔다. 그들은 자재를 구매하고, 공사업자를 고용하고, 부정부패를 처리하고, 건설에 참여하며, 최종 산출물을 유지 관리한다. 세네갈 저축 및 대출 네트워크(Senegalese Savings and Loan Network)의 일원인 아미타 음바예(Amita Mbaye)는 '번역'을 통해 기술지식을 배우는 방법에 대해 다음과 같이 말했다.

'다카르(Dakar)에서 함께 일하는 기술자에게 레이아웃 계획을 설계하는 방법을 보여달라고 요청했는데, 그 사람이 너무 낯선 전문용어를 사용해서, 말을 거의 이해할 수 없었다. 남아프리카공화국 가우텡(Gauteng)의 프로테아 사우스(Protea South)에서의 마지막 날 저녁에 나는 한 여성에게 계획을 그림으로 그려달라고 요청했다. 그녀가 주택 모델링에 대해 설명했을 때는, 이해가 되면서 나도 할 수 있겠다는 생각이 들었다'(Patel & Mitlin 2002: 132).

모델하우스는 주택건설을 위해 빈곤층의 경험적 지식을 활용한다. 예를 들어, 모델하우스는 기존의 측정법을 그대로 쓰는 대신, 비기술적 지식을 활용한다. 개별주택 수준에서 건축기술은 빈곤층의 지리학적 상상력을 끌어낸다(McFarlane 2004). 동남아시아 기부단체인 셀라빕(Selavip)의 호르헤 안조레나(Jorge Anzorena 1987: 6)는 기존 시스템을 어려워할 수도 있는 사람들이 사용할 수 있는 측정방법을 통해서 주택건설 역학이 '쉽게 이해'될 수 있는 방식을 강조했다.

한 가지 사례로, 10×15 피트를 표준 크기라고 할 때, 평균 5야드인 사리(sari)는 15피트(feet)이므로, 사리 한 개의 길이는 집의 폭(너비)이 된다. 20인치짜리 망갈수트라(Mangalsutra)[결혼한 여성이 착용하는 목걸이]는 1.5피트짜리 창문을 측정하는 데 사용될 수 있다. 북인도 여성들은 살와르***를 묶는 끈을 사용하여 4.5피트를 측정할 수 있었다.… 블라우스나 속치마 등 여성들이 입고 착용하는 다양한 품목을 사용하여 집 안의 모든 구조를 측정할 수 있었다.

사람들은 임시거처를 짓는 경험을 통해 얻은 지식을 바탕으로, 익숙하지 않은 줄자 대신 입고 있는 옷을 포함한 가장 기본적인 물건을 사용하여 건설과정을 시작한다. 해당 사례에서 학습은 다양한 영역(앞서 예시에서는 물질과 집의 크기, 열망, 도시빈곤의 현실과 한계)들끼리를 조율하는 기능적 시

*** 역자 주: Salwaar, 인도 전통 의상.

스템—사리나 망갈수트라—을 생성함으로써 이루어진다. 일상적인 물질의 어포던스(affordance)는 새로운 도시적 가능성을 지시하는 '배치' 안에서 '번역'된다.

뭄바이의 SDI 지도자인 쉴라 파텔(Sheela Patel)은 다이애나 미틀린(Diana Mitlin)과 함께 쓴 글에서(Patel & Mitlin 2002: 158), 여성들이 '가사노동을 통해 물과 위생 문제를 해결하고, 빈번하게 발생하는 주택 철거를 지연시키기 위한 임시변통의 체계를 만드는 일'의 고통을 감수해야 하기 때문에, 주택건설과 관련하여 여성들의 이야기를 듣는 것은 매우 중요하다고 주장했다. 구체적인 예시로는 여성들끼리 도시 설계와 건설에 관한 이야기를 서로 공유하는 과정에서 그들이 평소에 감당해 내야 했던 가사부담이 가능한 한 최소화될 수 있는 방식으로 집을 지을 수 있는 방책을 상의한다고 파텔과 미틀린(2001: 16)은 주장했다.

> 여성은 남성보다 본인이 살고 있는 곳을 더 많이 사용하기 때문에 '드림' 하우스를 더욱 잘 그려낼 수 있다. 따라서 남성들은 여성들이 새로운 구조물을 더 잘 설계할 수 있다는 점을 쉽게 인정한다. 일단 이 사실을 받아들이면, 남성들은 건설 관리 훈련을 받은 여성이 건설 과정의 가장 효과적인 감독자라는 점도 인정하는 경우가 많다.

만약 이 도시 거주의 '꿈'이 항상 거주를 통해 학습된 것이라면 —이 경우에는 거주지인 집을 통해 학습된 것— 여성들은 자신들이 배운 것을 서로 '가르친다'.

물론 이것은 지나치게 낭만화된 생각일지 모른다. 특히 성 불평등이라는 복잡성을 과소평가할 위험이 있을 뿐만 아니라 여성을 집안일이라는 공간 안에 가두어 두고, 가사 노동의 기준에서만 생각하도록 할 위험성이 있다.

그러나 파텔과 미트린(Patel & Mitlin 2001: 16)이 보기에 이것은 여성의 자신감과 노련함(역량, 기술)을 증진시키는 전체적인 과정의 일부이며, '여성이 지역사회, 가족 및 남편과의 관계를 재협상하는 데 기여할 수 있다'고 주장했다. 예를 들어, 인도 얼라이언스(Indian Alliance)의 지도자(no date: 8-9)는 푸네(Pune)에서 주 정부와 함께 위생건설 프로그램에 참여한 여성들의 경험에 대한 글에서 다음과 같이 언급했다.

> 일을 하면서, 그들은 새로운 전문 기술과 금융 기술을 익혔다. 도시 엔지니어들과 기업가들은 스스로를 'Annandi(문맹)'이라고 부르는 이 여성들이 건설, 재무를 관리하고, 구청장(municipal commissioner), 도시 엔지니어, 건축가 같은 시 공무원과 직접 연락할 수 있다는 사실을 쉽게 믿지 못했다. 그들은 그다지 협조적이지 않은 기업가들과 조율하는 법을 배우고, 이 과정에서 그들이 처한 어려운 상황을 처리하는 일에 더 자신감을 갖게 되었다.

과거 모델하우스 건설에서 나온 아이디어들이 향후 다른 건설에 영향을 미치는 경우가 많다. NSDF의 자매단체인 뭄바이의 철도빈민가거주자연맹(Railway Slum Dwellers Federation: RSDF)과 관련한 글을 쓰면서, SPARC 지도부(1988: 27)는 이렇게 언급했다.

> 45 평방피트의 공간에서 인생의 대부분을 보낸 사람들에게 10×15 피트(150 평방피트) 집의 크기를 설명하는 것은 어려웠다⋯ 그러나 사람들이 설계한 실물 크기의 주택모델은 공간 크기를 보여주는 데 매우 효과적인 수단이 될 수 있다⋯ RSDF 위원회는 그러한 전시회가 나머지 철도 정착촌에서의 그들의 활동을 활성화시켜 줄 것이라고 생각했다. 전시회에서 선보

인 4개의 주택 모델 중 3개는 과거 여성 길거리 생활자들에 의해 건설된 것들이다.

이 이야기는 어떻게 주택모델이 저소득층의 거주 위기와 같은 뚜렷하고 즉각적인 문제를 전술적 학습의 형태(가능성을 드러내어 일상을 파괴하는 실용주의적 기회의 영역)로 '번역'하는 도시 거주 경험에서 비롯된 '조율장치'로 작동할 수 있는지에 대해 잘 보여준다. 파텔과 미트린(Patel & Mitlin 2002: 129)은 다음과 같이 설명했다. 공통적인 경험을 공유함으로써, 지역사회 구성원들은 해결책을 확인하고 변화를 일으키기 위한 계획을 세운다. 점차 그들은 기존 문제에 대한 새로운 해결책을 발견하기 시작하고, 이 과정에서 자신감과 기술을 전수한다. SDI의 주택 모델링은 그 자체가 일종의 '실천-학습'을 통한 배치라고 할 수 있는데, 이것은 사회적, 실용적, 물질적, 상상적, 초지역적인 실천을 통한 학습이며, 또한 그 안에서 정보, 암묵적 실천, 행동하고 보는 방식, 변화에 대한 서술, 그리고 순환 전술 등 간의 지속적인 번역이 이루어진다.

SDI의 목적이 관심을 끄는 만큼, 주택모델링 역시 성공적인 전략이었다. 현지에서는 새로운 회원, 언론의 관심 및 정책 입안자들의 눈길을 끄는 데 크게 성공하였고, 초지역적으로는 후원자 및 국제기구들(특히 세계은행과 유엔, 그리고 클린턴재단과 게이츠재단)로부터 상당한 관심과 자금을 끌어들였다. SDI 지도자들은 특정 장소에 대한 지리적 상상력—예를 들어, 지역사회가 설계한 모델 형태의 가정(home)—을 국제기구에 대한 로비의 기반으로 활용한다. 조합의 대담한 사례 중 하나는, 2001년 해비타트(Habitat) 회의 기간 동안 SDI 운동가들이 뉴욕에 있는 유엔본부 로비에 실물 크기의 모델하우스를 건설한 것이다. 아준 아파두라이(Arjun Appadurai 2002: 38)는 이

행사에 대해 다음과 같이 논평했다.

> [코피] 아난이 인도와 남아프리카공화국 출신의 가난한 여성들이 구축한 그들만의 제국의 중심에 설치된 모델하우스와 화장실 부근을 지나갈 때, 이들은 노래를 부르고 춤을 추면서 그를 둘러쌌다. 그것은 이 얼라이언스(Alliance)와 유엔 사무총장이 전 세계 빈곤문제에 공동으로 참여하게 되면서 만들어내는 가능성으로 가득한 마법과 같은 순간이었다. 주택 전시와 화장실 역시도 어디에서든지 건축되고, 이동되며, 재조립되고 배치될 수 있으며, 따라서 이것은 가난한 사람들의 공간적 상상력에서 어떠한 공간도 너무 이들에게 너무 과하다는 —혹은 너무 초라하다라는— 생각을 할 수는 없다는 메시지를 던져준다.

그러나 이러한 초지역적 순간을 너무 과장하거나 낭만적으로 표현해서는 안 된다. SDI 회원들은 일반적으로 이런 회의에 참가조차 하지 못하고 소외되어 왔으며, 이런 전시회가 열린다고 해도 그것이 기존의 국제적인 정치지형의 변화를 의미하는 것은 아니다. 샤르마(Sharma 2001: 9)는 다음과 같이 주장했다.

> … 모델하우스를 위해 제공된 공간과 실제로 그것을 만든 사람들이 공식적인 토론에서 목소리를 낼 수 있는 공간은 동일하지 않았다. 레흐맛(Rehmat) 및 샤나즈(Shahnaz)[뭄바이의 거리 생활자]와 심지어 뉴욕 거리의 [노숙자] 여성과 같은 여성들의 주요 관심사에 관한 문제에 대해 UN 건물 지하에서 토론이 열렸다. 그럼에도 불구하고 그 회의들의 방식은 여성들의 목소리가 들릴 수 있는 공간을 만들어내지 못했다.

그렇긴 하지만 운동 자체에서 이 순간이 갖는 중요성을 너무 쉽게 간과

해서는 안 된다. 전시회에서, 현대 도시경관의 외곽에 있는 사람들이 정치적 국제화의 중심지 중 한 곳의 공간을 차지하기 위해 모였는데, 이는 켁과 시킨크(Keck & Sikkink 1998: 22)가 언급했을 지도 모를 '상징적 정치학'를 시사하는 행위이다. 다음 장에서는 물질을 통한 SDI의 업무 집단 내에서의 학습의 중요성을 확실히 언급한 후 특히 '실태조사(enumeration)'와 같은 특정한 학습 전술이 SDI에서 핵심적인 정치조직을 어떻게 만들어내는지 보여줄 것이다.

학습과 표상화: 가난한 사람들 숫자 세기

표상화(representation), 특히 모델, 은유, 문서 등은 SDI의 초지역적 정치조직 학습에서 중요한 역할을 수행한다. SDI 그룹 내에서는 다른 도시의 SDI 경험 속에서 학습한 내용을 바탕으로 한 공식화된 모델과 명확한 은유들이 자주 사용된다. 예를 들면, 방갈로르(Bangalore)의 NSDF 그룹 지도자인 토마스(Thomas)는 그 도시의 동맹 활동 조직형태가 뭄바이로부터 코드화되어 전해져 온 규범화된 모델을 따르고 있다고 말했다. 그는 예로 (i) 노동위원회, (ii) 구매위원회, (iii) 재무위원회 및 (iv) 감독위원회 등의 4개의 건설프로젝트 관리위원회를 꼽았다. 뭄바이에서의 수년간의 동맹(Alliance) 경험은 이 모델을 쉽게 번역할 수 있는 조율장치로 작용하고 구체화시켰으며, 이 모델은 이후 제도적 지리학의 한 가지 특화된 모형으로 퍼져나갔다.

방갈로르 그룹과는 다른 사례를 들어보면, 회원 중 한 명인 줄라(Jula)는 우타르프라데시(Uttar Pradesh)주의 칸푸르(Kanpur) 그룹과의 교류를 통해,

단순한 이동모델이긴 하지만 '저축'하는 법을 배웠다고 말했다. 그녀가 언급한 역량의 종류에는 개인저금통장을 회원들에게 전달하고, 약 50명의 사람들로 이루어진 집단을 수금(收金) 지역으로 정하여, 수기 기록을 작성하고, 편집하는 등 매일의 저축의 실천이 포함된다. 방갈로르 지구 마힐라 밀란(Bangalore District Mahila Milan(BDMM))의 락스미 샤무간(Lacksmi Shanmughan)은 뭄바이와의 교환을 통해 그녀와 다른 사람들이 '[뭄바이에서] 어떻게 저축을 통해 조직을 시작했는지'를 배웠다고 언급했다. 그녀가 제시한 실용적인 예시 중 하나는 색깔로 구분된 임시 예금함—예를 들면, Rs1의 경우 녹색 또는 Rs2의 경우 빨간색—을 사용하는 것이었는데, 이는 그 계획을 조직적으로 접근할 수 있게 도와줬다.

이러한 일별 저축들을 '번역'해 가는 과정에서, 한 그룹(뭄바이)의 경험이 공유된 레퍼토리 생산이 다른 그룹(방갈로르)의 제도적 구조에 영향을 미치는 식의 경험들 속에서 학습이 이뤄진다. 색상으로 구분하는 것은 돈 수금, 조직의 용이성 및 문맹인 여성들이 프로세스에 익숙하게 만들게 하려는 바람들을 조율하는 기능적 시스템을 작동한다. 이런 단순하고 일상적인 인프라 역량은 경험을 통해 변하게 된다. 예를 들어, 각 단체들은 일별 저축이라는 대표적인 형태를 활용할 수 있지만, 매일이 아닌 매월 저축을 하는 하이데라바드, 남아프리카공화국, 태국의 경험이 보여주듯이, 소득 패턴이나 독특한 저축 문화를 이유로, 자신들의 동네에서는 매일이 아니라 매주, 또는 매월마다 저축을 하는 것이 실질적으로 더 적합하다는 걸 알게 되는 경우도 있다. 조율 장치를 통한 학습의 또 다른 예로서, 아시아 거주권 연합(Asian Coalition for Housing Rights, ACHR)(2000: 29)의 경우에는 NGO와 CBO 참여 사이에서 균형을 유지하는 것부터, 사람들을 직접 변화시키려고 시도하기보다는 지식과 아이디어를 제시하는 것, 다수가 모인 대규모 회의보다는 소규모의 집중적 회의를 개최하는 것에 이르기까지, 학습 교환에 대한 열 가지 '팁'을 다른 등록부에 실었다.

SDI의 전술과 관련해서 은유가 빈번하게 사용되는데, 특히 필리핀에서는 일별 저축을 '기본요소(building block)', '공통 분모' 및 '커뮤니티를 결합시켜 주는 접착제' 등으로 묘사하며(NSDFI 2001: 74), 인도의 NSDF의 조킨(Jockin)은 '숨쉬기', 즉 운동의 기초라고 표현하기도 한다(Appadurai 2002: 34). 이외에도 지식과 장소 간의 관계를 설명하기 위해 요리의 비유를 사용하기도 한다. 동맹(Alliance) 지도자인 쉴라 파텔(Sheela Patel)은 다음과 같이 언급했다(Asian Coalition for Housing Rights 2000: 8). '이 모든 흩어진 지역사회에서 이 모든 실험에 의해 연맹은 꾸준히 활성화되고 있다. 각각의 지역적 상황과 성격 및 변덕스러운 것들을 다 섞은 수프인 100가지의 마살라(masala)가 끓고 있는 100개의 냄비와 같다'. 해당 은유는 체계화를 통해 여러 SDI 그룹들의 활동을 번역하는 방법이면서 동시에 다양성 안에서 통일된 이미지를 제시하는 방법이다. 이 묘사에서 학습은 다양한 재료들을 이용한 숙련된 실험으로 의인화—예컨대 요리, 성격, 변덕과 같이—되기도 한다(공예 학습에 대한 Sennett 2008 참고). 서로 중첩되는 일련의 초지역적 배치로서 SDI의 강력한 이미지를 보여주는 요리관련 은유는 SDI 지도자들이 이 운동의 통일성을 요리라는 생생하고 보편적인 구성적 행위를 통해 다시 한번 강조하며, 각각의 SDI 그룹들로 하여금 각자의 상황이 고유하다고 여기도록 장려하는 노력의 일환이다. SDI 리더십은 각기 다른 SDI 그룹들이 동일한 '수준'일 필요가 없으며 '실험적'일 수 있다는 '번역'적 주장을 할 수 있게 하면서도 각 구성원 그룹을 위한 SDI의 특정한 도시전술의 중심 역할을 강조하기도 한다. 다시 말해 이것은 단일체보다는 공동기능을 하는 다양체로서의 초지역적 배치의 이미지라고 할 수 있다.

학습과 표상 사이의 관계가 중요한 이유는 그것이 지식생성의 특성에 영향을 미칠 뿐만 아니라 SDI에서의 초지역적 정치 조직학습의 본질이기 때문이다. 여기서 집중적으로 다루고 싶은 예시 가운데 하나는 실태조사(enumerations)를 문서화하는 과정이다. 실태조사는 도시빈곤층에 대해서 그들 스스로가 수행하는 자체-인구조사 전술이다. 이 조사는 국가가 길거리 거주지 실태조사를 거부한 데 대한 대응으로 인도 얼라이언스(the Indian Alliance)에 의해 1980년대 중반에 처음 실시되었다. 데이터가 부족할 경우 자주 정부의 잘못된 주장들, 예컨대 뭄바이 중심부에 거주하는 길거리 생활 인구가 일시적 상태이거나 적은 숫자라는 등의 주장에 힘을 실어주게 되고, 그들이 필요로 할 경우 판잣집을 철거할 수 있다는 또 다른 '정당화(전략적 무지의 형태로)'의 기회를 제공하게 된다. SDI의 실태조사가 갖는 목적은 회원들을 조직하고, 국가정책의 언어, 즉, 도시인구의 정량적 매핑 데이터를 통해 국가와의 협상 여지를 마련하는 데 있다. GLTN(Global Land Tool Network)은 다음과 같이 제안했다. '실태조사는 공동체를 연합하고 조직화하며 이들을 대규모 빈민가 개선 프로젝트에 참여시키는 수단이다'(2006: 4; Huchzermeyer 2009: 4에서 인용). 또한 열악한 주거상황을 드러내어 임대주택을 개선하도록 임대인을 압박하는 수단이 될 수도 있다. 실태조사는 임대인과 세입자 간의 긴장의 끈을 높일 수 있지만, 케냐의 SDI가 참여한 케냐의 한 실태조사에 관해 후호저마이어(Huchzermeyer 2009: 17)가 쓴 것처럼, 이는 양측 사이에 타협을 이끌어내어 관계를 개선하는 역할을 할 수 있다. '세입자들이 이제 서비스를 요구할 권리를 갖게 되었고 집주인들은 이제 제때에 임대료를 요구할 권리가 생겼다고 생각했다. 서비스가 제공되지 않는 한 임대료를 요구하기가 어려웠기 때문이었다'.

이러한 데이터에 대해 종종 잠재적 관객인 국가가 관심을 갖기 마련이다. 비공식(무허가) 거주지를 개선하는 데 관심이 있는 국가 관계자들에게는 생활조건에 관한 기본 데이터가 중요하다. 국제개발기구들, 특히 UN Habitat과 진보적인 국가공무원들 사이에서는 지역사회에서 자체적으로 실시한 조사에 비해 국가에 의해 실시된 실태조사는 여러 가지로 견실하지 못한데, 예컨대 지역사회의 다양성을 이해하려는 공무원들의 능력이나 의지 결여, 공무원들에 대한 지역사회의 신뢰의 부족으로 인해 제대로 된 조사에 실패하는 경우가 많다는 인식이 증가하고 있다(Johnson 2007; Huchzermeyer 2009). 따라서 '동료평가(peer evaluation)'로 종종 지칭되는 지역사회 자체-인구조사가 포커스 그룹 인터뷰와 결합되어 점차 더 일반적으로 사용되고 있다. 후흐저마이어(Huchzermeyer 2009)는 이 과정에서 나타나는 신생 조직을 통한 인력 동원과정에 대해서 SDI 계열 단체인 파모자 트러스트(Pamoja Trust)가 주도하고 케냐의 키수무(Kisumu)의 UN Habitat이 위탁한 실태조사를 통해서 잘 기술하고 있다. 토지 관리에 대한 '풀뿌리' 참여를 촉진하는 국제네트워크인 Global Land Tool Network(GLTN), 두 개의 지역 인권단체, 지방자치 의회(특히 기획부서에 소속된 GIS 그룹), 그리고 여러 국가 기관을 비롯한 다양한 단체가 포함되어 있는 이 실태조사는 그동안 나름의 많은 영향력을 발휘했다. 예컨대 일부 지역에서는 국가계획에 지역사회가 참여할 수 있도록 했고, 청소년이나 과부들의 문제를 둘러싼 참여자들을 모으는 데 기여했으며, 사람들이 그 지역을 생각하는 집단적이고 다양한 도전에 대한 인식 수준을 제고하는 데 크게 기여하였다. SDI는 이 실태조사의 일환으로 짐바브웨에서 온 참가자들로 교류 단체를 구성했는데, 이 그룹에는 짐바브웨 연맹회원과 SDI 계열 비영리기구인 쉼터에 대한 대화(Dialogue on Shelter)의 직원뿐만 아니라 짐바브웨 정부의 관계자도 두 명이 포함되어 있었다. 이들 모두는 '짐바브웨의 엡워스(Epworth)에 풀뿌리 실태조사 학습방법을 전수하기 위해 이 팀에 합류했었다'(ibid: 2).

실태조사가 물론 단점이 없는 것은 아니다. 지방자치단체나 임대인이 수입 징수를 개선하기 위해 사용하는 데이터를 만들어 낼 수도 있지만, 만약 수입 징수가 불합리한 수준에서 이루어지고, 비공식 거주지의 서비스 개선으로 이어지지 않는다면 이는 비공식 거주지에 거주하는 사람들의 이익에 부합하지 않을 수도 있다. 게다가 조율 부족이나 역량 부족으로 인해 어떤 일부 지역이 다른 지역에 비해 실태조사가 더 성공적으로 실시될 경우, 이로 인해서 각자 다른 데이터의 신뢰성에 의구심이 생기고 그에 따라 국가가 이 문제에 개입하게 되는 단초가 될 수도 있다. 또는, 데이터가 국가(주정부)나 기부단체에 의해 완전히 무시될 수도 있다. 그럼에도 불구하고, 실태조사는 초지역적 정치조직을 만들어 내는 데 도움이 되는 학습도구로서 중요한 역할을 할 수 있다. 초지역적 정치조직화에 대해 학습할 때 우리는 실태조사 문서의 구성을 어떻게 개념화할 수 있는가? 문서는 전자적 형태이든 물리적 형태이든 '현대 지식실천의 전형적인 인공물'(Riles 2006: 2)이며, 도시생활을 조직하고, 구성하고, 설명하고, 경쟁하는 데 중요한 역할을 한다. 이 문서들은 도시연구에서 단순히 '보조데이터' 또는 '배경정보'로 간주되는 경우도 종종 있지만, 이들은 도시생활방식을 어떻게 학습하고 그리고 무엇을 학습하는지에 대한 중요한 사례가 된다.

데이터-어바니즘

실태조사를 통한 학습에서는 다양한 이질적 자료들이 제작되고 동원된다. 실태조사의 전술은 학습과 그 학습이 이루어지는 장소(위치)가 별

개가 아니라 상호 구성적임을 생생하게 보여준다. 제1장에서 논의된 '번역' 개념은 도시학습이 이질적으로 생성되는 중개자, 장소(위치) 및 실천을 강조하며, 이런 생성에 관여하는 물질적 지리학에 주의를 기울일 것을 요구한다. 브루노 라투르(Bruno Latour 1999)에 따르면, 이로 인한 중요한 결과 중 하나는 '사물'이 일련의 번역과정을 통해 담론에 관여하게 된다는 것이다. 해당 담론은 궁극적으로 '원래 상황을 대체'할 수 있는데, 라투르(Latour)의 설명처럼, 숲에 대한 다이어그램이 숲 자체를 대체할 수 있고(Latour 1999: 67), 실태조사가 이루어진 거주지의 지도 또는 인구통계자료가 거주지 자체를 대체할 수 있다.

이 같은 '물질적 기호학(Material Semiotics)'(Akrich & Latour 1992)은 '모든 종류의 조각들이 —몸, 기계, 건물, 텍스트— 질서를 구축하려는 시도에 어떻게 관련되어 있는지에 관심을 갖는다'(Bingham 1996: 643). 예를 들어, 우리는 유엔 회의에서 발표한 환태평양 섬 주민들의 지식 실천에 관한 애널리스 라일스(Annelise Riles 2001)의 주장을 생각해 볼 수 있다. 그녀는 문서, 자금 조달 제안서, 뉴스레터 및 조직도 등이 조직의 제도적 삶에 미치는 적극적인 역할에 대해 주목했으며, 이는 이동 상태의 제도적 지리학을 개념화하려는 홀로웨이(Holloway 2000) 및 필로와 파르(Philo & Parr 2000)의 시도와 같은 것이며, 다른 이론적 전통 가운데에도 행위자 —연결망 이론을 활용한다. 그들이 주장하는 것처럼, 제도는 결코 '미리 주어지거나' 또는 '사전에 공식화'되지 않고 끊임없이 만들어지고 있으며, 이질적인 물질들을 함께 엮어 가는 과정을 통해 다양한 방식으로 작용한다— '우리 자신과 세계에 관한 특정 지식과 실천의 수행 및 이동이 허용되는 능동적인 시공간처럼… 그것들은 미리 안정화된 형식 관계적 효과를 갖기보다는 항상 동시적으로 안정화'되어' 간다'(Holloway 2000: 654). 예를 들어, SDI의 방식은 여기저기 이동하는 문서들을 통해 원격화되고 사회물질화된 방식으로 스스로 재생산하게 되는데, 이때 문서제작 학습이 정치조직에서 어떤 역할을 하는지를 고찰하는 것은 이 과정을 이해하는 데 매우 유용하다.

이에 대한 한 가지 예는, 인도 얼라이언스(Indian Alliance)가 1980년대 중반에 제작한 문서 '우리, 보이지 않는 존재(We, the Invisible, WTI)'를 들 수 있다. WTI는 얼라이언스에 의해 수행된 첫 번째 실태조사를 의미하며, SDI가 수행한 첫 번째 실태조사라는 의미를 내포하고 있다. 이는 1985년 뭄바이 중심부의 길거리에 거주하는 사람들에 대한 실태조사를 기반으로 한 데이터 모음이다. 거리 생활자들은 종종 '침입자', '불법', '일시적', '위험한', '파괴적', '부도덕한' 사람들로 다양한 방식으로 규정된다. 모하파트라(Mohapatra 2003: 298)가 주장한 것처럼, 이들의 존재는 국가계획 및 정책개발에서 간과되는 경향이 있다.

> 국가(주정부)는 정책적으로 그들[거리 생활자]을 어떤 인구조사에도 포함시키지 않았다. 그들을 단지 사유지나 정부 재산에 침범한 침입자로만 보기 때문이다. 따라서 국가가 그들을 인정하지 않는 것은 거리 생활자들이 가진 시민으로서의 지위를 부인하는 결과를 초래했다. 국가가 그들을 대하는 유일한 방법은 그들을 이동시키고, 그들의 거처를 철거하며, 그들을 악마화하고, 복지 혜택과 권리의 네트워크에서 그들을 배제하는 것이었다.

당국은 거리 생활자들의 길거리 생활은 매우 짧은 시간 동안 거주하는 임시적인 것이라고 주장하기도 하는데, 이 주장은 철거나 식량배급 카드 및 기타 필수 서비스 및 인프라의 부족을 정당화하는 근거가 될 수 있다. 얼마 전, 얼라이언스(Alliance)는 자원봉사를 하는 지역 주민들과 함께 설문을 실시했는데, 이는 거리 생활자들이 자신들의 길거리 거주지에 대해 새롭게 이해하는 계기가 되었다. 지역 경계를 표시하기 위해 지방자치단체의 지도를 가지고, 사람들은 동심원을 이룬 채 한 거리씩 걸으며 길거리 빈민가가 밀집된 지역을 '클러스터(군집)'로 표시했다. 그들은 클러스터(군집) 프로필을 작성했다. 서로 다른 영역을 구획하고 연결하는 동시에, 장소를 클러스터로 표현함으로써 초지역적 조직체계가 적극적으로 생성되었다. 영역이 새롭게 구분된 클러스터 사람들은 지역회의를 통해 마힐라 밀란(Mahila Milan) 그룹으로 조직되었다. 이 군집들은 차트와 그래프로 체계화되었고, 컴퓨터로 문서를 작성하는 과정이 시작되었다. 이 과정을 회고하면서, 두 얼라이언스(Alliance) 지도자들은 컴퓨터의 역할에 대한 논평을 통해, 문서 작성에 대한 불만스럽고 본질적인 사회물질적 학습 과정에 대해 논의했다.

> 우리 중 컴퓨터를 정식으로 배운 사람은 아무도 없었기 때문에, EDP[컴퓨터 회사] 친구들이 말하는 '컴퓨터 전문용어'는 우리를 완전히 혼란스럽게 만들었고, 그들도 우리의 '활동 전문용어'에 분명 혼란스러웠을 것이다. 6,000가구와 거의 27,000명의 데이터는 일반적으로 훨씬 작은 양의 데이터를 처리하도록 설계된 프로그램에 많은 문제를 일으켰다는 말을 들었다. 프로그램이 '디버깅'될 때까지는 시간이 없었기 때문에, 간단한 빈도표를 만드는 것 외에는 다른 것을 할 시간이 없었다(Batliwala & Patel 1985: 13; Riles 2001 참고).

WTI와 1980년대 후반에 얼라이언스(Alliance)가 제작한 철도 선로 주변의 임시거처에 관한 두 번째 실태조사 보고서 '밟아 다져진 선로를 넘어(Beyond the Beaten Track)'에서는 지식, 경험 및 역사를 정리 및 정제하여 문서로 체계화할 수 있도록 일련의 '번역'이 이루어졌다. 번역과정은 라투르(1999: 67)가 '동원(mobilisation)'이라고 부른 것을 포함한다. 종이, PC, 카메라, 필름, 현상 자료, 프린터, 지도, 설문지, 지역주민, 자원 등 이질적인 물질들의 동원을 포함한다. 이 실태조사에는 뭄바이 중부의 6000가구가 포함되었으며 그 결과는 WTI에 문서화되었다. 이 문서에는, 뭄바이에서의 체류기간, 이주 전 직업, 출신지(주) 등과 같은 정보를 담은 그래프가 포함되어 있다. 거리 생활자들이 일시적으로만 여기에 거주하고는 금방 이동한다는 일반적인 생각과는 달리, 60% 이상이 12년 이상 동안 길거리에서 생활하였으며, 많은 사람들이 길거리에서 태어나고 자랐다. 얼라이언스(Alliance) 운동가인 쉴라 파텔(날짜 미상: 203)은 다음과 같이 언급했다.

> 설문조사 결과는 극적이었다. 대부분의 거리 생활자들은 국내에서 가장 가난한 지역 출신이었으며, 그 마을에서 재산이나 자산을 소유하고 있지 않은 농업노동자와 장인들이었다. 그들은 20년도 더 전(1985년 기준)에 현재 살고 있는 곳에 왔으며, 이들 절반 이상(전국 평균보다 높음)이 일을 했지만 최저임금에 못 미치는 임금을 받았다. 그들 대부분은 교통비를 아끼기 위해 걸어서 출근했기 때문에 직장 근처에 머무르는 것이 필수였다.

이 문서에는 길거리 생활자들의 생활, 이력, 직업 및 이동, 그리고 이들 길거리 생활자들과 기존 법률, 정책 및 제도 간의 관계가 간략하게 설명되어 있다. 문서작성 작업은 제임스 홀스턴(James Holston 1999: 167; 2008)이 '반란적 시민권(insurgent citizenship)'이라고 불렀던 행위를 표상화하는데, 왜냐하면 새로운 시민권의 정체성을 도입함으로써 '이미 확립된 시민권의 기존 역사를 흔드는' 새로운 관행을 도입하려고 하기 때문이다. WTI에 코드화된 지식은 당연한 지식들임에도 불구하고 상당 부분 놓칠 수밖에 없는 것들을 발굴해 낸 결과이며, 이를 통해서 예컨대 논증이나 다이어그램 등을 통해 빈민가 개선을 위한 새로운 가능성을 창출하며, 또한 기존의 길거리 생활자들에 대한 주류적이고 몽상적인 지리학의 조사 도구인 인구센서스 방법 자체를 뒤집으면서, 여기에 국가가 참여할 수 있는 새로운 공간을 창출하려고 시도한다.

이러한 다양한 형태의 지식은 빈곤층에 의해서 수행되는 일련의 사회물질적 '번역'의 과정이며, 이것을 통해서 국가 지배계급의 공식 개념과 소통할 수 있는 그들의 통계적, 양적 지식들을 생성한다. 우간다에서의 실태조사(enumeration)에 대한 존슨(Johnson (2007: 288)의 글처럼, 체계화된 지식을 생성하는 과정은 정치적 조직화의 과정이 될 수 있다. '이 조사는 물, 위생, 주거 환경을 개선하기 위해 각 가정과 지방 의회가 취해야 할 조치로서 중요하다. 이것은 계속해서 체계적으로 수집된 데이터의 기록을 생성함으로써 지식의 코드화를 촉진했다'. 실태조사 문서는 연속적인 '번역'의 과정에서의 학습을 통해서 생성되며, 그러한 학습은 지도 및 통계에서부터 법적 논쟁, 국가정책 및 정치적 행동 가능성 등에 이르기까지 다양한 영역의 조율을 통해 활성화되었다.

자기 스스로 도시에 거주하지 않더라도 그 가능성에 개입할 수 있는 전술적 학습의 한 가지 사례로서, WTI의 실태조사는 인도 얼라이언스(Indian Alliance) 그룹들에게 두 가지 중요한 변화를 이끌어냈다. 첫째, 그들은 길거리 생활자들을 마힐라 밀란(Mahila Milan) 협동조합의 조합원으로 가입시켰다. 쉴라 파텔(날짜 미상: 3)에 따르면, 이것이 실태조사가 미친 가장 중요한 영향이었다. 이러한 활동의 결과로 지역사회는 이제 스스로를 공동의 요구와 열망을 가진 집단으로 여기기 시작했고 자신들 스스로를 조직할 수 있는 가능성을 탐구하기 시작했다. 사람들을 집단화하고 마힐라 밀란(Mahila Milan) 협동조합으로 생성해 내는 과정은 지역 지리학에 대한 새로운 생각을 가지게 만들었고, 이러한 새로운 생각들 속에서 새로운 정치적 가능성이 탄생했다. 사람들은 자신들의 생계를 위한 주택계획, 정부당국과의 협력 등 다양한 가능성에 대해서 논의하기 시작했다. 그러한 실태조사 문서들을 생성하는 연속된 번역의 각 단계들은 얼라이언스(Alliance)의 정치 조직화를 학습하는 한 가지 과정이었다.

둘째, WTI는 당국과의 협상 플랫폼을 형성하기 위한 대규모 캠페인의 일부였으며, 파텔은 이것이 '그들(거리 생활자들)이 도시의 나머지 지역과 대화하는 도구'라고 표현했다(날짜 미상: 3). 마힐라 밀란(Mahila Milan) 단체들은 —예를 들어, (최근 인수한) 지역자원센터에서 개최된 식량배급 카드 및 권리 등에 대한 일요 회의에서 얼라이언스(Alliance)가 운영하는 인식제고 세션의 도움을 받아— 지방당국에 압력을 가하려고 시도했었다고 뭄바이 중부 바이쿨라(Byculla) 출신의 저명한 마힐라 밀란(Mahila Milan) 회원인 락쉬미는 증언하고 있다.

> 예전에는 시 당국이 매일 [우리의 움막을] 철거했었다. 하지만 우리가 마힐라 밀란(Mahila Milan)을 결성한 이후에는 철거가 중단되었다. 그 전에는 시 당국은 우리에게 식량배급카드를 발급해 주지 않았고, 거리에 사는 사람은 배급카드를 받을 권리가 없다고 말했다. 마힐라 밀란(Mahila Milan)에 들어오면서 우리는 용감해졌다. 이제 우리는 경찰서의 고위관료, 조사관, 그리고 모든 사람들과 대화한다. 마힐라 밀란(Mahila Milan)에 들어온 후에 이것을 배웠다(Mohapatra 2003: 305).

모든 사람들은 각자 자신의 언어로 된 WTI 사본을 받았으며, 이 문서는 도시, 주 및 국가 차원의 의사결정자들에게 전송되었다. 이것은 또한 여러 다른 도시와 기관으로 알려지면서 기부자와 전문가들의 주목을 끌기 시작했다. 실태조사를 실시한 얼라이언스(Alliance) 회원들은 이러한 전파 과정 속에서 그 실태조사 문서의 역사와 단계들에 대해 초심자들에게 설명했는데, 그것은 그 자체가 일종의 학습의 과정이 되었다. 길거리 실태조사 수행 방법은 이후 철도실태조사에도 체계화된 방식으로 전이되어 소개되었다.

그러나 다양한 맥락에서 이러한 문서들을 통한 학습이 수행되었지만, 여기에서 한 가지 특기할 만한 사실은 여기에 미리 정해진 행위자들이 있었다기보다는 오히려 그 과정 자체가 특정 상호작용 맥락에서(SDI의 NGO, 특정 지역사회그룹들, 기부자들, 국가공무원들에 의해) 서로 작용하였으며, 그로 인해 새로운 '번역'의 연속성이 나타났다는 것이다. 문서의 생성과 그에 따른 유통과정이 이어지면서 그 안에서 실천되는 '번역-조율-거주'의 흐름은 표상된 것과 수행의 과정, 그리고 그 맥락 사이의 경계가 무너지기 시작했다.

실태조사가 여러 곳으로 전파되는 과정에서 (조사를 위한) 문서들이 표준화되고, 거주지에 대한 데이터를 단순화해서 수집하기 위한 기반이 형성되었다. 실태조사 과정에서의 표준화 현상은 거주지에 대한 데이터를 자체적으로 구분된 클러스터로 정리하기 위해 설계된 실태조사 양식을 표준화하는 과정에서 가장 뚜렷하게 나타난다. 예를 들어, 방갈로르 슬럼거주자연맹(the Bangalore Slum Dwellers Federation) 회원들이 보여준 그들이 사용하는 슬럼가 실태조사 표준양식은 거주지의 연수(연령), 경계, 토지 소유권, 허가, 선거 및 세무 세부정보뿐만 아니라 인구, 주택 및 가족 수, 그 지역의 카스트 구성에 대한 정보도 수집하고 있었다.

SDI의 작업에서 정치적 조직화 도구로서 '빈민가' 실태조사 양식은 라투르(Latour 1999)가 '불변의 가동물(immutable mobile)'이라고 부르는 것인데, 이는 다양한 지식 형태 간의 조율 도구로서, 일련의 '번역'을 통해 비교적 용이하게 초지역적으로 이동할 수 있다. 거주지를 지도로 작성하고, 주택들에 대한 실태 조사를 실시하여 얻은 자료들은 나중에 지역사회 기관에서, 이웃집에서, 가끔은 지방자치단체 사무실에서도 분석할 수 있는 유동적 데이터 모음으로 변형된다. 예를 들어, WTI에서와 같이 지도와 실태조사 통계에 서면 텍스트가 제공되는 경우, 이 데이터는 이전에 알려지지 않았고, 실태조사 없이는 알 수 없었던 체계화된 지식과 경향뿐만 아니라, 종종 주민들 스스로도 알지 못했던 거주지의 특징을 드러낸다. 이렇게 그런 도시 지역의 특성을 알림으로써 이후에 그에 대한 반응과 새로운 시나리오들이 후속적으로 상상되고 논의된다. 이런 의미에서, 문서들은 관찰자가 거주지에 앉아 분석하는 동안에도 역설적으로 사라져버릴 수 있는 공간을 클러스터 단위로 포착하고 기록하여 남긴다. 이와 같은 공간과 시간의 역전 속에서, '우리는 우리를 감싸고 있는 상황을 넓게 둘러보고 통제할 수 있도록 할 수 있으며, 평소 우리를 능가하던 것들 위에 설 수 있게 되고, 수많은 시간 속에서 일어나는 모든 행동들을 포괄적으로 수집할 수 있게 된다'(Latour 1999: 65). 라투르는 아마존 숲을 연구하는 토양학자들에 대해 쓴 글에서, 밀림의 울창한 혼란 속에서 분석을 위한 샘플을 추출해야만 빠른 진전이 이루어진다. '숲을 잃음으로써 우리는 그것에 대한 지식을 얻는다'(ibid: 38). 실태조사를 통해 문서를 생산하는 일은 기존 공간의 발견과 그 새로운 창조가 동시에 일어나는 과정이며, 또한 실태조사라는 특정한 정량적 방식으로 배치된 초지역적 조직공간을 생성함으로써 그 지역에 대한 특정 방식의 통제권을 생성하는 과정이다.

실태조사는 빈민가 거주지의 정치적 조직화를 학습하는 과정이다. 특히 이것은 '조율'을 통한 학습 장치라고 할 수 있는데, 우선 일자리, 점유, 식량 배급카드 및 이주 등에 대한 지식을 한곳에 모으는 한 가지 기능적인 차원임과 동시에 향후 발생할 수도 있는 도시의 미래를 논의하기 위한 계산적인 차원에서의 중심 역할을 하기 때문이다. 실태조사 문서는 초지역적으로 이동하면서, 국가나 기부자, 또는 다른 SDI 그룹들 사이에서 새로운 맥락으로 '번역'되며, 도시 거주에 대한 가능성에 개입하고 이 가능성을 열어주기도 한다. 실태조사 전술은 인도, 케이프타운, 빅토리아 폭포, 프놈펜과 같은 다양한 도시를 거쳐 이동하면서 변화했다. 예를 들어, 인도 얼라이언스 지도자인 조킨 아푸탐(Jockin Arputham)은 현지 연맹 지도부와 함께 교환 과정에서 짐바브웨 하라레의 음바레(Mbare) 지역의 실태조사를 계획하기 시작했다. '짐바브웨 연맹은 30,000명의 주민을 전수조사하고, 이를 통해 그들을 새로운 연맹으로 동원할 것이다'(Chitekwe & Mitlin 2001: 92). 짐바브웨를 방문한 나미비아연맹(Namibian Federation)은 이 실태조사를 도와주었고, 진행 과정을 학습하였으며, 다른 사람들과 이 전술을 공유했다(ibid: 93-4).

> 전국에서 40명의 연맹 회원들이 이 기간 동안 빌린 작은 사무실에 모였다. 몇몇 그룹은 아파트 단지 주변에서 설문조사를 진행했다. 10명가량의 한 그룹은 사무실에 남아 결과를 수작업으로 정리하고 조사결과를 집계했다. 거주자들은 무슨 일이 벌어지고 있는지 알아보려고 나왔다. 그들은 설문조사에 대해 궁금해했다. 많은 사람들이 거주자들에 의해 설문조사가 진행되고 있다는 것을 알자 흥분을 감추지 못했다. 야간 회의 시 거주자들에게 저축계획에 대한 아이디어를 소개했고, 스스로 조직할 수 있는 방법에 대해서도 설명이 이루어졌다. 그 후 2주가 지나지 않아서 12개의 저축계획이 만들어졌다.

실태조사는 관련 쟁점들과 관련해서 직접적으로 사람들을 동원할 수 있다. 예를 들어, 케냐 키수무에서 진행한 SDI 실태조사에 참여한 한 응답자는 실태조사 결과로 수립된 저축계획이 지역 화장실 건설로 이어졌다고 후흐저마이어(2009)에게 말했다. 이처럼 당국에 영향을 미치고, 사람들을 조직하며, 새로운 정치적 가능성으로 사람들을 동원하려는 시도를 함에 있어서, 실태조사 문서와 실천은 얼라이언스(Alliance)와 같은 SDI 그룹이 이와 관련된 (잠재적) 영향력을 행사하고, 다양한 공간과 시간을 통해 행동할 수 있게 한다(Holloway 2000: 557). 문서는 공공 및 민간 조직, 기부자, 기타 NGO 및 CBO 등을 통해 이동하며, 그 결과로서 홀로웨이(Holloway 2000: 557)가 말한 것처럼 연속적인 번역과 관련된 세 가지 변화 과정을 생산한다. 첫째, 단순화이다. 관련된 사람들의 삶에 대한 정보의 복잡성이 '억제'된다. 둘째, 차별화이다. 이 문서들은 이 문서들이 대체하는 과거의 문서들보다 훨씬 '현재적으로 명확한 객체'이다. 즉, 도수분포표, 그래프 및 파이 차트에 기록된 빈민가에 대한 특정 관점을 보여준다. 셋째, 상호 연관성이다. 이 문서들은 본질은 다르지만, 정부 인구조사 데이터 같은 다른 문서들과 유사한 객체이다. 이 문서들을 통해서, 비록 그 지식은 여러 가지 형태로 수신되고 번역되지만, 얼라이언스의 아이디어는 다양한 기존의, 그리고 새로운 초지역적 도시학습 배치를 통해 새로운 속도로, 새로운 거리를 이동할 수 있다. 체계화된 표현으로서, 이 지식은 암묵적인 지식보다 더 빠르게 전파된다. 이 문서는 얼라이언스와 SDI의 웹사이트에 게시되어 널리 퍼지며 새로운 이동성을 갖게 되고, 그 과정에서 형태가 변하고 더욱 내구성을 갖추게 된다. 물론 이러한 지식에 더 많은 사람들이 접근할 수 있기도 하지만 동시에 일부는 여전히 접근이 제한된다(예컨대 뭄바이 거리 생활자들은 일반적으로 웹사이트에 접근할 수 있는 가능성이 거의 없다).

데이터 분석 결과 중층적인 도시학습의 다양한 공간-시간을 통해 정착지에 대한 새로운 지식이 창발된다. 이런 데이터들은 다양한 자료(통계 패키지, 컴퓨터 등)를 사용해서 작성한 지도나 표, 지역 전역에서 자원봉사자들이 동원할 수 있는 모든 자료, 설문지, 정부 인구조사에서 빈민가 거주자들과 거리 생활자들을 배제한 결과에서 시작된 실태조사 실시 아이디어 등을 통해 생산된 것이다. 다양한 시간에, SDI의 다양한 장소에서 다양한 번역이 나타난다. 예를 들어, 케냐 키수무의 실태조사는 포커스 그룹을 구성하여 우선순위 목록을 작성하게 하였으며, 이 실태조사에서, 데이터는 가가호호 방문이 아닌, SDI 리더들이 장려한 빠르고 즉각적으로 정보를 확인할 수 있는 휴대전화 및, 가구 데이터와 물리적 맵핑을 보여주는 파워포인트 발표를 이용한 대규모 회의를 통해 검증되었다(Huchzermeyer 2009). 라투르는 물질적 표현을 생성하는 다양한 번역을 '기입(inscription)'이라고 언급했다. 이는 '어떤 실체가 기호, 기록, 문서, 종이, 흔적으로 구체화되는 모든 유형의 변형을 가리키는 일반적인 용어'다(Latour 1999: 306). 기록들은 실태조사 문서의 그래프와 같은 특정 형태의 조율 장치로, 정량적이며 경험적인 표현이다. SDI는 이런 방식으로 지역 정부로부터 신뢰를 얻을 수 있음을 발견했다. 아파두라이(Appadurai 2002: 36)가 지적한 바와 같이, 실태조사는 정부 통치의 도구로서의 인구조사가 갖고 있었던 일반적인 개념을 뒤엎는다. 실태조사는 인구를 관리하고 국가가 관리할 수 있는 데이터를 생성하지만, SDI의 손에 있을 때 그것은 새로운 조직을 만들고, 정부와의 정치적 계약 조건을 바꾸며, 또한 권리를 협상하기 위한 수단이라는 점에서 '전복적'이기까지 하다.

여기서의 통계는 인구를 통치하기 위한 도구가 아니라 가난한 사람들이 자신들을 하나의 집단으로 동원하고 당국에 영향을 미칠 수 있도록 하는 수단이 된다. 얼라이언스(Alliance)의 지도자인 쉴라 파텔(날짜 미상: 2)은 '통계는 계획을 세우는 수단이며, 특히 남반구의 도시들은 공식 주택에 거주하는 시민들을 위해서만 계획을 세우고, 비공식 거주지에 사는 사람들을 무시하려는 경향이 있어서 비공식 거주지에 사는 사람들의 요구를 만족시키지 못한다'라고 주장한 것처럼, 데이터 어바니즘은 도시 계획에서 활동가들에게 활동의 공간을 제공하는 도구가 된다. 설문 조사 이후, 그녀는 계속해서 말했다. '흥미롭게도, 과거에 국가가 가난한 사람들에게 할당한 모든 자원은 거리 생활자들에게는 예외였다. 이제 그들이 실제로 가장 가난하고 가장 취약한 사람들이라는 것이 설문 조사를 통해 입증되었기 때문에, 그들을 빈곤층에 포함하라는 요구가 시작되었다'(ibid: 3). 해당 인식은 국가를 넘어 '이전에는 이들을 '인구'로 보지 않았던 연구자들과 기관 및 NGO의 실무자들에게로까지 확장되어, 이제는 거리 생활자들을 빈곤층의 한 범주로 점차 포함하기 시작했다'(ibid.).

여기서 학습의 정치는 지식을 삐딱하게 놓으며 탈중심화시킨다. 푸코(Foucault 1978)는 그의 통치성(governmentality) 강의에서, 17세기 인구조사 통계가 어떻게 가족 개념을 흐리게 한 반면, 반대로 국가 경제 개념을 명료하게 부각시켰는지를 설명하면서 통계가 다음과 같은 사실을 밝혀내기 시작했다고 주장했다.

> '인구는 사망률과 질병 발생률, 기근 주기 같은 고유한 규칙성을 가진다. 또한 통계는 인구 영역이 가족의 영역으로 환원할 수 없는 전염병, 통상적 수준의 사망률, 노동과 부의 연쇄 상승과 같이 내재적인 집합 효과와 관련되어 있음을 보여준다. 마지막으로 통계학은 인구의 변동, 관습, 활동 등을 통해 특정한 경제적 효과를 가지고 있음을 보여준다. 통계학은 특정 현상

들을 정량화할 수 있게 해주면서, 이 특수성은 가족 차원으로 환원될 수 없음을 보여준다'(Foucault 1978: 99).

얼라이언스의 자가-통치(self-governmentality) 행위는 인구를 통계적 차원에서 재생성해 냄으로써 '도시 거주(urban settlement)'라는 개념을 다시 규정하는 특별한 과정으로서, 이 거주지역을 여러 집단들이 뒤섞여 있는 임시거주 가구로 폄하하는 엘리트적 사고를 해체하는 대신, 이 지역을 주거, 위생, 식량배급카드, 수돗물 및 위생 제공, 쓰레기 수거, 정책수립에 대한 협상에서 Alliance가 동원할 수 있는 데이터가 첨부된 형태로 매핑된 다양한 지역군의 개념으로 대체하는 역할을 한다.

마이클 세레스(Michel Serres)의 설명과 같이, WTI의 문서들은 '유사 객체(quasi-object)'로, 이것들은 여러 가지 방식으로 작용할 수 있기 때문에 전통적인 의미의 '객체(object)'가 허용하는 것 이상의 것이다(Serres 1974; Serres & Latour 1995; Bingham 1996). 실태조사 전략은 여전히 SDI의 다양한 교류를 통해 여러 가지 형태로 번역되어 퍼져나가고 있다. 예를 들어, 이 장의 첫 부분에서 언급했던 SDI와 새롭게 연결된 브라질 NGO 지도자인 아나클라우디아(Anaclaudia)는 실태조사가 SDI의 작업 중 그녀가 활용하고 싶은 가장 흥미로운 부분이라고 했다. '토론에 있어서… 정보를 가져오는 것이 매우 중요하다… 그렇지 않으면 빈(무의미한) 토론만 계속하게 되고, 진단할 수가 없다'. 따라서 SDI 그룹들이 자신들의 도시정치 지리학을 조직하고 배우는 방식과 그들이 국가와 협상을 시도하는 방식에 있어 실태조사는 매우 중요하다. 하지만 도시학습에서 어떤 종류의 정치적 주체성이 구축되었는가? 그리고 이 정체성의 위기는 무엇인가? 다음 장은 주택모델과 실태조사의 세부사항에서 한발 물러나, 이런 종류의 전술적 학습이 SDI의 정치적 주체성과 사회적 변화의 구축과 어떻게 관련되는지에 대해 비판적으로 논의해 볼 것이다.

기업가적 학습

모델하우스 건설과 실태조사는 정치 조직화에 대한 학습 전략으로서, SDI 그룹에서 중요한 역할을 담당하며, 종종 집과 위생 개선을 위해 저축 단체를 결성하는 일로 이어지는 경우가 많다. 여기서의 핵심은 가난하더라도 그들이 능력 있고 학습할 수 있는 주체라는 점이 잘 드러난다는 것이다. 후흐저마이어(Huchzermeyer 2009: 14)는 케냐의 키수무(Kisumu)에서의 SDI 실태조사를 다음과 같이 보고한다.

> 빈민가 실태조사를 기획하는 데 직접 참여한 Muungano(스와힐리어로 연합을 뜻함-역자 주) 회원은 SDI 접근방식에서 자조를 위한 동원이 얼마나 중요한지에 대해 설명했다. 그는 참석하는 모든 회의마다 거마비를 기대했던 지역사회의 과거 태도를 지적했다. 본 태도는 자발적 참여로 바뀌어야 했는데, 이는 풀뿌리 실태 조사 운동이 이루어지기 위한 기본 요건이었다.

SDI가 원하는 것은 당국과의 협상 과정에서 거리 시위나 재산권과 같은 헌법적 권리를 호소하거나 도시 개발을 정치화하려는 것이 아니었다. 오히려 학습 실천에 있어 가난한 사람들의 역량을 증명하려고 하였다. 여러 전시회들을 통해서 가난한 사람들이 스스로 집을 지을 수 있는 능력이 있다는 걸 보여주었으며, 그들이 실시한 실태 조사는 가난한 사람들이 거리를 돌아다니며 사람들을 인터뷰하고, 클러스터와 그룹을 조직하며, 지도와 그래프를 작성하는 등의 거주 학습을 통해 인구 조사를 실시할 수 있는 능력이 있다는 것을 보여주었다. 이러한 학습 활동은 가난한 사람들의 정치적 정체성 형성 및 SDI가 지향하는 사회적 변화의 핵심 개념이었다.

인도 얼라이언스(Indian Alliance)는 가난한 사람들을 숙련되고 능력 있는 사람들, 즉, 능동적이고 교육받은 시민들로 재탄생시키려고 노력하였다. 이것은 뭄바이에서 가난한 사람들이 흔히 범죄자나 불법 침입자로 여겨지는 몽상적 지리학과 크게 대조된다. 이는 가난한 사람들을 사회변화라는 얼라이언스의 상상에 연결시킨 개념으로, 이 능력 있는 사람들이 그들의 도시 개발을 스스로 관리해야 한다고 주장하며, 이는 에르난도 데 소토(Hernando De Soto 2003)가 제시한 논쟁적인 기업가 개념인 비공식성(informality)을 드러내는데, 이 개념은 이 비공식 주택(informal housing)이라는 '죽은 자본'을 구제하기 위해서는 저당권 설정이 가능한 개인 소유권을 창출해야 한다고 주장한다. 사실 빈민층에 대한 얼라이언스와 SDI의 개념화와 다른 방향의 이념 가운데에는 빈민층을 피착취 계급으로 보는 정치적 해석도 존재한다. 예를 들어, 이들을 저임금 노동자로 보거나, 노동력을 사용할 수 있거나 노동력 제공을 거부할 수 있는 일련의 계급으로 보는 것이다. 그렇다면 얼라이언스—사실 더 일반적으로는 SDI—는 왜 첫 번째 개념을 중심으로 동원되는가? 왜 사람들을 생활 임금, 고용 안정, 무상 교육 및 무상 의료를 위한 투쟁의 주체로 삼지 않는가? 왜 정치적 주체성의 방식이 급진적 선동가가 아닌, 국가와 함께 일하는 인내심을 학습한 시민으로 상정되는가?

부분적으로 보자면 그 이유는 대다수 얼라이언스 회원들이 노동을 거부하거나 무상 의료를 위해 거리로 나가는 등의 투쟁을 하기보다 당국과 협상하기를 원했기 때문이다(Das 2000). 학습은 정치적 스타일과 전략을 육성하는 데 매우 중요하다. SDI의 국제 지지자 중 한 명이 밝힌 바에 따르면, 거리 생활자들이 추방위협을 받았을 때, 시위와 공개 투쟁을 하지 않겠다는 SPARC의 대응은 SPARC와 마힐라 밀란(Mahila Milan) 그룹 간의 토론을 바탕으로 결정된 것이었다. 이처럼 마힐라 밀란(Mahila Milan)은 협상을 선호했다.

얼라이언스(Alliance)로부터 발생하는 특별한 사회변화 개념이 있는데, 이것은 가난한 이들이 그들의 기술과 역량을 중심으로 모이고, 그러한 역량을 입증하여 정부관료들과의 협력을 구축하는 길을 모색하는 것이다. 이러한 생각은 주로 비당파 동맹에 대한 담론에 의존한다. 여기서 비당파 동맹은 정치참여에 대한 보류가 아니라 비차별적인 정치 참여를 의미한다. 이것은 권력을 가졌다면 그 누구와도 협상하며, 당파정치와 이념 논쟁을 피하며, 국가와의 협력 및 파트너십을 추구하는 전략이다. 따라서 어느 정도는, 동화****와 후견주의를 피하려는 전략이다. 이것을 통해서 많은 SDI 회원들은 무엇인가를 반대하는 방식의 정치활동 혹은 국가에 대한 길거리 시위보다는 국가와 협상하는 방식으로 전환하기를 원했다. SDI와 관련된 도시개발 전문가 중 한 사람은 국가에 대한 접근방식이, 대문자 'P' 정치에서 소문자 'p' 정치로의 전환을 암시한다고 설명했다. 얼라이언스(Alliance)에게 이것은 '수용, 협상 및 장기적 압력의 정치'에 해당하는 것인데, 그것은 아파두라이(2002: 29)가 말한 운동의 현실정치 또는 '인내의 정치'이다.

한 SDI 관계자는 SDI 운동 전반에 걸쳐 나타나는 이러한 놀라운 참여방

**** 역자 주: co-option: 한 집단이 관련된 이해관계를 가진 더 작거나 약한 집단을 흡수하거나 문화적으로 동화시키는 과정

식에 대해 다음과 같이 회고했다.

> 빅토리아 폴스(Victoria Falls)에서는 대통령 선거 기간 중 지도자 한 명이 연맹 사무실을 이용해 짐바브웨아프리카민족연맹-애국전선(Zanu PF)을 조직하려다 다른 멤버들의 분노를 사는 소동이 벌어졌다. 특정 개별 지도자들에 의한 권력 남용이 있기는 하지만 예외적인 경우이며, 심지어 이 지도자조차도 국가 집행위원회(National Executive)에 가서 '우리는 짐바브웨아프리카민족연맹-애국전선(Zanu PF)을 지원해야 한다'고 말하지 않았다… 정치적 정당들이 연맹을 이용하고, 그들의 목적에 맞게 활용하려고 시도할 것은 분명하며, 연맹도 이를 허용할 수는 있지만, 차기 정당도 이용할 수 있게 해주어야 할 것이다… 전국 연맹 지도부 중 어느 누구도 특정 정당을 지지해야 한다고 주장한 적이 없었다고 생각한다.

다이아나 미트린(Diana Mitlin 2008)이 '공동생산(co-production)'이라고 부른 접근방식은 믿을 수 없을 만큼 성공적이었다. 인도 얼라이언스(Indian Alliance)는 도시 문제에 관한 논쟁에서 인도의 가장 영향력 있는 시민 사회 단체 중 하나로, 세계은행이 후원하는 뭄바이 빈민가 위생 프로그램—도시 내 20개 구(區)에 278개의 간이 화장실을 설치하는 것—에서 주도적인 역할을 담당하며 유치했던 자금은 인도 역사상 국가가 NGO에 의뢰한 개발 사업 중 최대 규모였다(McFarlane 2008c).

SDI는 다자 기구, 특히 세계은행과 양자공여국 사이에서 그 영향력이 커졌고, 2007년에는 도시 빈민자금인터내셔널(Urban Poor Fund International)의 개발을 지원하기 위해 게이츠재단으로부터 1천만 달러를 받았다. 2007년 런던에서 열린 도시동맹(Cities Alliance) 회의에서 도시동맹(Cities Alliance), 포드 재단(Ford Foundation), 게이츠 재단(Gates Foundation), 록펠러

재단(Rockefeller Foundation), 노르웨이 정부, 미국 국제개발청(USAID) 및 영국 국제개발부(DFID) 대표들은 SDI를 지원할 개별 프로그램에 대한 세밀한 정보를 공유하고, 대표 조직들의 협력 방안과 SDI 지원을 위한 질 향상 방안에 대해서 논의하였다.

일부는 뭄바이 얼라이언스의 이념으로서 숙련된 빈곤층에 대한 기업가적 정신 및 비당파적 연대 방침에 대해 비판하였다. 뭄바이의 여러 다른 비정부기구들와 정치 인사들은 뭄바이 얼라이언스를 수용의 정치라고 비판했고, 실제 이러한 접근 방식이 도시빈곤의 원인을 은폐한다는 연구를 들이밀기도 했다. 많은 비정부기구들은 논란이 된 1995년의 슬럼재생당국계획(1995 Slum Rehabilitation Authority Scheme)에서 비공식 거주지에 주택을 무상지원하는 데 대한 얼라이언스의 지지에 회의적이었다. 왜냐하면 이 계획이 뭄바이의 배타적인 부동산 정치경제의 구조적 문제는 건드리지 않고 그대로 둔 채 도시 빈곤 문제를 해결하려고 한다는 인상을 주기 때문이다. 이 계획은 민간 투자를 받아 빈곤층에게 무상 아파트 자금을 지원하고, 빈곤층의 이주에 시민사회 단체들을 참여시키는 것이었다. 무상 주택 제공은 힌두 근본주의 바라티야 자나타당(Bharatiya Janata Party, BJP)과 쉬브 세나당(Shiv Sena) 연합이 약속한 논란이 많은 선거 공약이었다. 이 계획은 정부의 재정적 참여 없이 스스로 비용을 충당하도록 설계되었다. (종종 표준 이하의) 타워 블록으로 지어진 무상 아파트는, 건설된 아파트의 약 절반을 공개 시장에서 판매함으로써 교차 보조를 받도록 되어 있는 도시 빈곤 논쟁에서 점점 더 일반화되고 있는 토지 공유 전략의 한 가지 사례였다. 그것은 자본주의 기업가적 주택 전략의 한 가지 방식이었고, 당연히 학계와 NGO 및 정치 인사들로부터 심각한 비판을 받았다. 이에 대해 바네르지-구하(Banerjee-Guha 2002: 124)는 다음과 같이 언급했다.

> 이 계획은 노골적인 부동산 중심의 제안으로서, 민간 건축업자를 유치하기 위해 2.5를 초과하는 추가 FSI1을 제공함으로써 토지를 자원으로 사용하려는 것이었다.… 이 계획의 성공 여부는 얼마나 부동산 가격이 높을 수 있는지에 달려 있었으며, 이 때문에 이것은 대형 개발업자와 건축업자에게 혜택을 주어 빈민가를 철거하도록 하는 데 중요한 역할을 하게 했다.

도시빈곤 문제를 다루는 뭄바이의 또 다른 NGO 이사는 SPARC가 SRA 이사회에 관여하고 있음을 언급하며, '[SPARC가] 항상 슬럼 거주자의 이익을 최선으로 대변하는 것은 아니다'고 지적했다. 마하라슈트라 주택위원회(Maharashtra Housing Board)의 한 관리도 이런 비판에 동조했다. 그는 교차보조금 계획을 '분별없는 발상, 나쁜 구성, 잘못된 초안-재앙을 초래할 레시피'라고 묘사했다. 그는 다음과 같이 설명했다.

> … 빈민가 거주자들에 대한 책임이 있었지만 [그리고 계획을 지지했지만]… 이 책임은 전적으로 건축업자의 목적에 부합하는 것이었다… 그러나 그들은 'NGO가 이 계획에 참여할 수 있는 여지가 있는 한, 그들[국가와 건설업자]의 계획대로 하게 그대로 두자'고 말했다… 아마도 그녀가 옳았을지도 모르는데, 왜냐하면 그 이상은 사실상 아무것도 할 수 없었기 때문이다. 그러나 나는 그것이 슬럼 거주자들의 전체 운동에 큰 타격을 주었다고 생각했다.

그는 도시빈곤과 관련된 다른 모든 NGO들이 반대했음에도 불구하고 얼라이언스가 이 계획을 지지한 것은 결국 건설업자의 헤게모니에 도전할 수 있었고 중요 문제를 제기할 수 있었던 중요한 시기의 잠재력을 사장해 버린 결과를 초래했다. 그 대신 전체를 장악한 이른바 '시스템'이 그대로 유지되었다. 그가 보기에 얼라이언스는 그 대신에 도시의 빈민가와 협력하는 다른 NGO들이 했던 것처럼 기존 건설업자들을 규제하기 위한 캠페인을 벌여야 했었다. 그들(NGOs)이 얼라이언스의 입장이었다면 그렇게 했을 것이라는 것이다. 그러나 그 주장에 대해서 어떤 유력한 SDI 지지자는 다음과 같이 반박했다.

> SPARC[얼라이언스 NGO]는 NSDF 및 그 하부의 빈민가연맹이 SPARC와 동맹을 맺고 협력하기로 선택한 이상 이들이 택한 빈민가 거주자 운동을 못 하게 할 수는 없을 것이다. 이주한 가족들은 새로운 정착지에서 어려움을 겪겠지만, 그들에게 선택권이 주어진다면 철길로 다시 돌아가지 않을 것이며, 그들은 그들이 선택한 방식과 그들이 획득한 새로운 아파트에 대해 자부심을 가지고 있다.

남아프리카노숙자연맹(South African Homeless People's Federation, SAHPF)에 대해서도 동일한 비판이 제기되었다. 후흐저마이어(Huchzermeyer 1999)는 다음과 같이 말했다.

> 노숙자연맹(The Homeless People's Federation)은 스스로를 정치 운동이 아닌 실용 운동이라고 주장하고 있다. 여러 주에서 uTshani 기금 협약[주택 보조금을 위한 정부기금]을 확보한 이들의 성과는 매우 칭찬받아야 할 일이지만, 이 연맹이 내세운 비정치적 본질은 기존 주택 및 거버넌스 정책에 대해 근본적으로 검토하는 것보다는 오히려 양보를 위해 로비를 하는 것이었다(Huchzermeyer 1999: 72).

1999년 이후, SAHPF는 SDI 및 남아프리카의 SPARC라고 할 수 있는 남아프리카 NGO 대표인 인민대화(People's Dialogue)와 결별했다.

이 해석에서, 인도와 남아프리카 얼라이언스(Alliance) 모두 비당파적 지지를 선언한 이유는 지배적인 주류 정치의 틀을 거스르지 않고 그 틀 안에서 일하려고 하기 때문이다. 실태조사 및 주택모델건설 전술 등에서 나타나는 얼라이언스 도시학습의 정치적 참여 유형은 나름의 논쟁의 여지가 있으며, 학습전략의 정치를 둘러싼 몇 가지 풀기 힘든 문제들을 가지고 있다. 단기적으로는 분명히 얼라이언스의 기업가적 접근방식이 주택 및 위생 상태를 개선시키기도 한다. 장기적으로도 얼라이언스는 가난한 사람들의 자신감과 능력을 개발하고, 국가와의 협상을 중심으로 빈곤층 조직을 만들고 움직임으로써 비공식 거주지와 정부 간 관계를 구성하는 후원자 정치(politics of patronage)에 대해 문제를 제기하고, 젠더 관계에 대한 장기적 변화의 과정을 구축하려는 노력에 참여하는 등의 성과들을 내고 있다. 그러나 이 접근방식은 민간 및 주(state)의 이익단체의 장기적인 정치를 근본적으로 바꾸려고 노력하지 않으며, 심지어 이를 고착화시키는 역할을 하기도 한다는 한계를 가진다.

그리고 얼라이언스는 뭄바이의 자원분배에 대한 건축업자와 개발자의 통제에 대한 급진적이고 장기적인 구조 변화를 추구하지 않는다는 점에서 빈곤의 원인이 아닌 증상에 대한 대증요법적으로 이에 대처하고 있다. 이러한 움직임은 SRA와 같은 주택계획을 통해 도시의 개발과정을 구조적으로 변경하려고 시도하기보다, 오히려 SRA와 같은 프로그램이 사람들의 참여라는 강력한 요소를 갖추고 실행되도록 보장하려고 노력하는 편을 택하고 있다. 그럼에도 불구하고 얼라이언스는 뭄바이 빈곤층을 위한 상당한 성과를 거두었으며, 급진적인 도시변화를 의제로 유지한다는 측면에서 얼라이언스가 현실정치에서 무엇을 잃든지 간에, 도시의 다른 일부 NGO들이 취한 대립적인 접근방식보다 훨씬 더 빈곤완화를 위한 더욱 타당한 일반적인 접근방식으로 인식된다. 얼라이언스는 집단적 권한부여와 통제의 담론을 통해서 자신의 입장을 방어한다. 한 얼라이언스 지도자는 구조와 행위자성 간의 관계에 얼라이언스의 행위자성을 연관지으면서, 둘 사이의 성공적인 협상은 조직화된 집단성에서만 발생할 수 있다고 주장했다.

> 이 모든 것은 일종의 새로운 사고와 행동방식이다. 우리 중 어느 누구도 자신의 삶을 완전히 통제하지 못한다는 건 분명하다. 우리가 살아가는 더 큰 환경이 이를 결정한다. 그러나 상황이 달라지면 우리는 더 편안하고, 더 통제력을 느끼며, 대화하고 협상할 수 있는 능력이 생긴다. 선택의 폭이 넓어지고, 기회가 증가한다. 이 모든 것들은 우리가 통제를 더 많이 느끼는지 아니면 덜 느끼는지에 영향을 미치는 변수들이다. 따라서 이 연맹의 철학은, 가난한 사람들에게 개별적 권한을 부여하는 것만으로는 통제를 기대할 수 없으며, 통제는 집단성으로부터 나와야 한다고 믿는다.

결론

모델하우스 건설이나 실태조사와 같은 도시 전술은 레이몬드 윌리엄스(Raymond Williams Harvey 1996: 30에서 인용)의 표현처럼 개인 및 공동의 개선 가능성에 '남다른 실질적 생동감'을 더해준다. 이들은 첫째로, 주택옵션을 재구상하기 위한 기초로서 집단으로 학습하는 사회물질적 실천에 중점을 둔다. 둘째로, 정치적 조직을 학습하는 과정이기도 한 거주지 내의 도시지리학을 특히 실태조사를 통해 생성해 낸다. 셋째로, 비당파적 동맹의 특정 현실정치와 결합하여, 국가와 협력 관계에서 협상하는 학습된 시민의 기업가적 개념을 육성하는 데 기여한다. 실태조사나 모델하우스 건설과 같은 전술은 다양한 '번역'의 영역을 통해 생성되고 이동하는, 조율장치를 통한 전술적 학습의 예다. 전술적 학습의 형태로서, 도시전술은 참가자들로 하여금 정치조직의 형태, 도시거주의 새로운 가능성, 국가와 협상하는 방법을 배울 수 있게 한다. 학습활동은 SDI의 정치와 분리될 수 없다. SDI 지도자들은 자신들의 도시개발을 관리할 수 있는 토지와 기회를 필요로 하는 능동적이고, 학습하며, 숙련된 시민을 형성함으로써 도시의 정치적 변화 가능성을 협상한다. 정치적 조직이 학습되면, 정치적 주체성은 학습 실천의 중심으로 떠오른다.

SDI의 도시 학습 배치는 도시 주거의 위기를 극화하는 동시에 상당히 긍정적인 관심과 자금지원, 강력한 비판 등을 불러일으킨다. 인도 얼라이언스(Indian Alliance)를 비판하는 일부 사람들과 다른 SDI 그룹을 비판하는 일부 사람들이 보기에 이 운동의 현실정치는 국가와의 대화를 위해 너무 쉽게 희생을 감수하는 경향이 있다. SDI를 비판하는 사람들은 국가와 협력을 추구하는 숙련된 시민의 정치적 주체성 대신 대안적인 주체성을 추구할 것이다. 예를 들어, 철거민비공식운동은 국가와 함께 학습하기를 추구하지 않고 국가로부터 기본권을 요구하거나, 학습 파트너십이라는 명목하에 정치적 동화(cooption)를 두려워하여 국가의 활동에 공식적으로 참여하기를 일절 거부한다. 이 주제에 관해서는 다음 절에서 계속해서 다룰 예정인데, 이때 나는 학습의 본질과 정치를 국가와 시민 사회 내에서 또는 그 사이에서 수행되는 '도시학습포럼들'을 통해 논의할 것이다. 학습정치의 영향력이 점점 더 커지면서, 급진적인 비공식 도시생활방식의 미래 가능성을 탐색하는 일은 이 운동 및 이 운동에 대한 비평가 양측 모두에게 중요하게 되었다.

SDI는 그들의 활동에서 학습이 중요함을 명확히 하면서도, 사회운동에 대한 많은 설명들이 사회운동의 활동, 조직 및 정치적 전략에서 학습의 주요 역할이 제대로 설명되지 못하고 있다는 점을 인정한다. 학습은 결코 사회운동의 보충물이나 부속물이 아니며, 오히려 사회운동의 활동과 정치가 서로 엮이면서 직조된 활동의 핵심체이다. SDI가 다른 사회운동들보다 학습활동에 더 중점을 둔다고 하더라도, 그런 의미 때문에 이 운동이 독특하다고 말할 수는 없다. 모든 운동들은 서로 협력하는 방법, 국가에 로비하는 방법, 투쟁의 대상을 개발하는 방법, 종종 압도적인 양의 정보를 처리하는 방법, 자원을 활용하는 방법, 전략적 실수를 피하는 방법, 도시정치의 본질을 파악하고 개입하는 방법 등을 배워야 한다. 여기서 논란이 되는 주요 영역 중 하나는 시민사회와 국가 간의 학습정치인데. 다음 장에서 이에 대해 살펴보고자 한다.

제4장
도시학습포럼

서론

이 장에서는 도시학습포럼(urban learning forum)이라는 개념을 통해서 진보적인 도시학습을 추동하는 여러 환경에 대해 살펴본다. 이 포럼은 국가, 기부자, 비정부기구, 지역단체, 연구자 및 운동가를 포함한 다양한 행위자들 간의 학습을 위해 특별히 고안된 중앙집중화되고 조직화된 환경을 생성하는 특정한 유형의 도시학습이라고 할 수 있다. 이는 학습 배치를 구성하는 특정한 시공간이다. 그것은 일종의 조직화된 모임으로서 일회성일 수도 있고 연속적 사건의 일부일 수도 있다. 또한 다양한 개인이나 집단들이 가진 다양한 형태의 지식을 함께 모아서 번역한다는 점에서 '조율'을 통한 학습의 사례로 볼 수 있다. 이에 따라, 브라질과 같은 참여적 도시포럼에서 유명한 학습사례를 살펴보고, 이 과정에서 다양한 행위자들의 역할을 조사할 것이다. 이 장에서는 참여적 도시학습포럼의 성공 여부는 세 가지로 예시될 수 있다. 첫째, 칼롱 등(Callon et al. 2009)의 과학 및 기술 논쟁에 관한 연구가 말하는 것과 같이 포럼의 강도, 개방성 및 품질 등이다. 둘째, 소외되고 가난한 사람들을 참여시키고 이 포럼에 의사결정권한을 이양하겠다는 국가당국의 약속이 필요하다. 셋째, 시민사회의 압력 또한 중요하다. 이 장은 두 파트로 나누어져 있는데, 첫 번째 파트에서는 세간의 이목을 끌고 있으며 점점 더 모바일화되고 있는 브라질 포르토 알레그레(Porto Alegre)의 도시포럼 사례를 통해 도시학습포럼의 특징들을 살펴본다. 두 번째로, 남반구와 북반구 전체에 퍼져있는 초지역적 도시학습 배치의 맥락에서 열리는 도시학습포럼의 사례를 통해서 이러한 남북을 가르는 글로벌 범주화가 과연 타당한 구분인지에 대해 따져볼 것이다.

특히 이 장의 두 번째 파트는 이전 장에서 다룬 인도 얼라이언스(Indian Alliance)와 그라운드스웰(Groundswell)이라는 런던 기반의 노숙자운동 간의 교환 사례로 시작된다. 이것을 포함한 여러 사례들이 보여주는 것처럼, 북반구-남반구 격차를 가로지르는 도시학습포럼은 이러한 형식의 남-북 범주화라는 유령의 존재를 드러낸다. 북반구와 남반구, 제1세계와 제3세계, 선진국과 개발도상국과 같은 이러한 구분들은 그 자체만으로도 도시학습포럼의 초지역적 연대의 가능성을 저해할 수 있다. 이러한 범주들은 지속적으로 활성화된 상상의 장벽을 만듦으로써 서로 다른 도시생활방식 간의 학습 가능성을 제한할 수 있다. 나는 이에 대해 그 차이를 가로질러 학습을 개념화하는 방법으로 번역(translation)의 개념을 사용한다. 이 사례에서 특정한 종류의 남반구-북반구 격차에 대한 인식이 초지역적 도시학습의 성공을 방해하는 장벽이 되며, 여기서 더 나아가서 초지역적 도시학습 실험의 성공이 단순히 '비슷하게' 보이는 도시를 통해 학습을 시도하기보다는, '번역'을 통한 학습을 통해 가능하다는 점을 드러낼 것이다. 즉, 단지 도시들의 차이를 학습하는 것이 아니라 '그 차이에도 불구하고' 일어날 수 있는 학습에 초점을 맞춘다. 도시 간에 나타나는 공통점을 학습하는 것이 아니라 오히려 그 차이를 통해 획득되는 학습에 대해 검토하는 것이다.

불확실한 포럼들

도시학습포럼에 대한 모든 논의에는 참여라는 개념이 그 중심을 이루고 있는데, 이것은 심각하게 공격받고 쟁론의 대상이 된 개념이다. 왜냐하면 그것들은 기껏해야 분열을 일으키거나 순진한 낙관주의로 이끌뿐더러 최악의 경우라면 소외된 계층을 정치적으로 통제하는 방식일 뿐이기 때문이다. 최근에는 수많은 현대 도시들에서는 학습 포럼을 통해 도시 생활의 배치에 참여할 수 있는 범위가 크게 제한되었는데, 왜냐하면 이 도시들에서 자리 잡고 있는 경영관리방식, 합의 및 협의 등으로 인해서 갈등의 정치나 참여적 차별 등이 종종 축소되기 때문이다. 애쉬 아민(Ash Amin 2006: 1018)은 다음과 같이 썼다. '도시의 공공문화가 다양하고 평등한 시민들의 자유재량에 의해 형성될 수 있다는 원칙은 도시 안의 차등화된 권리와 공유된 공공재 접근에 대한 계층화적 선입견 등으로 인해 제대로 작동하지 못하고 있다'. 기업 및 소비자 공간이 점점 더 지배적으로 되어가고 있는 도시에서 소외계층은 위협적인 존재로 취급되어 '추적당하고, 집합당하고, 밀려나는' 상황에서, 도시 생활이 다원성과 이견을 허용해야 한다는 생각 자체가 급격하게 축소되고 있다(ibid.). 데이비드 하비(David Harvey 2008: 32)가 주장한 대로, 우리가 사는 세계는 도시 참여를 촉진하기보다는 '정치가 집단적 행동을 포기해야 하며, 점점 더 '신자유주의가 가진 강한 소유적 개인주의의 윤리'에 의해 사회화되어 가는 모습으로 변모하고 있다. 그런 배경에서, 아민(Amin 2006: 1018-19)이 말한 것처럼 '계획의 정치가 아니라 참여의 정치'를 통해 도시의 미래가 구축될 가능성은 매우 낮아 보인다. 적어도 시민 국가가 '비동의와 반대의 행위가 가지는 창조적 힘이나 대중적 참여가 만들어내는 정당성, 혹은 도시를 모든 사람들이 이용할 수 있도록 함으로써 생기는 활력 등에 대한 전폭적인 신뢰를 부활시키지 않는다면 말이다'(Mouffe 2000 참조).

물론 특정 거버넌스 이니셔티브(계획)를 통한 '파트너십', '참여' 및 '권한부여'에 대한 도시연구 또는 개발연구 토론에서부터 '참여'의 수행력과 가능성에 대한 페미니스트와 탈식민주의 토론에 이르기까지 이와 관련해서 참고할 만한 문헌들은 많다(예: Ferguson 1994; Atkinson 1999; Cornwall 2000; Cooke & Kothari 2001; Lyons et al. 2001; Briggs & Sharp 2004; Williams 2004). 이러한 다양한 문헌들은 참여적 계획이 정치적 문제를 기술적 고려 사항으로 전환하여 탈정치화하는 방법 등을 통해 주체를 정부 통치 대상으로 만드는 도구 역할을 한다거나 혹은 불평등과 빈곤의 원인을 다루기보다는 신자유주의를 '완화'하기만 하는 경박하고 단기적인 우려를 다룬다고 비판해 왔다. 그리고 한때 대안 담론이었던 참여적 접근법은 이제 주류의 반열에 들었는데, 일부는 세계은행을 통해서, 혹은 주민 참여 예산 편성에 관한 전략 및 담론 같은 도시 참여의 순환 담론과 전략을 통해서 영향력을 넓혀 왔다(Pieterse 1998, 2001; Mohan & Stokke 2000; Williams 2004; Sintomer et al. 2008). 쿡과 코타리(Cooke & Kothari 2001)에 의하면, 개발 계획의 맥락에서 참여의 효과를 강화하거나 권력 관계에 더 적합화된 참여 방식을 부활시키는 등의 맥락을 통해서 참여의 가능성을 재평가하려는 교훈적인 예시들이 있었다. 예를 들어, 그린 윌리엄스(Glyn Williams 2004)는 새로운 선호도, 시각, 권리에 대한 새로운 지식 및 사실상의 게임 규칙의 창출과 이전에 무시된 문제의 정치화를 포함하여 빈민층의 정치적 능력을 향상시키는 참여의 사례들을 보여준다. '경청'과 '대표'라는 참여의 주장에 부합한 정치적 상상력이나 혹은 문제가 있긴 하지만 타자성의 내재적 가능성을 주장하면서, 윌리엄스(2004: 573)는 '권리 담론과 보다 완전한 시민권 의식과 연결된 장기적 투쟁 및 재구성된 정치적 네트워크 안'에서 참여의 진보적 가능성을 찾을 수 있다고 말했다.

참여적 도시포럼은 그 자체로서 분명히 한계가 있기는 하지만 더욱더 사회적으로 공정한 도시변형을 가능하게 하는 잠재적인 출구가 될 수 있다. 그렇다면 도시학습집단이 어떻게 형성될 수 있는가? 아민(Amin 2006)이 주장한 바와 같이, 도시학습 집단이 형성되기 위해서는 폭력에 맞서서 광범위한 연대를 장려하는 동시에, 반대나 차이 및 불일치를 허용하는 이질적인 도시 시민 문화(Keith 2005)를 표현해 낼 수 있도록 참여를 더욱 확장하고 심화할 필요가 있다. 시민 문화는 그저 합리적인 형식적 논쟁 영역이 아니라, 상호작용을 통해 구성되고 재구성되는 열정적이고 구체적인 실천의 집합체이다. 다양한 경험적 요인은 본질적으로 서로 다른 이해관계자가 관여하는 참여 학습 맥락을 형성할 수 있다. 몇 가지 예시하자면 혹시 발생할 수 있는 강제 이주에 대한 두려움, 미래 개발에 대한 불안, 빈곤과 관련된 취약성, 대안적 삶에 대한 희망, 국가 관료나 지역사회 기획자와 회의 공간을 공유하는 것에 대한 불편함, 특정 발언이나 개입으로 인한 분위기 변화, 변화 부족이나 회의 진행 과정에 대한 좌절, 특정 발언에 대한 분노 등에 대한 이해당사자 간의 참여와 학습이 필요하다. 존 포레스터(John Forrester 2000: 151; Bridge 2005에서 인용)는 숙의 민주주의의 '참여 의식'에 대한 연구에서 다음과 같이 주장했다.

> 숙의적이고 참여적인 의식(儀式)을 통한 학습을 통해서 우리는 단지 듣는 것뿐만 아니라 보고 느끼면서 배우는 양상을 경험할 수 있다. 우리는 새로운 가설적 행동을 제안하게 해주는 대단한 정보로부터 배울 뿐만 아니라 스타일 및 열정, 그리고 암시를 통해서도 배운다. 또한 예측과 전략을 재구성하는 방법을 배우면서, 새로운 관계를 형성하고 심지어 우리의 정체성을 발전시키는 법도 배운다.

브릿지(Bridge 2005)는 참여가 숙의민주주의, 실용주의 철학, 그리고 사회 학습 등이 서로 중첩된 전통 속에서 작동하는 하나의 역동적인 사회적 과정임을 보여주었다. 이러한 논의는 소집단 학습과 그 상호작용 과정을 설명할 때에는 유용하지만, 때로는 권력 불평등으로 인해서 집단 상호작용 및 학습이 제대로 형성되거나 작동하지 못할 수도 있는 점을 간과하고 있다. 이에 반해 브릿지(Bridge 2005)는 급진적 계획의 작업 흐름은 예컨대 공동체를 동원하거나 또는 그들과 협력하는 급진적 계획가들의 작업을 통해서 어떻게 그들의 계획이 기존 권력 관계에 도전하거나 보다 사회적으로 정의로운 변화를 촉진하는 데에 옹호계획(e.g. Peattie 1994; Sandercock 1998)이나 페미니스트 계획(e.g. Watson 1988; Leavitt 1994) 등을 활용하는지에 대해 검토하였다. 실용주의와 의사소통적 이성의 전통에서 글을 쓴 브릿지(2005)는 논증과 의견대립을 중심으로 하는 하나의 계획을 개념화했다. 숙의적 계획에 대한 비판과 하버마스를 공감적이면서도 비판적으로 이해하는 글읽기를 바탕으로, 참가자들이 토론할 수 있는 계획을 설명하였다. 여기에서 참가자들은 그들이 비록 언어적으로 의사소통의 달인은 아니지만 그들이 도시 계획 회의에 참여하는 방식에서 사용하는 제스처, 감정 및 성과 등이 종종 중요한 역할을 한다는 점을 인식한다. 또한 이 맥락에서의 토론은 누가 이겼는지 또는 보편적 합의가 달성되었는지에 관한 것이 문제가 아니라, 사람들이 변화를 창출하기 위해 무엇을 하는지, 예를 들어 회의 분위기나 잠재적 결과의 본질을 변화시키기 위해 무엇을 하는지에 관한 것에 초점을 맞춘다. '(하버마스 모델에서) 합의에 대해 숙고를 함으로써 달성되는 하나의 공간의 공적 영역[이란 건 없다]. 우리에게 남은 것은 논증의 위치로서 거래(transact)되는 다중 공간과 공간의 다중 개념이다'(Bridge 2005: 145). 이 형태의 계획은 갈등이나 다양성 혹은 차이를 '통해서' ―'그럼에도 불구하고'가 아니라― 서로 간에 연결이 일어날 수 있는 가능성을 찾는다. 이것은 제1장에서 처음에 설명한 '배치'의 개념과 밀접하게 일치한다. 즉, 결과보다는 실행, 행동 및 사건을 역사와 잠재력의 관계에 중점을 두며, 그것은 지식, 권력 및 자원의 불평등한 관계 등에 의해 구조화된다.

그러나 우리는 도시학습집합체의 본질과 가능성을 평가할 수 있는 명확한 기준을 아직 제대로 인식하지 못하고 있다. 도시학습집합체가 어떻게 생성되고 변화하는지에 대한 질문을 더욱 발전시키기 위해 나는 과학과 기술 논쟁과의 관계에서 이 질문을 다루고 있는 책들을 다시 살펴보고자 한다. 칼롱(Callon), 라스쿰(Lascoumes), 바스(Barthe 2009)의 '불확실한 세계에서 행동하기(Acting in an Uncertain World)'를 살펴보자. 핵 폐기물에서 유전공학에 이르기까지 과학과 기술에 대한 현대의 불확실성은 흘러 넘쳐서 점차 공론의 장으로 넘어가고 있다(Whatmore 2006). 칼롱 등(Callon et al.)은 이 불확실한 세계에서 우리가 어떻게 행동할 수 있는지를 고민하려고 시도한다. 어떤 종류의 논쟁이 어떤 종류의 맥락에서 진행될 수 있으며, 누가 이 토론을 조직하거나 촉진할 수 있는가? 지식논쟁은 저자들이 '혼종적 포럼(hybrid forums)'이라고 부르는 공적인 공간에서 발생한다. 공적인 공간 안에서는 전문가, 비전문가, 정치인 및 기술자를 포함한 다양한 그룹이 윤리부터 경제, 정치 및 기술에 이르기까지 이질적인 문제와 관점에 대해 검토하면서 기술적 옵션을 논의한다(Callon et al. 2009: 18). 혼종적 포럼은, 불평등한 권력관계, 도전적이고 지배적인 담론 및 적법성에 대한 질문의 맥락에서, '기술과학이 초래하는 불확실성에 대한 적절한 대응-집단 실험과 학습을 기반으로 한 대응'이다(Callon et al. 2009: 18).

여기서 불확실성은 우리가 모른다는 사실을 인지하는 데에서 출발한다. 이는 학습 과정의 일부로서 무지와 오류의 역할을 명확히 인식하는 과정으로, 기술할 수 있는 사건 또는 일련의 사건과 관련된 식별 가능한 위험(danger)을 가리키는 위기(risk)와 구별된다. 위험은 시나리오 기획에서와 같이, 가능 세계(possible worlds)를 탐구하며, 특정 집단에 유해한 사건이 발생할 가능성을 밝혀낸다. 그러나 불확실성은 결정의 결과를 예상할 수 없는 상황, 다양한 옵션에 대한 충분한 지식이 부족한 상황, 가능 세계의 묘사를 제대로 할 수 없는 상황, 그리고 다른 사람들의 행동이나 상호작용이 수수께끼로 남아있는 상황 등을 가리킨다(Callon et al. 2009: 18-27). 이는 우리가 학습 배치의 동적 총체성을 '보는' 능력이 없다는 것을 의미한다. 논쟁의 역동성에 대한 불확실성도 있다. 즉, 우리는 종종 그 논쟁이 도대체 해결될 것인지, 어떻게 해결될 것인지, 그리고 그 해결이 언제 일어날지 알 수 없다.

칼롱 등(Callon et al.)은 여기서 어바니즘을 논하지는 않지만, 우리의 목적에 비추어 볼 때, 특정 유형의 학습 배치인 포럼들 안에서 이질성과 불확실성이 작동하는 것을 분명하게 인식하는 것은 분명히 가치가 있다. 그러나 여기에서 학습이 반드시 불확실성이 만들어낸 결과라고 말하려는 것은 아니다. 5장에서 살펴보겠지만, 학습은 기존의 입장과 지식을 강화하는 과정이 될 수도 있으며, 2장에서 확인한 바와 같이, 도시 내의 다양한 장소와 사람들 사이를 협상하는 수단이 될 수도 있다. 이질적인 집단과 의도적으로 결론을 미리 정하지 않은 쟁점들을 하나로 모으는 학습 포럼에 있어서는 불확실성이 특히 중요하다. 칼롱 등(Callon et al. 2009: 28)은, 불확실성과 이질성이 실험적 포맷을 통해 민주주의를 풍요롭게 할 수 있다고 주장한다. '[그들이 개발하는] 혼종적 포럼 개념으로서 학습 포럼은 모종의 가능한 세계를 탐구하고 배우기 위한 강력한 장치다'. 포럼은 서로 다른 지식, 상황, 행위자 및 이해관계를 협상하는 학습의 조율장치로 작동할 뿐만 아니라, 새로운 연결점과 문제를 생성하고, 논쟁의 조건을 변경하며, 특정한 도시주거 가능성을 밝히는 한편 다른 것들을 억제하는 조율장치로도 작동한다. 포럼은 그 자체로 전술적 학습 공간이 될 수 있는 잠재력이 있다.

여기서 학습은 정치와 불확실성을 '고려'하려는 시도들, 예컨대 여러 목소리들, 이해관계 및 기대, 즉 여러 가지 다른 영역들을 '번역'하고 '조율'하는 과정에서 창발된다. 여기서 '번역(translating)'은 포럼에 관련된 다른 사람들이 다른 개인들과 집단들에 대한 지식을 이해하거나 혹은 그 반대로 잘못 해석하는 범위를 의미하며, '조율(coordination)'은 특정 형식, 토론, 그리고 개인 또는 집단이 다양한 목소리와 지식을 모으고 조직하는 방식—때로는 배제적인 방식으로—을 나타낸다. 이것은 기존의 기술적 해결책에 기타 다른 목소리들을 통합해 버리는 것이 아니라, 기존의 권위 있는 담론에 대한 끊임없는 도전과 함께 모종의 집단적 참여를 지향하는 것을 의미한다. 이것은 학습에 대한 일종의 낙관적인 해석에 기초한 것인데, 잠재적으로 '비전문가들이 프로젝트의 과학적 및 기술적 내용에 참여하여 나름의 해결책을 제안하도록 할 수 있게 하고, 또한 기획자들로 하여금 자신들의 프로젝트를 재정의하고 새로운 요구들을 포함할 수 있는 새로운 연구방향을 탐색하도록 이끈다'(Callon et al. 2009: 33)는 것이다. 이로써, 잠재적으로 두 지식의 원천으로부터 새로운 공유 지식, 관점 및 행동방식 등이 생성될 수 있다. 첫째, 비대칭적 권력의 맥락에서, 전문가와 비전문가 간의 대립이 생성해 내는 특성으로 말미암아 그로 인한 새로운 탐구 노선들이 생성되어 나올 수 있게 된다. 여기에서 중요한 것은 새로운 지식뿐만 아니라 문제를 바라보는 색다른 방법, 즉, 주의환기교육(an education of attention)이 진행되는 것이다. 둘째로, 다시 말하지만 낙관적인 관점에서 판단컨대, 다양한 집단들이 서로 상호작용하면서, 상대의 인식에 대해 질문하는 과정에서 그들 간의 타협과 동맹의 길을 열어주는 작용을 하는 일종의 조율된 귀(attuned ear)가 기능한다.

이 모든 것은 새로운 정보를 그저 추가하거나 기존의 관점들을 종합함으로써 이루어지는 것이 아니라, 이 안에서 벌어지는 시행착오, 논쟁 및 갈등, 포함 및 배제, 구축 및 해체 등의 역동적 과정을 통해 이루어지며, 특정 집단에게는 고도의 위험이 따르기도 한다. 이러한 혼종적 포럼(hybrid forums)은 역사적으로 분리된 공간에서 일어나는 비전문가와 전문가의 이중 운동을 포함하는 대화의 공간이며, 그 자체가 '교육 장치'가 될 수 있다(Callon et al. 2009: 35). 이와 관련하여 칼롱 등(Callon et al. 2009: 153-90)은 학습포럼을 용이하게 하는 세 가지 조직 기준, 즉, 대화식 토론법(dialogism)의 정도를 평가하기 위한 척도로서 강도(intensity), 개방성(openness), 및 품질(quality)이라는 세 가지 기준을 제시한다. 이것은 달리 표현하면 새로운 가능성, 집단 및 정체성의 등장을 의미한다. 먼저 '강도'는 포럼의 형성에 관한 것으로, 비전문가의 용어로 말하자면 '비전문가들'이 얼마나 일찍 탐색에 참여하는지, 집단의 구성에 대한 관심이 얼마나 강한지 등을 나타낸다. 또한 '개방성'은 참조 집단의 다양성의 정도와 기존 행동그룹에 대한 독립성 정도뿐만 아니라, 집단을 대변하는 대변인들이 자신들의 지지자들을 대신하여 발언할 수 있는 정도를 말한다(따라서 이 경우, 때로는 소외계층의 침묵이 강요될 가능성도 있다). 마지막으로 '품질'은 사람들이 실제로 자신들의 논거와 주장을 제기할 수 있는지를 나타내는 목소리의 심각성 혹은 개입이 간헐적인지 또는 집중된 대화로 이어지는지를 나타내는 목소리의 지속성 등을 말한다. 이 세 가지 기준은 다음 세 가지 절차와 대조된다. 즉, 첫째, 토론에 대한 접근 조건의 평등성, 둘째, 음성이 기록되었음을 보장하는 절차인 토론의 투명성 및 추적 가능성, 셋째, 토론을 조직하는 규칙의 명확성(목소리를 확실히 내고 지배적인 집단이 절차를 조직하지 않도록 보장하는 것)이다.

다시 말하자면 강도, 개방성, 품질은 '조율을 통한 학습'을 측정하는 척도들이다. 즉, 그것은 다양한 집단들과 지식을 조율하여 다양한 아이디어가 나오고 번역되는 포용적이고 참여적인 토론을 진정으로 촉진하는 정도를 의미하는데, 그럼에도 불구하고 실제로 이것들을 시행할 때에는 지속적인 주의가 필요하다. 논의, 토론 및 교환에 중점을 둔 위르겐 하버마스(Jrgen Habermas 1962)의 공론장(public sphere) 개념이 다양한 반향을 일으키고 있지만, 이에 대해 칼롱 등(Callon et al. 2009: 263)은 나름의 비판을 가한다. 즉, 그가 보기에 하버마스(Habermas)의 개념은 정체성, 애착, 불안, 양면성, 특이성과 차이점 등에 대한 고려가 없으며, 단지 의사소통하려는 개인적 의지만을 상상하고 있다고 비판한다. 이러한 비판은 존 롤스(John Rawls)와 한나 아렌트(Hannah Arendt)에게도 동일하게 적용된다. 칼롱 등(Callon et al.)은 포럼을 통해 서로 잠정적인 이해에 도달할 수 있도록 하는 것은 정확하게 말하면 바로 '서로 결부되어 있으면서 동시에 집합화되어 있는(attached and cluttered)' 개인적 본성 혹은 그 집합적 본성 덕분이라고 주장한다. 이런 점에서 볼 때, 강도(intensity), 개방성(openness), 품질(quality)

이라는 세 가지 유용한 기준은 도시개발의 맥락에서 다양한 사람들과 지식 및 관점을 통합하기 위해 노력하는 도시학습포럼에도 신중히 적용될 수 있다. 다음 장에서는, 포럼이 도시와 특정한 관계에서 학습을 촉진할 수 있는 포럼의 잠재력에 대한 예를 살펴보자.

대화적 도시포럼

도시학습포럼의 가장 유망한 실험 중 하나는 브라질에서 진행되었다. 독재 이후 브라질 도시는 활발한 사회운동 및 노동자당(Partido dos Trabalhadores, PT)과 연계된 참여 민주주의 전통을 가지고 있었으며, 특히 포르토 알레그레에서 두드러진 성공을 거두었다. 1990년대 초부터 PT는 많은 브라질 도시에서 권력을 잡기 시작했는데, 그 이전에는 리우의 Movimento de Associacoes de Barrio(지역 협회 운동)와 같은 운동은 동네 토론 포럼을 설립하는 실험을 통해 그들의 요구 사항을 국가에 제기하려고 했다. 최저생계비 운동(Cost of Living Movement)과 같은 전국 단위 운동도 비슷한 방식으로 진행되었으며, 군사 독재하에서도 일부 시장들은 참여를 구축하는 방법을 모색했었다. 급기야 군사 독재의 붕괴와 PT의 성장, 그리고 전국 단위 선거에서의 최종적인 승리로 인해 권력이 지역 차원으로 분산되었으며, 특히 이 과정에서 1988년 헌법이 큰 기여를 했다(동시에, 기초지자체들은 주민에 대한 서비스를 제공하면서 동시에 타 도시들과 자본 유입을 사이에 두고 서로 경쟁해야 한다는 압박이 더 심했다). 예를 들어, 쿠리치바(Curitiba)는 잘 알려진 대로 1989년부터 교통 및 환경을 위한 시민 참여 포럼을 설립했으며, 그를 통해 주목할 만한 성공을 거두었다(Baiocchi 2003). 현재까지 PT의 도시 내 성공의 중심은 주민 참여 예산 편성에서 발견되는데, 특히 참여 예산 편성, 재분배 요소 및 균형잡힌 예산이 있는 포르토 알레그레에서의 주민 참여 예산 편성이 대표적이다. 시민들은 다양한 시정정책을 결정하고 심의하는 데 참여하며, 잘 알려진 대로 Orçamento Partipativo(참여 예산), 즉 도시의 예산 우선순위에 대한 지역기반의 일련의 심의포럼이 그 초석이 되었다.

포르토 알레그레는 일종의 참여적 도시포럼 실험으로서 그 범위와 지속적인 헌신으로 인해 라틴 아메리카에서 확실한 존재감을 보이면서 남미에서 가장 성공적인 지방자치 사회주의 사례가 되었다(Abers 2000; Baiocchi 2001; Sintomer et al. 2008; Goldfrank & Schrank 2009). PT가 1989년 포르토 알레그레에서 권력을 잡았을 당시에도 이미 도시에서 참여 계획에 대한 활발한 논의가 이루어지고 있었다. 예를 들어, 포르토 알레그레의 지역 협회 연합(The Union of Neighborhood Associations)은 1985년 의회에서 시 예산을 포함하는 참여 구조를 요구했으며, PT는 이를 지지했다. PT가 포르토 알레그레를 통치한 연속 4번의 시장 임기(1989-2004) 동안, PT는 민주노동당(PDT) 지지자들을 확보함으로써 기존의 중산층 기반 위에 광범위한 노동계층 유권자들을 끌어들일 수 있었다(그러나 이후 2004년에는 중산층이 PT를 이탈하면서 PT는 지방 선거에서 패배하게 되었다. Goldfrank & Schrank 2009).

인구의 3분의 1이 파벨라(favelas, 빈민가)에 거주하는 상황에서, 행정관들은 도시의 16개 지구에서 각자 지역 주민 참여 예산(orçamento participativo) 의회를 열어 극빈층을 이 정책에 참여시키려고 시도했다. 참여 예산 편성을 통한 학습은 조직, 대표 및 참여에 대한 엄격하고 명확한 절차에 의해 조율되었다. 참여는 개인과 지역 사회 조직을 모두 포함하는 2단계로 이루어진다. 회의는 3월에 시작되며, 특정 지역을 대표하는 대표자들을 선출하고, 전년도 프로젝트와 예산이 논의된다. 이후 심의에 참여할 지역별 대표자 수는 출석 여부에 따라 결정된다. 이후 몇 달 동안 이 지역들에서는 지역 및 도시 전반의 우선순위에 대해 논의하고, 건강이나 교육과 같은 주제별 영역을 검토하기 위한 모임이 열린다. 마지막으로 지역 대표자들은 지역 총회에서 지역 우선순위에 대해 논의하고, 시 예산 심의회에서 봉사할 시의회 의원을 선출하기 위해 투표를 진행한다. 이들 시의회의원들의 임기는 2년으로 제한된다(Baiocchi 2001; Sintomer et al. 2008).

이 협의회는 이용 가능한 자원을 고려하여 각 지역의 요구사항을 조율하고, 시 행정부 구성원들과 함께 예산을 제안하고 승인하는 임무를 맡고 있다. 이 과정에서 42명의 행정부 구성원들과 기획 기관의 대표자들은 몇 달 동안 2주에 한 번씩 모임을 가진다. 매년 높은 수준의 지역 참여를 이끌어 온 이 포럼은 지역의 요구사항과 문제를 공론화하고 정부의 운영 상황에 대한 정보를 제공하며, 활동가들의 정기적인 모임 장소의 역할을 한다. 또한 바이오치(Baiocchi 2001, 2003)가 주장한 바와 같이, 지역과 도시 전체에서 매년 반복되는 논의와 참여 과정은 실수에서 배울 수 있는 여지를 허용한다. 그는 도시의 세 지역에서 실시한 연구를 바탕으로, 지역 회의의 주요 초점은 예산에 대한 결정을 내리는 것이 아니라 예산 편성에 관련된 기술적 기준을 배우는 데 있다고 주장했다. 이 과정은 참여 민주주의(정기적인 지역 논의와 학습 프로그램)와 대의 민주주의(시 예산 심의회에서 이루어지는 것처럼)를 결합한 것이다. 지역 총회는 매년 참여 규칙, 투표 시스템 및 논의 주제를 변경할 수 있다. 바이오치(Baiocchi 2001)의 연구에 따르면, 사람들이 한 번 참여 예산 편성에 참여하면, 교육, 보건, 인프라 서비스, 스포츠 시설 등 다른 특정 부문의 참여 포럼에도 더 적극적으로 참여할 가능성이 높아진다(참조: Abers 2000).

물론 이런 노력에 대해 비판하는 목소리도 있었다. 바이오치(2001)는 이러한 종류의 참여포럼에 대한 비판으로, 부르디외(Bourdieu 1991)를 인용하여, 포럼들이 지역 엘리트들의 영향력을 더욱 증대시키며 계급 위계질서(class hierarchies)를 재생산할 수 있다는 점, '전문가'와 비전문가 사이의 정치적 역량의 위계질서(hierarchies of political competence)를 재생산한다는 점을 지적했다. 부르디외(1991)의 소설 '언어 공산주의'에 대한 비판에서, 말하는 능력은 차이와 불평등을 내포한다. 특권 계층의 아비투스는 말할 수 있는 기술적 능력과 특정 진술을 할 수 있는 지위를 형성한다. 그러나 바이오치(Baiocchi)는 포르토 알레그레에서 가난한 사람들의 참여율이 엘리트 참여율보다 더 높다고 주장했는데, 이는 부분적으로는 그들의 '필요성'이 그들로 하여금 이 포럼에 더 많이 포럼하도록 했고, 그들의 소외된 목소리를 듣도록 해야 한다고 기대하는 나름의 분위기가 크다고 설명했다. 게다가 지역 회의의 평균 참가자의 경제 · 교육 수준은 포르토 알레그레 시민 평균보다 낮으며, 교육 수준이 높은 사람들이 선출될 가능성이 더 크다는 증거는 거의 없다. 사실 증거가 있다면 그 반대의 사실을 시사하는 증거들일 것이다.

더 중요한 것은, 더 큰 권력을 가진 집단이 프로세스를 조작하면 어떻게 할지에 대한 우려와는 달리, 실제로 대부분의 투자는 더 가난한 지역에 이루어졌으며 그것이 가난한 시민들에게 긍정적인 영향을 미쳤다는 점이다. 주택부가 1986년부터 1988년 사이에 지원한 주택이 1,714가구였으나, 1992년부터 1995년 사이 비슷한 기간에는 28,862가구에 대해 주택을 제공했으며, 운영 중인 공립 시립학교의 수는 1988년 29개 대비 86개로 급증했다(Biaocchi 2001). 생토메 등 연구자들(Sintomer et al. 2008: 166, 167)은 다음과 같이 말한다.

> [주민참여 예산편성]은 우선순위를 바꿔 놓았다. 가난한 지역에 1차 의료 서비스가 제공되었으며, 학교와 유치원의 수가 늘어났고, 동시에 도로가 아스팔트로 포장되었으며 대부분의 가정이 상하수도시설에 접근할 수 있게 되었다… [개정된 예산 공식은] 인프라가 부족한 지역에 생활 수준이 높은 지역보다 더 많은 예산이 분배되도록 보장한다.

시영 버스회사의 운영 지역이 확대되고 정기 운행이 크게 증가했으며, 수천 가구에게 공공주택이나 토지소유권이 제공되었고, 대규모의 어린이집 및 보건클리닉(건강진료소) 네트워크가 구축되었다(Goldfrank & Schrank 2009). 이 비용은 전부 누진세와 탈세 단속을 통해 충당되었다(ibid.). 그러나 이 사실이 결코 빈곤층과 부유층의 의견이 정책에 동등하게 반영되었다는 것을 의미하지는 않으며, 참여포럼이 기존의 불평등을 해소한다고 믿을 만한 이유가 되지도 않는다. 게다가 회의에 참석하는 인원 수 측면에서 성비 불균형에 대한 증거는 없지만, 여자가 남자보다 발언을 적게 하거나, 또는 남자들이 사실상 여자들의 말을 잘 듣지 않는다는 증거는 있었다(Biaocchi 2001, 2003).

학습은 포르토 알레그레(Porto Alegre) 포럼의 한 가지 핵심이다. 바이오치(2001)는 한 참가자의 말을 다음과 같이 인용했다.

> 나는 회의가 진행되는 방식에 대해 배워야 했다. 처음 참석했을 때 나는 자신이 없었다. 왜냐하면 어떤 이는 학사 학위를 가지고 있었지만 우리는 학위가 없었기 때문이다. 그래서 다른 사람들이 먼저 아이디어를 제안하기를 기다렸다가 그 후에야 토론에 참여했다. 시청이 제시한 기술적인 부분에 대해 우리는 '겉돌기' 일쑤였다. 그러나 시간이 지나면서 배우기 시작했다.

시간이 지나면서 사람들은 자신들의 이해와 참여를 촉진하는 방식으로 '기술적' 지식을 '번역'했다. 사람들은 1년 동안 서로의 우선순위와 예산편성, 정책개발, 그리고 다양한 공공서비스의 운영에 대한 세부적인 내용들을 배우게 되었다. 실제로 생토메 등(Sintomer et al. 2008)은 투명한 규칙을 새로 수립해 가면서 이전에 존재했던 도시계획의 후견주의적 구조*를 대부분 극복했다고 주장했다. 시 공무원들은 지역 주간회의에 참석하는데, 개별 논의에 개입하기보다는 그 논의의 진행을 돕는 역할을 맡는다. 이 포럼들은 맥락에 따라 주 정부의 정책에 대해 협력하거나 반대하는 역할을 하면서 그 정책수립의 한계를 뛰어 넘는다. 그 예로서, 주민참여예산제도가 시작된 이래로 지역단위 협회의 수가 기하급수적으로 늘어났다. 협회들은 종종 도시학습에 집중한다. 바이오치(2001)가 강조한 한 사례는 '시 행정에 관한 정보를 얻고 공유하는 것'을 첫 번째 목표로 삼았는데, 이것은 2장에서 논의된 임차인협회연맹(Federation of Tenants Association)의 활동을 상기시킨다.

이 단체들 중 많은 곳은 어떻게 특정 도시 서비스 및 기관의 문제들을 다룰 것인가와 관련해서 대화를 통한 학습(learning-through-dialogue)이라는 '문제 해결' 문화를 정착시켰다. 협회들은 포르토 알레그레(Porto Alegre) 주정부와 시민사회 간의 관계를 변화시켰다. 이 관계는 시민들이 종종 그들의 민원을 위해 관공서에 혼자 가서 장시간 기다리는 방식을 탈피해서 이제는 주정부 부처와 지역단체가 기존 및 신생 서비스의 가능성에 대한 정기적 대화에 참여하는 관계를 정착시켰다. 게다가 지역단체들이 이러한 참여 과정에서 서로의 접촉이 잦아지면서, 도시의 여러 지역에서 아이디어를

* 역자 주: clientelistic structures: 두목과 부하의 관계에 의존하는 사회구조.

교환하고, 전략과 기술적 전문지식을 협상하며 점점 더 초지역적 도시학습 배치를 형성하는 기회가 늘고 있다. 예를 들어, 주민참여 예산제도를 경험한 주민 중 한 명은 바이오치(Biaocchi 2001)에게 학습을 통해 새로운 초지역적 도시를 상상하는 방식에 대해 다음과 같이 설명했다.

> 대의원과 협의회 위원(의원)으로서, 지역에 대해 배우고, 새로운 사람들을 만나며, 단순히 자신의 협회뿐만 아니라 전체 지역과 도시를 책임지는 사람이 된다. 나는 Plano Diretor[시 계획 우선순위]를 결정하는 두 개의 서로 다른 회의에 참여했는데 그 이유는 내가 도시 문제 전체에 대해 염려하고 있었기 때문이다. 그리고 1년 후, 나는 이 지역만을 보는 것이 아니라 도시 전체를 봐야 한다는 사실을 배웠다.

포르토 알레그레(Porto Alegre)에서의 도시참여포럼의 성공은 부분적으로 보자면 브라질의 다른 도시들과 비교하여 상대적으로 부유한 도시 재정 덕분이었다. 하지만 그것만으로 성공을 설명할 수는 없다. 시 정부는 노동자당(PT) 형태로 참여민주주의를 실험하는 데 전념했으며, 그리고 결정적으로 이러한 접근은 자율적인 시민사회 토론과 기관들이 성장할 수 있게 해야 하는 것이었다. 비록 이런 조건들이 브라질 도시 전역에서 반드시 재현된 건 아니지만, 그럼에도 불구하고 도시 참여의 가능성에 대한 토론은 오늘날 브라질 전국에서 널리 확산되고 있다. 예를 들어, PT가 집권하고 있는 나라에서, 국가 차원에서 참여예산편성을 규정한 2001년 도시법(2001 City Statute)은 모든 시민을 '능동적이고, 조직화되고, 정보를 잘 알고 있는 시민'(Caldeira & Holston 2005: 406)으로 상정하고 있다. 이 법은 도시정부의 역할을 일종의 매니저로 전환시키고, 그로 하여금 공공, 민간 및 지역사회 이익을 관리하도록 한다. 물론 이것은 민주주의를 심화하는(예: 참여예산)

등의 진보적 정책뿐만 아니라 동시에 새로운 자금을 확보하기 위해서 사회간접자본을 민영화하는 방식 등과 같은 신자유주의적 의제도 포용한다(예: Silva 2000).

노동자당(PT) 행정가들은 권력을 잡으면서 근로자의 이익(예: 임금인상)과 재정통제 및 도시의 여러 부분에 대한 투자 필요성 사이에서 균형을 맞추려고 노력했다. 예를 들어, 상파울루의 경우, 1990년대 초에 파울루 프레이리(Paulo Freire)를 포함한 루이자 에런디나(Luiza Erundina)의 노동자당 행정부는 첫 번째 임기 동안 주택, 파벨라(빈곤지역)의 인프라, 교육 및 보건 분야에서 상당한 개선을 이루었지만, 버스요금을 인상하였고 PT당 내부의 분쟁 및 도시 전체에서의 분쟁을 효과적으로 처리하지 못했다. 시민들의 참여노력은 상당 부분 실패로 끝나면서, PT당에 표를 던진 가난한 지역의 많은 사람들은 소외감을 느꼈다. PT당은 이후 상파울루에서 재임에 성공한 파울루 말루프(Paulo Maluf)가 이끄는 보수당에게 패배하게 되었는데, 이때 주민참여예산 제도가 사라졌고 시 예산은 상당 부분 초과 지출되었다(Couto 2003). 2000년에 상파울루에서 상류층 출신 시장으로 이전에 PT당과의 연결고리가 거의 없었던 마르타 수플리시(Marta Suplicy)가 등장하자 PT당이 다시 집권하였다. 그는 연합 없이 당을 이끌려고 했고, 전체 PT 당과 시청 사무실에 있는 PT 당이 분열된 상황에서 (시정을) 운영한 에룬디나(Erundina)와는 달리, 수플리시(Suplicy)는 처음부터 연합을 구축하려고 노력한 결과, 그녀의 행정부는 내부분열로 인한 방해에서 조금 더 자유로웠다. 카우토(Couto 2003)에 따르면, 상파울루의 PT당은 이후 연합을 통해 더 성공적으로 통치를 하였지만, 특정 종류의 정치게임에 정신이 팔려 참여가 주변화되는 현상이 나타났다. 현실정치는 도시 내에서 도시참여포럼의 발전 가능성의 조건을 제한했다. 보다 일반적으로, PT당 운동가들은 상대적으로 시민사회의 힘이 약한 지역에서 오히려 참여를 보장해야 하는 추가적인 도전에 직면해 있다.

여기에서 주목할 부분은, 포럼의 성공은 바로 '조율'로서의 학습을 가치롭게 여기는 과정에서 획득된 산물인데, 즉, 지출 재분배 같은 문제에 대한 의사결정 능력을 가진 다양한 그룹들 간에 이루어질 수 있는 장기적이고 진정성 있는 참여중심 토론 등을 통한 조율을 통해 학습한 것이었다. 이 조율은 강도, 개방성, 품질이라는 앞에서 말한 기준들을 이용하여 측정될 수 있다. 포르토 알레그레(Porto Alegre) 참여포럼의 강도는 도시계획 과정에서 다양한 선거인단이 초기부터 참여했다는 점과 소외된 집단을 참여시켜야 한다는 명확한 관심 안에 반영되어 있는 반면, 프로세스의 개방성은 참여형과 대표형을 조합함으로써 사람들이 자신을 대리하여 선출된 사람들의 발언을 모니터링하고 필요할 때 그들을 해임할 수 있게 허용할 수 있는 방식에서 발견될 수 있다. 또한 프로세스의 품질은 그 연속성에 있으며, 이를 통해 참여가 이루어지고, 유지되며, 그 결과로 나타나는 예산 재분배의 결과들을 통해서 확인할 수 있다. 그러나 강도, 개방성, 품질 기준만큼이나 도시학습포럼의 핵심적인 정치적 맥락 역시 중시되어야 한다. 포르토 알레그레(Porto Alegre)와 상파울루(São Paulo)의 사례 비교에서 보듯이, 서로 다른 정치적 맥락들은 도시학습포럼의 가능성을 촉진하거나 혹은 저해할 수도 있다. 실제로 애버스(Abers 2000)가 주장한 바에 따르면, 참여포럼이 크게 성공할 수 있었던 것은 포르토 알레그레에서 보기 드문 '기회의 창', 즉, 사람 중심의 발전에 전념한 새로 선출된 노동자 정당과, 독재 이후 도시계획에 일반 시민을 참여시키기로 결정한 적극적이고 다양한 풀뿌리 운동을 서로 결합한 덕분이었다.

여기에서 우리는 브라질의 도시학습포럼 사례를 다른 도시에서도 적용하기 위한 방법의 기준과 절차가 무엇인지에 대한 질문을 던져볼 수 있다. 칼롱 등(Callon et al. 2009)은 그들의 연구에서 몇 가지 잠재적 형식을 강조한다. 첫째는 포커스 그룹인데, 칼롱 등이 볼 때 포커스 그룹은 그 자체로 사태의 우선 순위를 파악하는 데 유용하기는 하지만 그 성격상 일시적일뿐더러 일반적으로 전문가를 일반인보다 우위에 두는 관계성을 변화시키기 어렵다. 둘째, 공개 조사인데, 이것은 칼롱 등(Callon et al.)이 보기에 대중을 참여시키겠다는 진정한 의지가 있을 때만 성공할 수 있는 방법이다. 셋째는 합의 콘퍼런스인데, 이것은 특정 문제에 집중하여 인식을 높이고 토론을 촉진하며 시민 보고서를 생성하는 새로운 전문가-일반인이 함께 구성하는 포럼이다. 다만 이 방법은 의미 있게 시작되더라도 지속적인 협력으로 이어지지 않는 경우가 많다. 그리고 마지막으로 시민 패널과 배심원단이 있는데, 주로 지역 관점을 우선시하지만 실제로 대화로까지 이어지기는 조금 멀다. 비록 이런 절차들 중 어느 것도 그 자체로 대화형 민주주의의 질성을 완전히 충족하지 못하지만, 그중 일부는 특정 문제와 시기, 장소에 따라 다른 것보다도 더 적절하게 활용될 수 있다. 이 네 가지 포맷은 칼롱 등(2009)이 연구한 과학기술 논쟁에서 힘을 발휘했는데, 특히 주민 참여예산제도와 같은 도시 실험에 대한 대안적 절차로 활용될 수 있다. 그러나 예를 들어, 지역 포커스 그룹을 가난한 지역의 커뮤니티 시설 건설과 관련된 우선순위를 파악하고 학습하는 데 활용하지 않을 이유도 없으며, 예산 우선순위, 투자 결정, 어린이집, 도시 폐기물 매립지 위치 등 다양한 문제에 대한 시민 보고서를 작성하여 언론의 주목을 받을 수 있는 도시 합의 콘퍼런스의 가능성도 무시될 이유가 없다. 따라서 도시학습포럼은 당면한 문제의 특성에 따라 이루어져야 하며, 집단 학습에 전념하는 실험 정신을 가지고 추진되어야 한다. 또한 포럼이 성공하려면 도시 계획 내의 부속 절차나 관료적인 절차보다는, 도시 계획 자체의 개념과 본질에 충실해야 한다.

그렇다면 도시학습포럼에서 어떤 것을 얻어야 하는가? 그 정의만으로는 알 수 없다. 그러나 그 결과물의 본질에 대해서는 추측해 볼 수 있다. 칼롱 등(Callon et al.)에 따르면, 포럼을 통해 어떤 최종적인 결정이 만들어져야 한다는 생각은 포럼의 정신에 위배된다. 포럼은 새로운 정보, 목소리, 사건 및 수정 등에 대해 열려 있어야 한다. 칼롱 등(Callon et al. 2009: 191)은 어떤 결정이 아닌 '측정된 행동(measured action)', 즉 포르토 알레그레(Porto Alegre)의 도시 민주주의를 나타내었던 개념을 지향한다. 이때 결정은 사실 분명할 수가 없으며 다양한 행위자들이 만들어내는 변화하는 도시학습 배치 안에서 나타나는 일련의 조우 혹은 만남의 연속일 수밖에 없고, 이러한 연속은 곧 새로운 정책형성의 영향 아래 놓이게 된다. 결국 도시 포럼은 단발적이라기보다는 장기적인 도시학습 배치의 한 가지 형태로 볼 수 있다. 이는 집중화되고 조직적이며, '의견을 전환시킬 수 있고 최고의 기존 합의의 검토를 촉구'할 수 있는 역동적인 실험이기도 하다(ibid: 245). 이때 이루어지는 합의는 빛바랜 합의일 필요가 없다. 오히려 과거의 급진적 계획들의 역사가 보여주듯이, 합의는 적어도 더욱더 사회적으로 공정한 해결책을 가능하게 하는 변화를 지향해야 한다. 비판적 도시학에서, 가난하고 소외된 자들의 혁명적 집회를 가장 극단적으로 보여주는 선례와 상징은 바로 파리 코뮌(Paris Commune)이다. 드보르(Debord)와 르페브르(Lefebvre)는 이를 소외와 억압에 반대하는 축제로 기렸으며, 르페브르(Lefebvre)는 파리 코뮌을 통해 '분산되고 분열된 도시가 행동의 공동체로 변모하였다'고 말했다(1965; McDonough 2009: 174에서 전재). 도시학습포럼은 정부 협의를 통치화(governmentalizing)하려는 전통이 아니라 논의, 논쟁 및 개혁을 통해 도시 생활방식을 다시 생각하도록 하는 급진적이고 희망적인 전통을 이어간다고 할 수 있다.

도시학습포럼에 대한 논의에서 이제까지 다루지 않은 중요한 질문 중 하나는 만일 여기에서 예로 든 근거리 포럼들과 달리 우리가 하고자 하는 포럼들이 멀리 떨어져 있다면, 즉, 여러 다른 장소, 때로는 다른 국가에 거주하는 집단들 간의 교환에 기반을 두고 있는 것이라면, 이렇게 멀리 있는 사람들을 하나로 모으고 학습하게 하는 모종의 새로운 방식의 포럼을 구상해야 할 것인가의 여부이다. 특히 (끈질기게 지속되는) 글로벌 남반구-북반구 격차를 넘어설 수 있는 도시학습포럼은 어떻게 구상될 수 있을 것인가? 초지역적 도시학습포럼은 도시 정책, 계획 및 활동 등을 결정할 때 점차 중시되고 있다(3장 및 5장 참조). 이것은 참여와 집단적 학습이 반드시 '지역적'이거나 영역적으로서의 공간성을 기반으로 구상될 필요가 없음을 상기시켜 준다. 다음 장에서는 특정 사례연구를 통해 이 질문들을 검토해 볼 것이다.

트랜스로컬리즘과 번역

주민 참여 예산 포럼의 아이디어는 포르토 알레그레(Porto Alegre)로부터 널리 퍼져나갔다. 1990년대 초 이후 남아메리카의 1,000개가 넘는 지방기초지자체가 이 제도를 채택해서 필요에 따라 변형시켰으며, 2008년까지 100개 이상의 유럽 도시들도 여러 가지 형태의 주민 참여예산 제도를 발전시켰다(Sintomer et al. 2008: 164). 생토머 등(Sintomer et al. 2008)은 20여 개의 도시에서 주민 참여 예산 제도에 대한 비교연구를 실시하였는데, 이 방법이 여러 다른 경로를 통해 확산되었고 매우 다른 형태로 번역되었음을 보여주었다. 이 방법이 확산된 경로 중 하나가 2001년부터 2003년, 그리고

2005년에 포르토 알레그레(Porto Alegre)에서 개최된 세계사회포럼(World Social Forums)이었으며, 주민 참여예산제도는 반(反)신자유주의 세계화운동의 특정 계열을 대표하는 참여민주주의의 '상징'이 되었다. 또 다른 예로, 세계은행과 UN Habitat는 포르토 알레그레(Porto Alegre)의 사례를 도시정책과 관련하여 '최고 모범 사례' 중 하나라고 설명했다(예: Cabannes 2004; UNDP 2001). 2008년 2월 포르토 알레그레(Porto Alegre)에서 도시개발세계회의(World Conference on Development of Cities)가 열렸는데, 이 회의에는 7,000여 명의 시장들과 시의원, 학자 및 전문가, 지역사회 지도자, 사업가 및 사회복지사가 참여했다. 회의는 전 세계적으로 나타나고 있는 사회변혁계획의 다양성에 초점을 맞춰 진행되었는데, 다음 네 가지에 주목했다. (1) 도시에 대한 권리 (2) 도시에서의 거버넌스와 민주주의 (3) 도시에서의 지역 발전 (4) 지속가능성과 네트워크 도시. 이런 종류의 대규모 국제행사의 성과를 직접 평가하는 것은 어려우며, 주로 도시계획에 참여하는 다양한 집단들 간이 합의할 수 있는 폭넓은 합의분야를 개발하는 데 의미를 둔다. 물론 참여하는 기관들 사이에는 매우 큰 다양성이 존재하지만, 2008년 회의에 참여한 행위자들의 다양한 범위만 보더라도 참여도시포럼이 지역적 한계를 넘어서 초지역적인 인기를 끌고 있음을 알 수 있다. 참여한 기관으로는 포르토 알레그레 시의회, 브라질 도시부(Ministry of Cities), 로마 시청, 리우 그란데 도 술(Rio Grande do Sul) 주정부, 전국 도시 연맹(the National Confederation of Cities), 라틴 아메리카 도시, 지방자치단체, 협회 연합(the Federation of Latin American Cities, Municipalities, and Associations), 유엔 통합 도시 지방정부 기구(the UN's United Cities Local Government organization), 유네스코, 유엔 해비타트(UN Habitat), 미주개발은행(the Inter-American Development Bank), 세계은행(the World Bank), 참여 민주주의 국제관측소(the

International Observatory of Participatory Democracy), 사회 통합 및 참여 민주주의 위원회(the Committee on Social Inclusion and Participative Democracy), 국제 도시 관리 센터(the International Center for Urban Management), 도시 동맹(Cities Alliance) 등이 있다(Cities Alliance 2008).

이런 거대회의가 아니더라도 어떤 도시정책 담당자들은 포르토 알레그레(Porto Alegre)를 직접 방문하거나 관련 서적을 읽어본 뒤 이 도시의 사례를 채택한다. 영국의 브래드포드(Bradford)는 포르토 알레그레(Porto Alegre)보다 현지 지역사회의 도시계획구조에 대한 주민들의 지속적인 참여가 훨씬 저조한데도 그 도시의 소외된 지역에 대한 투자를 촉진하기 위해 포르토 알레그레(Porto Alegre)와 유사한 참여예산제도를 시행했다. 덧붙이자면, 여기에서 내가 포르토 알레그레(Porto Alegre)의 사례가 참여형 도시생활방식 전이의 유일한 형태라고 말하는 것은 아니다. 오히려 참여보다는 협의를 강조하는 신공공관리(New Public Management) 방식의 추가적인 영향도 고려할 수 있다. 예를 들어, 생토머 등(Sintomer et al. 2008: 173)은 다음과 같이 말한다. '독일은 뉴질랜드 크라이스트처치(Christchurch)시로부터 [신공공관리] 방식을 도입했고, 브라질의 실험은 나중에야 영향을 미쳐서 이들 간의 혼합모델이 탄생했다'. 도시학습포럼은 여러 다른 곳들의 아이디어나 모델을 '번역'하여 조합하며, 관련된 핵심 질문들을 제시하고 그 안의 문제들을 제기한다. 주민참여 예산제도의 타 지역 전이활동의 성공여부는 국가의 정치적 헌신, 시민사회단체의 압력, 그리고 정치적 민주주의와 참여라는 기존 정치적 전통의 존재여부에 달려있다(Sintomer et al. 2008). 그뿐만 아니라 도시학습포럼의 초지역적 요소에서 몇 가지 특정 질문이 제기되기도 한다.

예를 들어 글로벌 남반구-북반구 격차를 가로지르는 지역 간 도시학습포럼은 특별한 문제에 직면해 있으며 그러한 기회를 제한할 수 있는 틀에 박힌 모종의 프레임 때문에 되레 그 확산이 제약될 수도 있다. 북반구와 남반구와 같은 지리적인 분류는 도시생활방식에 대한 학습이 어떻게 발생하는지에 중요한 영향을 미친다. 슬럼거주자인터내셔널(Slum/Shack Dwellers International: 3장 참조)과 관련된 예를 들자면, 런던에서 노숙자와 함께 일하는 NGO인 그라운드스웰(Groundswell)과 뭄바이에 기반을 둔 인도 얼라이언스 비정부기구 SPARC(Indian Alliance NGO SPARC) 간의 교류에서, 이 특별한 학습실험의 주요 한계 중 하나가 SPARC 지도자들이 영국그룹에 대해 가지고 있는 인식이었다. 단기간 이루어졌던 이 초지역적 포럼에 정책담당자들과 기부자들이 참여했지만, 시민사회단체와 운동가 간의 교환과 연대가 더 지배적이었다는 점에서 포르토 알레그레(Porto Alegre)의 사례와는 달랐다. 그러나 이 사례에서 중요한 점은 남반구-북반구 격차에 대한 인식이 번역을 통한 학습가능성에 영향을 미치는 방식이다. 이는 북반구와 남반구를 가로지르는 모든 초지역적 도시학습포럼이 직면할 수도 있는 문제이다.

뭄바이와 런던 간의 경험 교환 과정에는 두 도시의 운동가들뿐만 아니라 소수의 정책담당자 및 기부자도 참여했다. SPARC는 '북반구와의 로맨티시즘'이라는 묘사 덕분에 영국의 기부자 홈리스 인터내셔널(Homeless International 2001)의 자금지원을 받아 영국 교환에 참여하기로 결정했다. 일부 SPARC 지도자들은 북반구의 NGO로서 그라운드스웰(Groundswell)이 국가복지에 의존하고, 자체솔루션과 자금조달 메커니즘을 개발하기보다는 국가재정지원을 받는 데 집중하고 있다는 인식 때문에 이 단체로부터 배울 것이 거의 없다고 생각했다. 한 SPARC 관계자는 제1세계와 제3세계 사이의 엄청난 차이를 언급했다. 그녀는 영국의 '사회정치적 문화' 때문에 인도와 영국 그룹 간에는 상호학습의 가능성이 거의 없다고 주장했다. 그녀는 영국 도시의 일반적인 '공동체의 부재'처럼 보이는 현상을 지적하면서 영국인들은 너무 '개인주의적'이라고 덧붙였으며, 그 견해를 일본의 사례에 대해서도 공유했다. 이런 그녀의 발언은 북반구(여기에는 일본을 포함)와 남반구의 어바니즘을 서로 다른 양극화된 지점에 위치시키는데, 전자는 개인주의를 대표하고 후자는 능동적 집단주의로 표현된다.

위와 같은 인식은 두 그룹 간의 상호학습 기회를 저해하는 데 일조했다. SPARC가 이 교환에서 학습할 기회는 처음부터 제한되었다. SPARC가 보기에 그라운드스웰(Groundswell)과 영국의 도시 비영리 부문(voluntary sector)이 보조금에 의존하고 있어 전반적으로 더 수동적이며, 따라서 SPARC와 그 회원들에게 어떠한 학습기회도 제공할 수 없을 정도로 두 단체는 너무 다르다는 생각을 갖고 있었다. SPARC 지도자인 쉴라 파텔(Sheela Patel 1997)은 영국 비영리 단체를 방문한 후 작성한 한 보고서—'봄바이의 빈민가에서 영국 주택단지까지(From the Slums of Bombay to the Housing Estates of Britain)'—에서, 영국에서 주민 참여란 결국 정부와의 협의 정도의 범위로 축소되어 있었다고 언급했다. 그 주장은 이 협의가 사람들을 공무원들과 분리하여 협의해야 할 그룹으로 분류한다는 것이었다. 따라서 '이것은 마치 참여란 건축가가 모델 하우스에 전시하는 타일, 쿠커, 문틀 등을 선택할 수 있는 권리인 것 같았다'(Patel 1997: 25). 이는 다양한 행위자가 포함되고, 가난한 사람들이 자체 관리자로 과정을 주도하게 되는 도시 개발과정의 본질적인 부분으로서의 참여라던 그녀의 원래 견해와 배치된다.

> 우리가 오늘날 살아가는 세상에서, 우리는 상당히 높은 수준의 상호의존성을 지니고 있다. 우리는 서로에게 의지하여 삶의 질을 향상시킨다. 그러

> 나 우리를 행복하게 하는 것이 무엇인지, 우리의 열망을 실현할 수 있는 조건을 만드는 것이 무엇인지를 결정할 권리가 있으며, 서로 간 상호의존성이 앞으로 일이 어떻게 진행될지에 대한 합의에 이르는 데 필요한 능력과 기술을 개발할 권리가 있다. 이것이 바로 참여의 과정이다(Patel 1997: 25).

한편, 그라운드스웰(Groundswell)은 SPARC로부터 많은 것을 배웠다고 보고했다. 그들은 여러 가지 주목할 만한 지점들을 예시했는데, 즉, 지역 내 '수평적 교류'를 학습과 '역량 강화' 도구로 활용하는 것, 도시 내 '숨은 노숙자'를 조사하여 정부 협상의 기초로 삼는 것, 그리고 NGO로서 그라운드스웰(Groundswell)과 영국 내 연결고리가 있는 지역사회 기반 조직 간의 관계에 대한 가치 등이었다. 당시 그라운드스웰(Groundswell)의 코디네이터였던 토비 블룸(Toby Blume)은 이 단체가 얼라이언스(Alliance)에서 많은 '통찰과 영감'을 얻었다고 주장했다(Blume 2001). 그라운드스웰(Groundswell)의 구성원들은 2001년 1월 뭄바이에 있는 인도 얼라이언스(Indian Alliance)를 방문했으며, 이 방문 이후 이들은 '이 교환이 우리 네트워크를 강화하는 강력한 도구라는 것을 인식'하고 영국 내에서 교환 프로그램을 시작했다(Blume 2001). 블룸(Blume)에 따르면, 그라운드스웰(Groundswell)은 2000년 1월 런던에서 '인도와 남아프리카의 노숙자 그룹과 접촉하면서 교환의 아이디어를 접하게 되었다'(Groundswell 2001a). 블룸(Blume)은 영국 전역에서 다양한 그룹이 매년 모여 정책 담당자들과 소통하는 'Speakouts' 행사와 더불어, 이메일, 전화 통화, 그라운드스웰(Groundswell) 뉴스레터를 통한 소통에 참여하고 문서화하는 활동들을 통해 '학습 과정을 기록'하고 '도구 상자'를 확장 및 개선하는 결과를 얻었다고 말했다(Blume 2001).

블룸(Blume)은 '교환 전도사'가 되어 인도에서 돌아온 즉시 '실험적 학습' 과정을 시작하였다(Blume 2001). 그라운드스웰(Groundswell)은 저소득 세입자 커뮤니티 그룹, 노숙자그룹, 마약 및 알코올 중독 그룹 및 정책담당자들 간 일련의 교환을 시작했다. 이 활동에는 2001년에 이루어졌던 브리스톨, 글래스고, 버밍엄, 노팅엄 및 런던 방문도 있었다. 블룸(Blume)은 '그라운드스웰(Groundswell)은 [인도 얼라이언스(Indian Alliance)와의 교류를 통해] 영국에서의 활동을 활성화하는 방식의 타당성에 대해' 배웠다고 말했다. 그라운드스웰(Groundswell) 구성원들에게 영국의 노숙자 방문객들과 인도의 도시빈곤층 사이의 관계를 형성하는 데 있어서 두 집단에게 공통되는 도시의 사회적 불평등의 경험을 바탕으로 서로 연대해야 하는 중요한 결속력을 가지게 되었다. 뭄바이에서의 그라운드스웰-얼라이언스(Groundwell-Alliance) 교환 이후 작성된 그라운드스웰(Groundswell 2001a) 일일 보고서는, 인도가 영국과 근본적으로 다르지만 '영국 단체에게 [SPARC 자매 단체인] NSDF와 마힐라 밀란(Mahila Milan)의 사례는 매우 고무적이었고, 그들이 공통된 경험을 많이 공유했다는 사실은 놀랍고 흥미로웠다. 노숙과 빈곤이 가진 문제와 어려움은 다를 수 있지만, 해결책을 마련하는 데 노숙자들을 참여시키는 과정은 사실 매우 유사할 수 있다.'라고 분명하게 말하고 있다. 2000년 1월, 런던에서 열린 한 행사에서 그라운드스웰(Groundswell)과 협업하는 사람들 가운데 인도 방문객들을 만났던 어떤 이는 이들이 잠재적으로 생산적인 학습관계가 될 수 있다고 생각하면서 다음과 같이 논평했다.

> 우리가 모이는 이유는 문제를 실제로 경험하고 있기 때문이며, 그저 참석만 해서 해결책이 무엇인지 말만 하는 사람이 되어서는 안 된다. 우리가 이 나라에서 행동으로 옮기고 실제로 남반구에 있는 연맹과 매우 유사한 연맹

> 을 조직한다면, 전 세계적으로 그들과 연합하여 통일된 목소리를 낼 수 있을 것이다(Newton, in Groundswell 2001b).

SPARC의 학습 개념은 적어도 이 북반구-남반구 초지역적 도시학습포럼에서는 그라운드스웰(Groundswell)과 북반구 상황에 대한 SPARC의 인식과 밀접한 관련이 있으며, NGO와 SDI가 일반적으로 학습을 탐색적이고 창의적이며 개방적인 것으로 인식하는 방식과 대조적이다(제3장). 이 특정한 초지역적 도시학습포럼이 서로 다른 사람들과 다양한 관심사들을 서로 결집시켰다는 점에서는 이종적이라고 할 수 있지만, 그 경험의 강도, 개방성, 품질 등은 그 출발부터 제한되어 있었다. 그라운드스웰(Groundswell)에게는 유용했을지 몰라도 말이다. SPARC가 그라운드스웰(Groundswell)과의 학습을 지식이나 경험의 폐쇄적이고 직접적인 전달(사회경제적 맥락에서 SPARC가 공통성으로 받아들일 만한 것들)로 이해하기보다는 오히려 간접적이고 개방적이며 예측할 수 없는 것으로서, 즉, 서로 간의 다름을 통한 '번역'의 과정으로 볼 수 있었다면, 이들 사이에서 더욱 지속적이고 생산적인 관여가 가능했을 것이다.

학습을 필연적으로 직접적이라고 개념화하는 것은 (실제의 또는 인식된) 차이로 인한 가능성을 배제하고, 남반구-북반구 구분이 참가자들이 교환에 참여하기로 선택한 상황에서도 공간을 유사성에 기반한 비교프레임으로 번역하는 상상적 장벽의 역할을 한다는 것을 증명한다(Edwards & Gaventa 2001). 시민사회단체들 간 초지역적 도시학습포럼 탐구에는 해당 유형의 신화와 지리적 고정관념을 다루는 연구가 포함되는 경우가 종종 있다.

사실 다른 사례에서는, 이러한 교류와 교환이 남반구와 북반구에 대한 고정된 인식을 깨뜨리는 데 기여하기도 한다. 미국인들의 인도와 멕시코 방문 경험에 대해 저술한 가벤타(Gaventa 1999: 35)는 참가자들이 발견한 '지식, 헌신 및 정교함에 대한 놀라움'에 주목했으며, '이러한 상황은 그들에게 부여된 '하층민'이라는 이미지와 결코 부합하지 않는 것'이라고 덧붙였다.

> 또한 그들은 종종 그들이 목격한 그러한 헌신에서 영감을 받았다… '우리의 미신을 걷어내면 더 배우고 싶은 욕망이 생긴다. 우리가 잘못 배웠다는 것을 인지하고 그 잘못된 가르침으로 인한 문제와 결과를 마주하는 일은 엄청난 가능성(시작 부분)을 만들어 낸다. 이는 마치 원한다면 바위를 유연성을 갖는 점토로 바꾸는 것과 같다'(Gaventa 1999: 35).

이런 경험이 시사하는 바는 서로 간의 차이에도 불구하고 학습이 일어날 수 있을 뿐만 아니라, 차이를 통해서 오히려 적극적으로 학습이 일어날 수 있다는 점이다. 이렇게 학습을 이해하는 방식은 초지역적 도시학습포럼에 새로운 기회를 제시해 줄 수 있으며, 표면적으로 '유사한' 상황 사이의 직접적인 전달이 아닌, '번역'을 통해 학습을 구상함으로써 생기는 가능성을 보여준다. 북반구와 남반구 사이의 학습 가능성을 탐구하려는 유익하고 도발적인 시도로는 1998년 드하안과 맥스웰(de Haan & Maxwell)이 편집한 '북반구와 남반구의 빈곤과 사회적 배제(Poverty and Social Exclusion in North and South)'라는 제목의 1998년 개발학 연구소(Institute of Development Studies) 기관지(Bulletin)의 특별호가 있다.

드 하안과 맥스웰(De Haan & Maxwell 1998: 5)은 '지리적 경계를 넘어 학습하는 것이 불가능하다고 생각하는 것은 어리석은 일'이라고 주장하면서 다양한 주제들을 개발했다. 이 주제 특집호는 사람들이 일자리를 찾는 데 도움이 되는 '능동적인 노동시장 정책'의 특성(Robinson 1998), 개발 프로그램에 대한 참여의 성격(Gaventa 1998), 사회복지개혁에 대한 대안적 경로(Evans 1998), 식량안보 분석의 가치(Dowler 1998) 등 서로 연결될 수 있는 여러 구체적인 영역들을 포함했다. 드 하안과 맥스웰(De Haan & Maxwell 1998: 7)은 더 나아가 몇 가지 추가적인 공동 연구 프로젝트를 제안을 했는데, '예를 들어, 인도나 보츠와나의 고용보장 제도의 성공에서 북반구가 배울 수 있는 점은 무엇인가?' 그들은 '소규모 신용(대출), 참여 및 참여방법, 사회정책, 식품정책 및 공공사업, 그리고 실제로는 빈곤과 사회적 배제의 의미와 측정' 등이었다(De Haan & Maxwell 1998: 8).

특집호 사설에서 드 하안과 맥스웰(De Haan & Maxwell 1998: 7)은 지식이 직접적으로 이동할 수 없더라도, 북반구와 남반구 간의 상호학습 시도는 여전히 '결실을 맺을 수 있다'고 주장했다. 맥스웰(Maxwell 1998: 24)은 자신의 기고문에서 '여기서 우리는 한 국가에 대한 분석과 그 정책이 다른 나라에 그대로 적용될 수 있다고 말하려는 것이 아니다. 비록 북반구나 남반구처럼 엄청나게 넓은 지역 간에도 말이다. 단지 우리는 이들을 서로 비교하고 대조할 기회 자체를 놓치고 있다는 점을 지적할 뿐이다'라고 주장했다. 그러나 이 특집호의 다른 부분에서 드 하안과 맥스웰(De Haan & Maxwell 1998: 7)은 다음과 같은 경고를 덧붙였다. '개발도상국들 사이에도 그들 간의 이질성이 커지고, 반대로 북반구과 남반구 사이에서는 일부 수렴적 징후가 나타남에도 불구하고 … 장소와 역사의 특수성은 여전히 중요하기 때문에 한 지역의 교훈이 다른 지역에 직접 전달되는 경우는 거의 없다'. 이러한 지적은 여전히 중요하지만, 그럼에도 불구하고 초지역적 학습포럼과 관련하여 볼 때, 그 개념화 방식에 있어서, 학습은 장소와 역사의 특수성에도 불구하고 그들 사이에 간접적으로 발생할 수 있다는 점을 강조할 필요가 있다. 즉, 지식과 아이디어는 새로운 상황에서 변화할 수 있으며, 학습도 창의적이고 간접적인 방식으로 발생할 수 있다는 점을 이해해야 한다. 예를 들어, 전략이 공공사업, 식량정책 또는 도시 참여예산 제도와 같은 '남반구'에 특화된 전략들은, 만일 그것이 직접적으로 북반부에 이전될 수 있는지를 묻는 방식으로 접근할 경우라면, 북반구에서 학습될 기회가 거의 없는 것처럼 보일 수 있다. 그러나 그런 선입견 없이 검토될 수 있다면 훨씬 더 많은 상호학습의 대상으로 떠오를 수 있다. 빈곤, 개발, 도시경제 또는 문화와 같은 보다 일반적인 도시생활방식에 관련된 쟁점들 '번역을 통한 학습'을 통해 충분히 상호 논의될 수 있다.

'번역'은 단지 지식이 온전히 그대로 적용될 수 있는지 여부를 떠나서 지식의 형태와 효과가 다양할 수 있다는 점에 집중한다. 다시 말해 번역은 학습을 직접적인 지식 전달에 국한하지 않고 그 창의적인 가능성을 감지하고 체화한다. 그런 맥락에서, 우리는 초지역적 도시포럼에서의 학습가능성을 개념화하기 위한 토대로 세이드(Said)가 발전시킨 '이동 이론(travelling theory)' 개념을 활용할 수 있다. 세이드(Said)는 어떤 이론을 통째로 적용하려고 하거나 또는 완전히 관련 없다고 무시하는 등의 두 가지 경향 모두를 반대했다. 그는 이론의 적용으로 인해 이분법적 구조가 형성되어서는 안 된다고 주장했으며, 그는 당시에 그가 보기에 그 해석상에 어떤 다른 해석이 발생하더라도 그것에 대해 지나치게 불안해하거나 비판을 두려워해서는 안 된다고 믿었다.

> 먼저 이것은 노예적 모방(slavish copying)에 대한 유일하게 가능한 대안은 창의적인 오독(creative misreading)이며, 그 중간에 어떤 가능성도 존재

> 하지 않는다는 것을 의미한다. 둘째, 이것이 일반 원칙으로 격상되면… [이것]은 근본적으로 비평가의 책임을 포기하는 것이다. 오히려 정반대로, 나는 오독(misreading)이 발생하는 것 자체가 어떤 아이디어와 이론이 어느 환경에서 다른 환경으로 이동하는 역사적인 전달이 일어나고 있는 것이라고 판단할 수 있다고 믿는다(Said 1984: 237).

이 '오독(misreading)'이라는 개념이 중요한 이유는 그것이 어떤 교조적 해석에 빠지지 않도록 하는 동시에 한 곳에서 목격하거나 경험하고 읽은 것이 반드시 다른 곳에도 그대로 변형 없이 적용되어야 한다는 생각을 넘어설 수 있게 하기 때문이다. 이 개념은 복제의 정치학을 넘어서 창의성과 지역 타당성이라는 새로운 차원을 고려하게 만든다. 여기에서 간접 학습(indirect learning)을 강조함으로써 우리는 예를 들어 어떤 장소, 지식 또는 아이디어가 완전히 관련 없다고 묵살하는 교조적 태도에 반대하며, 오히려 오독의 창의적이고 불확실한 가능성에 주목하게 된다. '번역'과 같은 개념이나 '이동 이론'과 같은 관점은 간접학습의 가능성을 열고, 단순한 전달(transfer)을 넘어 변형(transformation)까지도 가능하게 만든다. SPARC-그라운드스웰(Groundswell) 교환 사례가 보여주는 것처럼, 북반구-남반구 격차를 뛰어넘는 초지역적 도시학습포럼은 전 세계 지리학적 구분이 갖는 표상적 힘(representational power)에 맞서야 한다. 초지역적 도시 실험실이 강도, 개방성 및 품질에 주의를 기울이고, 정치적 행위자들이 이 관심에 화답을 한다면, 초지역적 도시학습포럼은 점점 더 보편화되고 그 영향력이 커질 수 있다. 그리고 이런 가능성의 씨앗은 종종 장단기의 뚜렷한 시간성 및, 콘퍼런스, 워크숍에서부터 교환 및 인터넷 포럼에 이르기까지 다양한 장소, 조직 및 형식을 포괄하는 공간성을 통해 지속적으로 확장되고 있다.

예를 들어, 도시 연맹(Cities Alliance)은 SDI 같은 운동에서부터 국제환경개발원(International Institute for Environment and Development) 같은 싱크탱크, UN Habitat 같은 국제기관에 이르기까지, 다양한 행위자들을 학습하면서 도시개발전략을 탐색하는 한 가지 느슨한 정부 및 비정부조직(NGO) 연합이다. 그들은 세계 여러 지역에서 점점 더 많은 초지역적 도시학습포럼에 참여하고 있다. 2008년에는 북반구와 남반구의 거대 도시들 간의 '빈민가 개선의 과제(Challenges of Slum Upgrading)'에 대한 교훈을 공유하기 위해 상파울루의 경험을 사례연구로 채택한 상파울루 국제정책대화(São Paulo International Policy Dialogue)에 참여했는데, 여기에는 인도, 나이지리아, 이집트 및 필리핀의 운동가 단체들과 정책입안자들이 참석하기도 했다. 초지역적 도시학습포럼이 더 빈번해지면, 이들은 다양한 행위자들을 인터넷 웹사이트들을 통해 연결하고, 이를 통해서 서로의 정보가 통합되고 조율된다. SDI 역시, 자체 업무를 홍보하고 초지역적 도시학습포럼을 촉진하는 데 있어서 인터넷의 중요성을 인식하고 있다. 인터넷은 정보를 빠르게 전파하고, 연락을 유지하며, 글을 아는 사람들과 컴퓨터 접속이 가능한 사람들의 연결을 유지하는 빠른 수단을 제공한다. 예를 들어, 인도 얼라이언스(Indian Alliance) 웹사이트는 이 글을 쓰고 있는 현재, 운동가들을 위한 데이터 저장소 역할을 할 수 있도록 업그레이드 중이었다(www.sparcindia.org). 이러한 웹사이트들이 '현장에서' 진행되는 초지역적 도시학습포럼과 별개로 간주되어서는 안 된다. 웹사이트는 종종 포럼들의 출현과 유지를 적극적으로 지원하는 역할을 한다(Juris 2008). 얼라이언스(Alliance)의 경우, 2009년 2월에 개최된 마하라슈트라(Maharashtra)주의 실태조사에 관한 마힐라 밀란(Mahila Milan: 여성모임) 워크숍, 또는 2009년 4월 방갈로르(Bangalore)에서 경험을 공유하기 위해 다양한 NSDF 그룹이 한자리에 모인 도시개발에 관한 전국슬럼거주자연맹(National Slum Dwellers Federation, NSDF) 전국회의와 같은 워크숍 및 회의와 함께 웹사이트를 활용한다. 이렇게, 서로 간에 나타났다가 사라지는 흐름 속에서 도시학습포럼의 다양한 형식들은 서로를 지원하고, 또한 그 강도, 개방성 및 품질 향상에 기여한다.

브라질의 주민 참여예산 제도 사례가 보여주는 것처럼, 초지역적 도시학습포럼이 정책과 계획에 영향을 미치려면 주 정부의 헌신이 중요하다. 2009년 6월 말라위, 짐바브웨 및 잠비아의 SDI 연맹들은 나미비아의 SDI 그룹을 방문하였고, 여기에서 고바비스(Gobabis)라는 동네에서 48채의 벽돌집을 함께 건설하면서 이 그룹의 창립 10주년을 축하했다. 이때 총리 및, 시장을 비롯한 다양한 정부관료들이 공사에 참여했다는 사실은 나미비아 SDI 그룹이 정부로부터 얼마나 큰 관심과 지원을 받고 있는지를 나타내준다. 고바비스(Gobabis) 지방자치단체는 2007년 UN Habitat의 모범사례로 수상했다. 이와 같은 초지역적 배치는 학습의 정치와 실천이 일부 남아프리카 및 그 영역을 넘어서 진행 중인 여러 포럼들의 산물이라는 점에서 초지역적이지만, 그 강도, 개방성 및 품질 정도는 도시 빈곤층의 참여에 대한 지역 정부의 약속에 따라 달라진다. 초지역적 도시학습포럼이 성공하려면 관련된 지역의 도시정부가 포럼에 대해 의사결정 권한을 양도하겠다는 약속을 하는 것이 필요하다. 예를 들면, 포르토 알레그레(Porto Alegre) 사례에서 본 것처럼 재분배 예산편성 등을 허용해야 한다. 그러나 초지역적 도시학습포럼은 정부의 약속에만 의존하지 않는다. 적어도 두 가지 다른 요구조건이 있다. 첫째, 포르토 알레그레(Porto Alegre)의 경험이 보여주듯이, 처음부터 강력한 참여 정신을 보장하는 데 도움이 되면서 동시에 빈곤층과 소외된 사람들을 위한 정의에 헌신하는 능동적 시민사회가 필요하다. 둘째, 학습의 가능성은 '차이를 통한 학습'에 대한 개방성, 즉, 직접적인 지식 전달을 위한 학습의 가능성을 축소하기보다는 '번역으로서의 학습'의 가능성에 달려 있다. 여기서 중요한 지리적 과제는 북반구와 남반구의 끈질긴 고정관념을 넘어서는 것이다.

결론

이 장에서는 도시학습의 진보적인 가능성을 촉진할 수 있는 환경들을 살펴보았다. 도시학습포럼은 불평등한 권력관계의 맥락에서 도시 내 다양한 행위자들과 지식이 집단 학습에 참여하기 위해 모일 수 있게 해 준다. 지속적으로 강도, 개방성 및 품질을 촉진할 수 있도록 주의 깊게 관리할 수 있다면, 이러한 학습의 형식은 도시계획을 기존 구조에서 탈피하여 보다 사회적으로 공정한 도시생활방식으로 이끌 수 있는 가능성을 높일 수 있다. 전술적인 학습의 사례로서 포르토 알레그레(Porto Alegre) 주민 참여 예산 제도 프로그램과 같은 도시학습포럼에서는, 포럼이 도시계획의 부속물이 아닌 도시계획 자체 안에 통합되어 있음을 보여주는 증거들이 있다. 주정부가 가졌던 의사결정 권한을 포럼에 양도하는 조건이 마련될 수만 있다면 또 다른 유형의 도시가 출현할 가능성도 생긴다. 이런 종류의 참여적 학습 실험이 자주 일어나지는 않겠지만, 협력적인 대화형 도시학습의 가능성에 대해 지나치게 냉소적인 태도로 우리 스스로를 권력에 굴복하도록 해서는 안 된다고 생각한다. 그러나 도시학습포럼이 도시를 재구성하는 데 능동적인 주체가 되려면, 참여학습실험을 촉진하기 위해 정부의 지속적인 헌신은 물론 시민 사회의 지속적인 압력과 감시가 필요하다. 따라서 그 안에서 포럼은 일회성 이벤트를 넘어 일련의 지속적인 이벤트가 될 수 있으며, 그것을 통해서 '학습 배치'가 생성되고 또한 스스로를 재구조화해 갈 수 있게 된다.

우리가 도시포럼의 범위를 북반구-남반구 전체에 걸친 초지역적 맥락으로 전환할 경우 몇 가지 논쟁점들이 나타날 수 있다. SPARC/그라운드스웰(Groundswell) 임시포럼의 사례에서 드러난 것처럼, 북반구-남반구의 분류는 그에 따르는 일반적 함의 때문에 차이를 통한 학습의 가능성을 저해할 수 있다. 이것과 반대되는 예시를 보여주는 문헌들도 있는데, 예컨대 서로 간의 지식교환이 이 같은 지리적 구분을 붕괴시키고 따라서 새로운 학습을 고취시키는 역할을 할 수 있는 방법들이 제시되기도 한다(Gaventa 1999). 그런 맥락에서, 나는 번역을 통한 광범위한 학습개념이 기존의 환원적 방법으로 학습, 다시 말해서 '유사한' 도시 간의 직접적인 전달(이동)이라는 틀을 넘어서 초지역적 학습으로 확대될 수 있는 가능성을 획득할 수 있다면 그런 학습개념이 오히려 더 유용할 수 있다고 주장했다. 만약 앞의 예시에서 남반구-북반구 구분에 대한 완고한 고집이 걸림돌이라면, 전반적으로 미리 주어진 유사성 기준을 통한 학습보다는 오히려 그 차이를 통한 학습의 중요성에 주목할 필요가 있다. 다음 장에서는 시공간에 걸친 도시 정책 및 계획 이니셔티브에 대한 번역을 비판적으로 논의함으로써 유사성과 차이의 변증법을 발전시키고자 한다.

제5장

순회하는 정책, 이데올로기적 배치

서론

최근 몇 년 동안 도시 정책 및 계획의 지역 간 순회에 대한 관심이 증가해 왔다. 특히 새로운 접근법인 '정책 이동성(policy mobilities)'은 최근 도시 정책이 점점 더 초지역적으로 이동함에 따라 이 과정에서 나타나는 도시정책 '번역' 현상을 비판적으로 고찰하고자 하였다. 이 장에서 나는 이리저리 이동하는 정책들의 아이디어를 구조화하고, 여기에서의 정책 관계성을 통해 발현되는 학습의 양상을 형성해 가는 과정에서 이데올로기가 매우 핵심적인 역할을 담당한다는 주장을 몇 가지 문헌(예: Peck & Theodore 2010)과 함께 제시하고자 한다. 여기에서 나는 두 가지를 제시한다.

먼저 도시정책 이동성(urban policy mobilities)을 개념화하는 중요한 프레임워크를 제공하면서 다음 네 가지 주요문제를 강조할 것이다. 첫째, 정책 학습에 작용하는 권력인데, 이것은 특정 유형의 학습을 촉진하고, 기틀을 마련하거나 구조화하는 권력형태를 말한다. 둘째, 학습의 대상으로서, 정책과 계획이 이동함에 따라 생성되고 제기되는 인식론적 문제영역이다. 셋째, 학습의 양식으로서, 학습의 조직적 성격을 의미한다. 넷째, 학습에서 작용하는 상상력인데, 다시 말해서 학습이 달성하려는 도시 재배치의 이미지를 말한다. 이러한 네 가지 프레임워크를 통해서 나는 이동형 정책학습의 이데올로기와 불평등, 그리고 도시학습 배치를 구성하는 특정 기관의 역할을 비판적으로 조사할 것이다. 나는 정책 및 계획 논의의 맥락에서 이 프레임워크를 발전시키지만, 이것들은 SDI(3장) 또는 도시학습포럼(4장)과 같은 사회운동과 관련된 도시학습의 양식들 속에서 보다 널리 적용될 수 있다. 이 장에서는 이 프레임을 활용하여 앞에서 여러 번 강조한 번역, 조율 및 거주에서 학습 배치를 구조화하는 이데올로기가 무엇인지에 대해 비판적으로 논의한다.

또한 그러한 프레임워크를 개발함에 있어, 나는 도시정책 이동성 연구의 현재주의(presentism)를 깨뜨리고자 한다. 도시를 형성하는 데 있어 초지역적 정책학습의 역사적 역할이 가지는 중요성에 대해 의심하는 학자들은 없겠지만, 이 글은 주로 현재 벌어지고 있는 정책이동성에 초점을 맞추고 있다. 비록 여행과 회의, 연구 견학, 정책 네트워크, 그리고 인터넷의 증가에 힘입어 정책이동성의 범위와 속도가 증가하기는 했지만, 그렇다고 해서 도시정책이동성 자체가 새로운 것은 결코 아니다. 계획자들, 건축가들, 정책담당자들 및 컨설턴트들은 도시를 건설할 때마다 늘 다른 곳의 사례를 참조하여 배우려고 노력해왔기 때문에, 한 도시는 항상 다른 도시들이 생산한 다양한 의제 및 전략과의 관계적 산물이기도 하다. 도시생활방식의 이동성이 가지는 다양한 맥락과 논리 및 형태를 보여주기 위해, 나는 세 가지 특정 시기의 구체적인 도시학습 배치를 살펴보고자 한다.

첫째, 식민지 도시학습 사례에서 나타나는 번역으로서의 학습에 대해 논의한다. 특히 식민지 봄베이(현재 뭄바이)의 도시계획에 초점을 맞추면서, 번역으로서의 학습의 중심형태(1장 참고)인 '비교'가 도시 계획가들이 도시를 학습한 핵심 방법임을 설명한다. 이 도시학습 배치는 인프라 기술로 오염된 도시 자연을 정화하는 '정화된' 도시라는 깊이 있는 물질 개념에 바탕을 두고 있었다. 또한 이 사례는 도시계획가들이 도시를 배우는 독특한 방식을 보여준다. 즉, 도시의 비교학습에서 중요한 것은 단순히 계획형태가 아니라 도시로서 봄베이의 존재였다.

둘째, 모더니즘과 사회주의적 리얼리즘이라는 냉전 이데올로기에 의해 주도되었던 1950년대의 도시계획의 이동성 사례에 대해 논의하고자 한다. 이를 위해, 큰 영향을 미친 건축가 콘스탄티노스 독시아디스(Constantinos Doxiadis)와 그의 바그다드 계획, 그리고 독일민주공화국(GDR) 시절 동베를린의 이데올로기적 계획 사례를 살펴보겠다. 독시아디스와 그의 시각적인 계획은 과학적인 모더니즘적 계획과 도시의 자본주의적인 비전이 결합된 초지역적 학습 배치에서 중심적인 행위자가 되었다. 반면, 사회주의적 리얼리즘은 모더니즘적 계획을 명시적으로 반대했으며, 동베를린에서는 소비에트 모뉴멘탈리즘과 지역적 건축 전통을 결합한 사회주의적 도시 비전을 전파시키려고 했다. 다시 말해 과학적 모더니즘과 사회주의적 리얼리즘의 사례 모두에서 볼 때 우리가 주목하는 것은 그 특정 도시계획이 아니라 그러한 도시를 있게 만든 이들의 '도시라는 일반 개념' 자체에 관한 것이다. 식민지 봄베이와 마찬가지로, 이것들은 이데올로기적으로 구조화된 학습형태를 통해 도시생활방식을 재배치하려는 사회물질적 도시개념이라고 할 수 있다.

셋째로, 나는 이 글에서 어떻게 신자유주의 이데올로기의 본질과 의미가 도시정책이 이동하게 되는 데 영향을 미치거나 혹은 그 안에서 어떻게 학습이 프레임되고, 번역되며, 논쟁될 수 있도록 하는지에 대해 검토할 것이다. 여기에서는 도시 '개발'의 이념(예: 하라레와 과야킬(Harare & Guayaquil)), 도시 '회복'의 이념(예: 카트리나 이후의 뉴올리언스) 및 '창조적' 또는 '스마트' 도시의 이념이 현대 도시정책에 있어서의 학습 배치를 어떻게 구성하는지를 보여주는 다양한 사례를 활용할 것이다. 세계은행 또는 맨해튼 인스티튜트(Manhattan Institute)와 같은 기관 또는 리차드 플로리다(Richard Florida) 및 윌리엄 브래튼(William Bratton)과 같은 영향력 있는 자문가 등은 신자유주의적인 형태의 도시정책이 여기저기 이동하며 확산되도록 하는 데 중요한 역할을 한다. 이 장에서 세 가지 서로 다른 시기를 다루지만, 그 안의 모든 사례들을 다 다룰 수는 없다. 일부의 사례들을 선택할 수밖에 없지만 그럼에도 그것들이 무작위로 선별된 것은 아니다. 선택된 예시들은 이념이 도시학습의 성격 형성에 어떤 영향을 미치는지 명확하게 보여주는 것들 가운데 골랐다. 이 장에서 검토하는 어바니즘의 범위는 정책 어바니즘을 배치해 내는 비판적 프레임워크가, 즉 주로 권력, 대상, 형식과 상상력 등에 조율되어 있는 프레임워크가, 시간이 지남에 따라 도시가 구성되고 배치되는 과정에서, 다른 도시에서 얻은 학습이 어떻게 핵심적인 역할을 하는지 파악하는 데 유용하게 활용될 수 있음을 보여준다. 이 세 가지 서로 다른 기간들에서 관찰되는 사례들은 만약 정책이동의 범위와 속도가 증가한다고 해서 정책 이동성의 강도가 더 강해질 것이라고 가정해서는 안 된다는 점을 우리에게 상기시켜 준다. 정책이동의 영향력은 상황에 따라 다르며, 그것이 변혁적인 영향을 미치기 위해 반드시 빠르거나 용재성(ready to hand, 손안에 있는 것)이 있어야 할 필요는 없다. 예를 들어, 19세기 중반, 영국에서 인도로 아이디어나 인프라 자료가 상대적으로 느리게 이동했다고 해서 그때 이동한 아이디어의 영향력이 덜 강했던 것은 아니다. 정책이동의 성격과 속도와 그 결과적 영향 사이에는 필연적인 선험적 관계가 존재하지 않는다. 이 장은 도시학습의 틀을 마련하는 도구로서 이데올로기에 초점을 맞추는 방식의 한계를 고찰하는 것으로 마무리될 것이다.

정책 번역하기

도시 정책의 정책 이동성을 추적하는 도시연구는 오랜 역사를 가지고 있다. 예를 들면 앤서니 서트클리프(Anthony Sutcliffe 1981)의 '계획된 도시로의 방향', 이안 매서와 리차드 윌리엄스의 편집본(Ian Masser & Richard Williams 1986) '다른 국가에서 배우기: 도시정책 결정의 국가 간 차원', 앤서니 킹(Anthony King)의 식민지 어바니즘에 대한 조사(1976, 1991a, b), 조 나스와 메르세데스 볼레의 편집본(Joe Nasr & Mercedes Volait 2003) '어바니즘: 수입된 것인가 수출된 것인가?', 힐리(Healey)와 업톤(Upton)의 편집본(2010) '국경을 넘어: 국제교류와 계획실천', 또는 맥캔(McCann)과 왈드(Ward)의 편집본(2011) '모바일 어바니즘' 등이 있다. 정책 이동에 관한 주류 문헌들에서는 그 이동성과 번역에 영향을 미치는 권력 관계를 고려하지 않고 단지 분리된 지식과 아이디어가 어떻게 이동하며 학습되는가를 합리적인 차원에서 개념화하려는 경향이 있었다(Rose 1991, 1993; Dolowitz & Marsh 1996; Stead et al. 2010). 저명한 정책 이동에 관한 학자인 리차드 로즈(Richard Rose 1991, 1993)는 정책 이동을 일종의 최적의 정책을 선택하는 합리적인 과정으로 묘사했는데, 즉, 정책이동이란 그 목표를 확인하고, 사용 가능한 정책 대안들을 자세히 검토하며, 이후 정책을 실행하는 과정으로 보았다. 그러나 최근 몇 년간, 도시정책의 이동성이 증가하는 현상을 비판적으로 살펴보는 새로운 연구분야가 등장했다(예: Ward 2006, 2007; McNeill 2009; McCann 2008, 2011; Bunnell & Das 2010; Peck & Theodore 2010; Larner & Laurie 2010; McCann & Ward 2010, 2011). 전통적인 주류 정책이동 관련 문헌에서 정책이동을 어떤 변경되지 않은 지식이 어느 한 환경에서 다른 환경으로 선형적으로 이전되는 과정으로 가정했던 데 반해서, 유진 맥캔(Eugene McCann 2008 출판 예정)이 발표한 '도시정책 이동성'이라고 부르는 분야에 대한 새로운 논문은 이데올로기적 연합과 권력관계를 통해 정책이 어떻게 구성되고 번역되는지, 그리고 지식이 지역적 역사와 관심, 지역 역사와 문제들에 대한 복잡한 현실, 또는 체화된 실천과 물질성을 통해 어떻게 스스로 변화되는지 등에 대해 주목하고 있다. 이것은 정책 이동의 비(非)선형 지리학, 즉 블로그, 회의, 컨설턴트, 커피 마시며 수다떨기, 화려한 문서, 파워포인트™ 프리젠테이션, 정책 유행, 역사적 네트워크 및 문제와 해결책의 이데올로기적 틀 등 —말하자면 이것들은 도시정책 이동을 구성하는 '연결 조직(connective tissue)'이다(McCann 2011: 109; Friedmann 2010)— 다양한 출처와 경로를 통한 정책이동의 양상을 보여준다. 여기서 주목할 점은 전화통화와 이메일에서부터 버스 여행과 점심식사 등 이른바 흔해 빠진 일상적 활동들은 때로는 사람들과 장소 사이의 관계를 형성하고 학습이 어떻게 발생하고 변화하는지를 형성하는 데 있어 중요한 역할을 한다는 것이다(McCann 출판 예정). 이런 접근법은 그 자체가 배치적 사고라고 할 수 있는데, 이것은 사태를 관계적으로 구성할 뿐만 아니라 구체적으로 통합된 외부성, 즉, 혼합된 시공간이 도시 문제와 해결책을 바라보는 특정 방식으로 어떻게 조합되는지에 집중한다.

이렇게 새롭게 등장한 정책이동성에 관한 문헌은 정책이동을 구성하는 이데올로기, 권력관계 및 복잡한 현실을 조사함으로써 나름의 의미 있는 발전을 이루었지만, 그중에서도 로즈(Rose)의 연구는 역사적 관계가 정책 담당자들이 착수하는 일종의 '교훈 도출(lesson drawing)'에 어떻게 영향을 미칠 수 있는지를 분명히 보여주는 데 큰 기여를 했다. 그는 영국에서 정책 담당자들이 정책에 관한 교훈을 얻으려고 할 때 거의 본능적으로 캐나다, 호주, 뉴질랜드, 그리고 특히 미국 같은 나라를 참조하는 경향이 있다고 주장했다. 로즈의 주장에 따르면, 이 나라들은, 정책담당자들이 '공통가치'—예를 들어 자본주의 민주주의나 문화와 같은 것들—를 공유한다고 믿는 국가들이다. '교훈을 얻고자 하는 선출직 공무원들은 자신의 전반적인 정치적 가치와 일치하는 가치를 가진 사람들에게 의존하려고 한다'(Rose 1991: 17). 돌로위츠와 마쉬(Dolowitz & Marsh 1996: 353) 역시 불평등한 권력관계를 과소평가하고, 지식이 이곳에서 저곳으로 필요에 따라 이동한다고 상상하는 소위 합리주의적인 관점에 기초해서 정책 이동성을 이해하였는데, 그는 로즈의 주장을 다음과 같이 되풀이했다. '정책담당자들이 제도적, 경제적 및 문화적으로 비슷비슷한 정치과정로부터 교훈을 이끌어내려고 한다면, 그 참조체제가 될 만한 의사결정 과정에 참여하는 행위자와 아이디어의 수를 넓히는 대신, 오히려 서로에게서 지속적으로 교훈을 이끌어내는 비교적 소규모의 정책이동 과정에 더 힘을 실어줄 필요가 있다'. 이 같은 주장은 정책이전 문헌을 통한 학습의 중요성을 강조하는 데 기여하는 것이며, 나는 이러한 점을 이 장의 여러 예시에서 반복해서 다룰 것이다. 비록 이것이 비판적 도시정책 이동성 접근법이 만들어낸 새롭고 독특한 통찰은 아니지만 적어도 그에 의해서 이런 접근법이 중요하게 채택된 것은 사실이다. 펙과 시어도어(Peck & Theodore 2010: 171)의 주장처럼, 초지역적 정책학습이 겉으로는 실용적인 교환 형태처럼 보이지만, 실제로는 '제한된 이데올로기적 매개변수'의 맥락에서 작동되는 경우가 많으며, 따라서 특정하게 선호되는 솔루션을 겨냥한 집합적인 기술관료적인 프레임에 사로잡혀 있다. '많은 모델들이 애당초에 이동성을 가지는 이유는 어떤 방식으로든지 이데올로기적으로 승인 또는 제재를 받았기 때문이다'.

비판적 도시정책의 이동성에 관한 문헌은 도시연구에서 도시생활방식의 개념화 방식에 대한 보다 더 폭넓은 변화를 반영하며, 애쉬 아민(Ash Amin 2002: 397)이 설명한 것처럼, 도시를 '다양한 정치와 다양한 참여 공간에 대한 참여의 장소'로 드러낸다. 최근의 도시정책의 이동성에 대한 관심 전환은 도시를 관계적 산물로 이해하려는 광범위한 노력의 일환이다. 최근 몇 년간, 도시정책 이동성뿐만 아니라, 몇 가지 예를 들자면 '부메랑' 군사 어바니즘(예: Graham 2009), 이동하는 형태의 도시 보복정책과 응징적 어바니즘(MacLeod 2002; Baviskar 2002; Peck 2003; Swanson 2007; Wacquant 2008) 및 더 일반적으로는 신자유주의 이념의 순환(예: Peck & Theodore 2001, 2008; Peck 2005, 2006)과 같은 다양한 주제들이 연구되어 왔다. 이들의 실질적인 차이에도 불구하고, 해당 설명들은 공통적으로 도시가 다른 도시들과 관계를 맺기 전에는 독립된 경계로서 이해될 수 없다고 본다(Amin & Thrift 2002; Massey forthcoming 2007). 여기서의 주요 과제는 초지역적 학습 배치를 형성하는 데 작용하는 힘(권력)의 형태를 비판적으로 조사하는 것이다.

도시정책이 이동하는 경로가 정치적 엘리트 인식 공동체(epistemic communities)의 경로인 경우가 많다는 점을 감안하면, 정책학습에는 본질적으로 배타성이 내재되어 있다고 볼 수 있다. 피터 하스(Peter Haas 1992)는 특정 정책 영역의 전문가 집단으로서의 인식 공동체는 다음을 공유하는 공동체라고 설명했다. 즉, 자신들의 행동에 대한 가치기반 근거를 제공하는 규범적이고 원칙적 신념, 일반적인 인과적 신념 또는 전문적 판단, 지식을 검증하는 상호주관적이며 내부적으로 정의된 기준에 기반한 유효성에 대한 통념, 공통의 정책사업 등이다. 이러한 공동체의 형성은 '정부 간(초정부적) 네트워크'(isse-Kappen 1995: 4), '국가정부의 하위 단위에서의 주정부관료들과 국제기구들 간의 네트워크'에 대한 연구에 잘 담겨 있다. 인식공동체와 정부 간(초정부적) 네트워크 모두는 가치, 규범 및 아이디어의 초지역적 번역에 큰 영향을 미치지만, 해당 접근법은 종종 지식의 이동과 학습 과정에서 발생하는 우연성, 비선형 과정, 이데올로기 및 다양한 권력 의존성을 추적하는 데 한계가 있다. 이는 신생 도시정책 이동성 논쟁의 중요한 초점이다.

존 알렌(John Allen 2003, 2004)의 연구는 지식이 여러 공간-시간을 통해 번역되는 방식을 구성하도록 하는 다양한 권력을 식별하는 데 유용하다. 알렌(Allen)은 공간성이 어떤 특정한 방식으로 권력의 양식이 생성되도록 한다고 주장했지만 그것이 편협한 공간적 결정론을 의미하는 것은 아니다. 여기에서 어떻게 특정 장소가 가지는 물질적 맥락이나 '여기'와 '저기'를 연결하는 공간성의 범위에 주목할 수 있는가 하는 것인데, 왜냐하면 바로 이것들이 권력이 형성되는 방식을 결정하는 핵심 지점이기 때문이다. 알렌의 연구는 여러 가지 권력의 범주들, 예컨대 지배, 권위, 조작 및 유혹 등을 가리키고 있는데, 이 개념들은 그 성격과 범위에 있어서 서로 다르다. 지배(dominion)는 선택의 여지를 좁히기 위해 신속히 작동하며 먼 거리에 걸쳐 더 효과적일 수 있지만, 권위(authority)는 근접성과 현존(존재)을 통해 가장 효과적으로 작동하며 일상적으로 사람들을 규범에 맞게 정렬시키고 특정 규범을 내재화하기 위해 노력한다. 권위가 지속적인 인정을 필요로 하기 때문에 존재가 직접적일수록 영향도 직접적이다. 반면에, 협상할 외부 이해관계자의 수가 많을수록, 혹은 자원의 조합이 더 다양할수록, 권위가 방해받을 가능성도 더 커진다. 조작(manipulation)은 권한보다 공간적 도달 범위가 더 넓을 수 있는데, 그 이유는 광고 캠페인이나 기업 개발 개입과 같이 의도를 은폐해야 할 수도 있고, 규범을 내재화할 필요도 없기 때문이다. 유혹(seduction)은 공간적 도달 범위와 함께 성공적으로 작동할 수 있는 보다 겸손한 형태의 권력으로, '거부하거나 무관심할 수 있는 가능성이 있다는 것은 그 실천을 위한 핵심사항'이다(Allen 2004: 25). 다양한 힘의 형태들이 공간과 시간에 따라 매개되기 때문에, 조작은 예를 들면, 유혹이나 권위가 될 수 있다.

물론 다른 여러 가지 서로 다른 권력의 형태들이 있다. 유인(inducement)에는 도시 비정부기구(NGO)의 주정부 계약(Ferguson & Gupta 2002; McFarlane 2008c, 2009a) 같이, 규정준수를 확보하기 위한 금전적 인센티브가 포함될 수 있지만, 강압(coercion)에는, 주정부 또는 NGO의 기부자 지원 모니터링 같이, 모니터링 또는 목표설정이 포함될 수 있다(Mawdsley et al. 2001). 권력은 도구적일 수도 있고, 다른 사람들이 그렇지 않으면 하지 않았을 방식으로 행동하도록 만드는 일련의 행위일 수도 있고, 연합적일 수도 있으며, 공통의 의지를 형성하는 것일 수도 있다. 권력의 지리학에 대한 알렌의 위상적(topological) 개념의 맥락에서 볼 때, 권력, 공간 및 학습 사이의 관계는 복잡하다. 학습은 가까이에서 반복적으로 권위적 생각을 재생산하는 일이 될 수도 있고, 멀리서 지배를 통해서 대안적 지식과 관점을 차단할 수도 있다. 또한 그것은 학습을 기반으로 한 보상을 통해 유인될 수 있거나, 또는 공통 의지를 형성하는 과정에서 이루어진 초지역적 연대로부터 영감을 얻을 수도 있다. 이러한 다양한 권력 양식은 보다 상식적인 개념으로서의 패권(강압과 동의를 통한 합의의 이념적 발효)이나 통치성(특정한 행동을 규제하는 기술을 통해 해결해야 할 '문제'와 '해결책'의 구분)의 개념을 통해 설명되고 구축되며 확장해 가기도 하지만, 가장 중요하게도 그것들은 공간을 가로지르는 권력이 어떻게 다중적이고 종종 동시적으로 변형되는지에 관심을 둔다. 이런 의미에서 그것은 초지역 간 도시 학습 배치(translocal urban learning assemblage)의 관계적 토폴로지, 즉 그것들이 어떻게 번역되고, 조율되고, 거주되는지를 설명해 준다. 나는 이 장에서 정책 및 계획 학습이 이동성을 통해 어떻게 발생하는지를 살펴보는 데 있어 알렌의 권력의 유형론(typology)을 활용할 것이다.

도시정책 이동성 문헌은 도시 신자유주의의 '블랙박스'를 열고 정책학습이 실제로 어떻게 형성되는지 밝히는 중요한 기회를 제공한다(Ward 2006). 그러나 이 연구를 주도하는 연구자들은 현대 도시정책 배치의 궤적을 형성하는 데 있어서 역사의 중요성을 인식하고 있기는 하지만, 그럼에도 불구하고 지금까지 이 연구는 주로 현대에 집중된 경향이 있었다. 독자들에게 도시정책 이동성이 어떤 식으로든 새로운 것처럼 느껴질 수 있다는 점은 사실 의도하지 않은 결과이다. 19세기 중반, 제2차 세계대전 이후 초기, 그리고 현대 이후 기간의 특정한 초지역적 도시정책학습 사례를 조사할 때, 이 장은 현재주의적 접근방식의 논거를 흔드는 한편, 학습이 이런 맥락에서 어떻게 발생하는지에 대해 검토할 것이다(곧 출간될 Clarke 참조). 우리는 '빠른 정책이전'의 시기에 살고 있지만(Peck & Theodore 2001, 2010), 여전히 도시정책학습의 비판적 틀을 통해 볼 때, 이들과 근본적으로 다른 본질과 맥락을 가진, 오랫동안 이어져 온 다양한 도시정책학습의 역사가 존재한다는 점을 잊지 말아야 한다.

피에르-이브 소니에(Pierre-Yves Saunier)(예: 1999, 2001, 2002)가 우리에게 상기시키듯, 도시정책은 오랜 기간 동안 변화해 왔으며, 구태여 '새롭다'고 말하기는 부적절하다. 지방자치단체 '도시국제화(urban internationale)'

의 생성—프랑스 도시에서 형성되어 처음에는 유럽과 북미 도시를 연결했다가, 1940년대에는 남미, 아시아 및 아프리카 도시를 연결하였다—은 20세기 초반에는 패트릭 게데디스(Patrick Geddes), 폴 오틀레(Paul Otlet) 및 알버트 토마스(Albert Thomas)와 같은 주요 도시 계획 전문가들의 박애주의적 정신에 의해 주도되었고, 카네기재단, 록펠러재단, 포드재단, 국제노동사무국(ILO), 국제연맹(League of Nations)과 같은 기관의 지원을 받았다. 소니에(Saunier 2001)에 따르면, 이 초지역적 교환을 주도한 것은 대서양 횡단 전화, 저렴한 항공여행 또는 도시의 성장과 같은 기술적 진보가 아니라, 어바니즘이 도시미래와 진보적인 변화의 중심을 모두 구성하고 있다는 이들 개인과 기관들 사이의 인식이었다. 이렇게 함으로써, 이 이질적인 운동은 도시에 —세계적 현상으로서— 보편주의적이고 전문가 중심의 현대화가 필요하다는 프레임을 씌웠으며, 특히 미국의 계획, 주택 및 정부의 현대화에 대한 논쟁과 연결시켰다. 소니에(Saunier 2002: 520)가 쓴 것처럼, 연결을 주도하는 기본적인 신념은 다음과 같았다. '만약 마을이 이 행성의 미래라면, 현대의 어바니즘은 모든 도시에서 동일한 문제를 가진 정치 당국 및 기술 당국과 맞서야 하므로, 경험의 교환은 의미 있는 활동이 되고 그 결과는 국경을 초월할 수 있게 된다. 이것은 1913년에 열린 제1회 국제도시연맹(Union Internationale des Villes) 의회 및 2000년의 대서양횡단 시장정상회의(Transatlantic Summit of mayors)의 메시지이기도 했다'(Andick Clarke의 지방자치 단체의 자매결연(twinning)과 교환에 대한 연구 참고, 2009, 2010).

비교학습: 번역과 식민지 어바니즘

나스르와 볼레(Nasr & Volait 2003)가 보여준 것처럼, 초지역적 도시 정책 학습(translocal urban policy learning)은 새롭지 않다. 식민지 도시계획에 관한 문헌은 이 점에서 교훈적이다. 봄베이(Bombay)는 캘커타(Calcutta)나 마드라스(Madras) 등과 같은 다른 인도의 항구도시들 혹은 유럽제국 전역의 많은 다른 도시들처럼, 비교학습을 통해, 유럽 담론적인 계획과 개선 과정을 통해 발전된 혼종 도시(hybrid city)이다(Headrick 1988; Rabinow 1989; Wright 1991; Chattopadhyay 2009; King 2004; Hosagrahar 2006; Legg 2007, 2008; Harris 2008; McFarlane 2008a). 식민지 라고스(Lagos)에 대해 쓴 간디(Gandy 2006: 375)는 영국 식민지 행정관들이 '이 항구를 '서아프리카의 리버풀'로 어떻게 변모시키려고 했는지'를 설명했다. 페레라(Perera 2005)는 패트릭 게데스(Patrick Geddes)와 같은 영향력 있는 개인들과 1915년 주택조례(Housing Ordinance)와 같은 법률을 포함한 다양한 행위주체들에 의해 중재된 식민지 콜롬보(Colombo)에서의 수정된 영국의 도시계획 담론이 어떻게 식민지 도시에 대한 자본주의적 관점을 통해서 가난한 사람들을 소외시켰는지에 대해 설명했다. 그는 영국의 전문가들이 '자신이 알고 있는' 대로 영국의 산업도시 문제들을 인지했으며, 스리랑카 도시들보다는 영국 도시들의 미래를 위한 계획을 제안했다고 주장했다. 식민지 프로젝트를 수행해 가는 데 학습은 필수적인 요건이다. 데렉 그레고리(Derek Gregory 2000)는 식민지 여행자들이 보통 봄베이나 카이로의 거리시장 같은 데에서 명백히 동양적인 혼돈을 느꼈고, 그것을 그들에게 익숙한 규칙성이나 계급 구조로 변화시키려고 시도했다고 기술했다. 그레고리(2000: 308, 313)는 영국

빅토리아 시대와 에드워드 시대의 고급 문화의 오리엔탈적 인식론의 중심에서, '객체적 지식으로서 동양을 포착하고 소유하려는 관점을 가진 [종종 남성중심적인] 주체의 능동적인 욕망'을 묘사하였는데, 이것들은 종종 '주입식 학습, 도시 장소 및 광경에 대한 초기-테일러주의적 규율' 등을 매개로 하였다.

도시계획자들도 그들이 관리하는 식민지 도시들을 익숙하게 학습해 나가는 방식으로 그것들을 소유하려고 욕망하였다. 실제로 해리스(Harris 2008)가 주장한 것처럼, 오늘날 탈식민주의 학자들이 자주 사용하는 심각하게 불평등한 권력 관계가 담겨있는 명칭들—카리브해의 메티사쥬(métissage, 이종교배)와 크레올라이제이션(creolization, 혼성화), 라틴아메리카의 트랜스컬처레이션(문화이식), 인도의 하이브리다이제이션(hybridization, 혼종화)—은 식민지 맥락에서 도시 계획자 등의 실천적 관계 형태를 이해하기 위해 개발된 용어들이다(Young 2001). 식민지 혼성화(혼종화)에 대응하기 위한 시도들은 여러 아이디어, 대상 및 사람들이 상호작용하는 과정에서 권력 및 그 변화의 본질에 대한 중요한 논쟁에 부딪쳤다. 이 장에서는 19세기 중반 봄베이의 도시계획 맥락에서의 식민지 비교학습의 한 예로 '인간과 동물 배설물로 오염된 도시로 간주되던 도시의 위생계획'을 다룬다. 1장에서 주장한 대로, 도시비교에는 서로 다른 도시사례에 대한 번역이 포함되는데, 이는 초지역적 학습에서 매우 중요하다.

식민지 도시계획의 여정을 조사하면서, 19세기 중반 봄베이에서 중요한 공중보건 당국자인 헨리 코니비어(Henry Conybeare)가 작성한 영향력 있는 보고서 하나가 눈에 띈다. 코니비어는 1850년대에 봄베이 보존위원회의 보수(수선) 감독이었다. 그가 1852년 위원회에 보고한 '봄베이의 위생상태 및 위생요구사항에 대한 보고서(Report on the Sanitary State and Sanitary

Requirements of Bombay)'는 위생에 대한 지방정부의 이해를 높이는 데 중요한 공헌을 했다(Dossal 1991). 내가 이 보고서를 강조하고 싶은 이유가 두 가지 있다. 첫째, 그것은 도시정부가 위생을 문제라고 인식하고, 공중보건을 해결책으로 인식하게 하는 데 영향을 미쳤다. 코니비어(Conybeare)와 같은 주요 지역공무원들과 아서 크로포드(Arthur Crawford)와 토마스 G. 휴렛(Thomas G. Hewlett)(둘 다 시의 구청장들), 그리고 '빅토리아 시대 영국에서 늘어나고 있던 공중보건 운동에 깊은 영향을 받은' 병원 내부감사실장인 앤드류 리스(Andrew Leith)와 같은 다른 주요 공무원들은 이러한 위생개혁을 옹호했다(Dossal 1991: 125; McFarlane 2008c). 코니비어는 지방당국과 정부가 시민들에게 건강한 생활환경을 제공할 의무가 있다고 믿었으며, 에드윈 채드윅(Edwin Chadwick)과 존 사이먼(John Simon)과 같은 영국 개혁자들과 자신을 동일시했다. 둘째, 이 보고서는 위생이라는 문제를 공중보건을 통해 해결하기 위한 중심 수단으로 식민지와 명시적으로 비교해 가면서 그들의 주장을 전개한다. 배수와 같은 위생 해결책은 그와의 관계 속에서 구상되었으며, 메트로폴(유럽 본국 영토)과 식민지 간에 명확한 계급구조가 유지되도록 학습 배치가 형성되었다. 그의 권고사항 중 많은 부분과 정부의 다른 권고사항들이 그 도시에서 일반적인 위생 관례와 서로 상충되었다(델리에 대한 Hosagrahar 2006 참고). 결과적으로 비교학습을 통해서 거버넌스의 중요한 지표들이 자리 잡았으며 자원, 마찬가지로 이러한 학습을 통해서 전문성 및 제도의 구축이 가능한 방향으로 정책담론이 형성되었다.

오염된 도시를 본 코니비어(Conybeare)에게 영국의 기술, 특히 하수도, 화장실 및 상수 공급은 중대한 문제였다. 그러나 그는 무엇보다도 투자가 집중되어야 하며 건강 개선과 사망률 감소를 가장 쉽게 이룰 수 있는 분야는 바로 배수라고 보았다. 그러나 코니비어(Conybeare)는 배수의 중요성에 대한 자신의 주장을 뒷받침할 만한 봄베이의 데이터가 부족하다고 인정했다. 그 후 그의 주장에서는 봄베이 자체에 대한 언급은 거의 사라졌다. 그는 (봄베이의) 배수 개선의 필요성을 입증하기 위해 봄베이의 지리적 특성에는 거의 중점을 두지 않았고, 오히려 메트로폴(유럽 본국 영토)을 더 강조하였다. 아이러니하게도 코니비어(Conybeare)는 봄베이에 대한 지식이 부족했고, 그로 인해서 그 문제들이 해결되지 않고 계속되었다.

> 우리는 신뢰할 수 있는 인구조사나 연간 사망률 자료와 같은 위생통계의 가장 기본이 되는 기초 자료조차 없다. 50만 명의 주민을 보유한 우리 도시는 (6가지의 지방 자치 및 위생 목적에 관해서 분할되어야 하나) 제대로 행정구나 그 하위 구획으로 나누어지지 않았다. 경찰과 인구조사를 위해 집마다 한 가지 번호가 부여되어 있고, 집 가치 평가를 위해 또 다른 번호가 부여되어 있다. 사실 통일성과 체계성이 전반적으로 필요하다(1852: 2).

네이티브 타운(원주민 마을, Native Town)에 대한 정보는 특히 별로 없다. 엘리트들은 '아프리카 내륙에 대해 거의 아는 바가 없는 것처럼' 네이티브 타운에 대해 거의 알지 못했다. 현지 데이터가 부족하기 때문에 코니비어(Conybeare)는 '봄베이의 연간 사망률을 감소시키는 데 있어서 위생 개선의 효과가 무엇인지 보여주기 위해' 영국 위생 통계에 의존할 수밖에 없었다(1852: 3). 도살(Dossal 1991: 128)은 코니비어(Conybeare)의 보고서가 '1850년대 초 봄베이 타운의 절망적일 만큼 열악한 배수 및 하수 시스템에 대한 생생한 설명'을 하고 있다고 주장했지만, 식민지와의 비교에 중점을 두고 있다는 건 결국 이 보고서(142페이지 분량)에 해당 도시에 대한 내용이 거의 없다는 것을 뜻한다.

코니비어(Conybeare)에게는 영국과 봄베이 간의 큰 차이에도 불구하고 그 비교의 유용성은 크게 줄어들지 않았다. 예컨대 그는 봄베이는 영국의 도시보다 인구가 더 많으며, 만일 개방된 배수구와 오수 구덩이가 영국인의 건강 및 사망률에 영향을 미친다면, 봄베이와 같이 장마가 오는 열대기후에서는 더더욱 그럴 것이라고 주장했다. 코니비어(Conybeare)는 런던의 배수로 지도와 사망률, 열병 및 질병 지도 사이에 상관관계가 높다면, 봄베이도 마찬가지일 것이라고 주장했다. 여기에서 그는 봄베이로 시야를 돌려 남쪽의 엘리트 A구(포트(Fort), 에스플레네이드(Esplanade) 및 콜라바(Colaba))와 북쪽의 E구(마자곤(Mazagon), 타르와리(Tarwary), 캄마티 푸라(Cammatee Poora), 파렐(Parell) 및 세브리(Sewree)) 간의 차이는 결국 배수되는 공간과 배수되지 않는 공간의 차이라고 지적한다. 코니비어(Conybeare)는 영국의 위생 권고를 학습의 기초로 사용하고 있었으며, 그 과정에서 봄베이의 위생 지리를 적극적으로 생산하고 있었다. 영국 도시들에서의 위생통계는 '뚜껑이 덮여 있는 배수구의 부족'으로 인해 '많은 구체적인 수'의 사망이 발생한다는 것을 보여주었는데, 코니비어(Conybeare 1852: 17)는 초과 사망률의 약 20%가 오직 그 이유 때문이라고 주장했다. 맨체스터(Manchester)와 찰튼(Charlton)에 관한 긴 발췌문은 마치 자신을 대변하듯, 그리고 마치 그 자체로서 문제가 해결될 수 있는 것처럼, 제시되어 있다. 그는 봄베이에서 살아가는 동안 현지연구에 착수하지 않았고, 봄베이의 위생 문제와 해결책을 다른 곳의 지식을 기반으로 바라보는 방식을 통해 배우려고 했다.

코니비어와 여러 다른 식민지 관리자들은 '(원)주민들'에게 위생규정이 강제로 시행되어야 한다고 믿었으며, 그들이 공중보건 규칙을 자발적으로 준수하지 않을 거라 의심했다. 즉, 질병의 원인을 사람보다는 장소에 두고 배수 및 개인 위생의 필요성을 강조하는 채드윅(Chadwick)식의 강조와 일맥상통한다. 코니비어(Conybeare 1952: 22)는 영국의 경찰 증거를 바탕으로 '위생 개혁은 본질적으로 경찰청의 개선 사항이며, 범죄, 불결 및 높은 사망률이 상호 공존하는 것으로 나타난다'고 주장했다. 여기서 코니비어(Conybeare)는 '불결함'과 '부도덕성' 사이의 직접적인 연결을 도출하면서 질병과 범죄가 유사한 공간에 공존하는 화이트채플(Whitechapel)과 글래스고(Glasgow)의 일부 지역을 재조명했다. 경찰과 위생을 연관시킨 것은 아마도 코니비어가 위생을 지방자치단체 계획 의제에서 더 주목을 받게 하려는 의도 때문이었을 수 있으나, 사실은 그 이상을 의미한다. 바로 문화적 우월주의라는 식민지 이데올로기를 반영하고 있는 것이다. 영국에서는 대중의 공공의식이 높아지면서, 상하수도를 분리하고, 새로운 개발지는 화장실을 구비해야 한다는 규정을 따르고, 공공장소에서는 볼일을 보지 않는 등, 사람들이 더 위생적인 행동을 할 것이라는 어느 정도의 믿음이 있었지만, 코니비어(Conybeare)는 무엇보다도 동료인 시 관리인 앤드류 리스(Andrew Leith 1864: 25)가 말한 소위 '믿는 데 시간이 걸리는' 사람들에 대한 믿음이 없었다. 코니비어(Conybeare)가 공중보건을 위해 경찰 예산을 줄이려고 했지만, 그럼에도 다른 한편에서 지방자치단체의 집행을 통해 치안이 유지되어 위생이 개선되기를 원하기도 했다.

이런 식의 비교의 문제를 제기할 때, 나는 개념적인 견고함의 문제보다 더 중요한 것은 이 같은 조치에서 나타나는 식민지 도시정부에서 학습의 형태로 나타나는 비교 담론적 권력의 정체가 무엇인가 하는 것이다. 코니비어(Conybeare)의 보고서는 종종 '문제'의 범위와 무엇을 해야 하고 어떻게 해야 하는지에 대한 정당성을 이해하고 측정하기 위한 가장 중요한 기초인 여러 가지 비교들로 가득 차 있다. 그는 적어도 보고서에서 봄베이와 그 주민들이 아닌, 단지 도시 영국의 생활조건과 영국 위생운동의 가속화되는 모멘텀을 통해 오염된 도시를 이해하는 방식의 논리에 대해서는 어떤 의문도 제기하지 않는다. 봄베이는 종종 영국의 계획담론의 그늘 아래에서 이해되었다. 코니비어가 이용한 식민지 비교방식, 즉, 어떤 장소를 영국 모델에 비추어 이해하고 측정하는 방식으로, 결국 식민제국의 이해관계가 가지는 정당성을 강조하는 동시에 해당 도시 주민들의 견해와 실천을 식민지 권력에 도전할 수 있는 혼종성과 반대되도록 주변화한다(Morton 2000).

이 식민지 도시학습 사례에서 중요한 것은 특정 정책 개입 문제를 넘어서 도시를 어떻게 개념화할 것인가 하는 것이다. 이렇게 도시를 광의로 바라볼 때 그 위에서 작동하는 비교학습은 두 가지 방식이 있을 수 있다. 첫째, 도시비교를 통해서 봄베이는 일종의 현대 도시로 간주하는 출발점이다. 차크라바르티(Chakrabarty 2002: 66)가 주장한 바와 같이, 질서, 경찰, 시민의식 및 특정 종류의 미학 등에 대한 관심을 종합해 보면, 공중 보건 및 위생에 대한 논쟁은 광범위한 근대성 프로젝트와 분리될 수 없다. 오염된 도시를 불결한 장소, 나쁜 공기 및 질병, 그리고 좁은 거리 및 범죄 또는 반항적인 행동 등으로 이해하는 방식은 그 자체가 근대적 도시의 특정 개념을 기반으로 그 도시 공공 공간을 바라보는 것과 같다. 코니비어(Conybeare)는 무엇보다도, '인도인 구역(쿼터)의 좁고 꼬불꼬불한 미로 같은 골목길을 정리하여 그 안에 곧게 뻗은 거리를 만들어 배수를 용이하게 하고, 교통흐름을 빨라지게 하고, 통풍이 개선되게 할 것'을 권고했다(Dossal 1991: 130-1). 그런 관점에서 공중보건은 자연, 사회 및 인프라를 모두 포함하며, 인프라는 그 지역 개선을 계획하고 평가하는 더 넓은 맥락에서 매우 중요한 역할을 한다. 샤란(Sharan 2006: 4906)은 식민지 델리(Delhi)와 관련하여 다음과 같이 제안했다. '식민지 도시의 인프라는 상징적인 범위에서 가장 강력하게 작동하며, 그 근대성이 바로 임박했다는 모양새를 보여준다. 비록 실제로는 그 근대성이라는 것이 끝없이 지연되고 있지만'. 근대성이 지연된 만큼, 공적 및 사적인 영역에서의 근대성 역시 전복되어 있는데, 예컨대 인도인들은 개방된 공공장소에서 세탁하거나 옷을 갈아입고, 잠자고, 소변 및 배설까지 거리낌 없이 수행한다. 이것은 연결망을 통해 새로운 주체성을 꾀하려는 개혁가들의 인내심을 시험하기에 충분했다(런던에 대한 Otter 2004 참고). 예를 들어, 앤드류 리스(Andrew Leith 1864: 15)는 정부가 완전히 없애기 어렵다고 생각하는 봄베이의 공공장소에서의 '무례한' 습관에 대해 불평했다. '포트(Fort)나 네이티브 타운(Native Town)에는 막혀있는 벽 아래의 땅 중 소변에 젖지 않거나 소변을 위한 웅덩이로 사용되지 않는 곳이 거의 없다… 예의와 상관없이 이 관행은 방치되고 있다'. 심지어 벌칙을 내릴 수 있는 위원회가 있음에도 불구하고, '법이 무엇인지에 대한 단순한 선언을 무시하는 것처럼, 가장 혐오스러운 종류의 불쾌한 행위가 벽 아래에서 매일 밤낮으로 이루어지고 있다'(Leith 1864: 16). 이런 무질서한 공간들은 특히 포트(Fort), 콜라바(Colaba) 및 말라바 힐(Malabar Hill)의 지역에서 거대한 고딕 건물, 넓은 거리 및 열린 공원이 있는 유럽구역(쿼터: European quarter)의 질서와 완전히 상반되었다(London 2002). 차크라바르티(Chakrabarty 2002: 68)가 주장한 바와 같이, 이 두 가지 서로 다른 공간은 근대주의적 욕망과 대중적 관행 사이의 영원한 차이를 반영한다. 비교학습을 통해서 우리는 행정가들이 도시를 현대적인 도시로 본다는 것이 어떤 것인가를 깨닫게 해 준다.

둘째, 도시비교는 봄베이의 위생 인프라에 대해서뿐만 아니라 도시를 통치하는 방법을 학습하는 것도 포함했다. 여기에는 두 가지 단계가 있다. 첫째, 봄베이는 영국 도시들과 다르기 때문에 도시로 기능하지 않는다고 보는 비교 '인식'이다. 코니비어(Conybeare)는 봄베이를 영국 도시와 비교하여 각각의 지역에서 위생에 얼마나 진전이 이루어졌는지를 측정했다. 그는 영국에서 위생운동이 세 가지 영역을 통해 진행되었다고 주장했다. 첫째, 입법 영역에서, 둘째, 대부분의 대도시에 있는 지방 자치단체에 지방정부를 설립함으로써, 셋째, 의회 위원회가 발전시킨 위생 공학으로 인한 배수비용 절감을 통해서 보았다. 코니비어(Conybeare)는 잉글랜드의 각 영역을 봄베이의 상황과 비교했으며, 봄베이가 잉글랜드의 기준을 충족하지 않는다고 불평했다. 예를 들어, 잉글랜드의 지역 건축법은 보다 엄격하게 실시되어, '잉글랜드 도시의 거리와 건물이 대단한 규칙성을 갖도록' 만들어졌다(1852: 8). 코니비어(Conybeare)는 특히 '플리머스, 리버풀, 런던 등의 잉글랜드 대도시에서, 지금은 전반적으로 채택된 지방자치 단체 법규, 위생 법령 및 위생 공학에 대한 개선된 시스템'을 기준으로 인도 및 봄베이에 영국의 개선 방법의 적용 가능성을 조사했는데, 모든 분야에서 봄베이가 부족하다는 사실을 발견했다(1852: 10). 그는 봄베이가 인구에 대비 하수도 평균비율이 영국의 5분의 1밖에 되지 않는다고 불평했다. 또한 그는 계속해서, '반면에, 봄베이에서는 하수관이 방수가 되지 않고 지표면에 가까이 놓여 있으며, 토양은 건조한 기후로 인해 수분이 닿으면 모조리 흡수한다'라고 했는데(1852: 26), 이 모든 것이 가정 내 배수장치가 없어서 더욱 복잡해졌다. 가정내 배수를 개선하면 물이 토양에 버려져 건조되는 대신, 폐수가 하수도로 흘러들어가 유량을 증가시키고, 영국 하수도 같은 하수도를 만들 수 있을 것이라고 했다

통치 가능한 공간으로서의 도시 개념을 발전시키는 데 있어서 두 번째 요소는 정부 자체를 생성하는 것이다. 오염된 도시가 문제일 경우 공중 보건을 그 해결책으로 보는 것은 단순히 정부의 영역이 아니라 정부 자체를

생산하는 것이다. 공무원들은 인구 조사나 사망자 수와 같은 데이터 수집 기술을 통해 도시에 대해 배우고, 지식을 창출하고 조직하는 개념적 렌즈를 통해 도시를 시각화하고 개선을 구상하려고 했다. 공중 보건에 대한 광범위한 관례는 여기서 중요한 조직 프레임 중 하나였으며, 위생 인프라가 그 핵심이었다. 다른 프레임들은 타운 계획(콜롬보에 대한 Perera 2005 참고), 혼잡(델리에 대한 Legg 2007 참고), 법과 질서, 군사안보, 교통, 가스 등을 중심으로 형성되었다. 다양한 프레임들이 조율되는 과정에서 우선순위가 결정되고, 무역항구로서의 봄베이에 대한 인식이 그 자체로 도시라는 인식으로 변해갔다.

이 같은 비교학습 사례는 이 장의 시작 부분에서 언급된 도시정책 학습을 평가하기 위한 프레임워크, 즉 권력-대상-형태-상상에 초점을 맞추는 프레임워크와 어떤 관련이 있는가? 알렌(Allen 2004)의 설명에 따르면, 이 식민지 비교학습 사례에서 작용하는 권력형태는 유혹(seduction: 현대적이고 깨끗한 도시에 대한 기술적인 약속), 유인(inducement: 예를 들어 —비록 권력형태가 종종 저항을 받거나 무시되더라도— 법규준수를 보장하려는 시도인 벌금,) 그리고 도구적 권력(instrumental power: 화장실 사용 또는 하수구에 폐수를 방류하는 것 같이 다른 사람들이 특정 방식으로 행동하도록 설계된 일련의 인프라)의 조합이었다. 때로는 권력 형태가 공존하거나 서로의 형태로 번역되기도 했다. 예를 들어, 유인과 도구적 권력은 때로는 경찰 집행의 형태로 권위적인 권력으로 변할 수 있다. 학습의 목적은 깨끗하고 현대적이며 서구화된 순환적 도시의 개념을 심어 주는 것이었으며, 학습의 조직적 형태는 영국의 도시위생 및 공중보건 문서 이해를 통한 계층적 비교주의의 형태였다. 여기서 작용하는 상상은 오염된 도시가 깨끗하고 정돈되고 현대적이며 영국인의 눈에 더 친숙하게 되는 오염된 도시의 상상이다. 종합해 보면, 본

사례에서의 비교 도시학습의 권력, 대상, 형태 및 상상은 일상적인 인도 도시 주거가 아닌 영국의 지식과 기술이 학습의 기준점이 되는 서구 식민지 모더니즘의 계층적 이데올로기였다.

이데올로기와 전후 도시계획

제2차 세계대전 이후 몇 년 동안, 정책담당자들, 건축가들 및 계획가들로 이루어진 도시학습 배치를 형성한 냉전시대 도시 지정학을 통해 이데올로기적 식민지 어바니즘의 다양한 형태들이 만들어졌다. 이 장에서는 이에 대한 두 가지 중요한 예인, 악명 높은 그리스 계획가이자 건축가인 콘스탄티노스 독시아디스(Constantinos Doxiadis)의 작업과 동베를린의 사회주의 계획에 초점을 맞추고자 한다. 독시아디스(Doxiadis)는 1950년대부터 1960년대까지 이어진 미국 냉전시대의 도시정책에서 중요한 인물로 중동과 아프리카 전역에 '민주주의'와 '자유시장'의 가치를 심어주겠다는 목적으로 새로운 도시를 디자인했는데, 대부분이 원주민 전통을 무시한 것들이었다. 독시아디스(Doxiadis)는 인간 정착의 과학인, 'Ekistics(1955년에 그가 창간한 저널의 이름)'를 추구했다. 가나, 잠비아, 수단, 파키스탄, 이라크, 미국 등 다양한 장소의 도시를 위해 설계한 그리드아이언 모더니스트 계획(gridiron modernist plans)은 모두 포드재단(Ford Foundation)의 지원 덕분에 가능했다(Provoost 2006). 지식을 통해 소유하려는 식민지적 욕망을 반영하여, 어바니즘의 네트워크 개념을 제공하기 위해 동맥, 심장 및 혈류에 대한 생물학적 은유에 영향을 받아 그가 작성한 차트 및 통계는 계획을 통해 통제할 수 있다는 환상을 만들어 냈다(Wigley 2001). 실제로 네트워크라는 아이디어는 독시아디스(Doxiadis)가 자신의 계획 및 건축 형식을 배우고 전파하려는 방법의 핵심이었다. 예를 들어, 그는 이상적인 네트워크 도시의 모델로 거미줄 개념을 사용했고, 1963년에 그는 여러 회의 중 그리스 해안의 선박 위에서 열린 첫 번째 회의에 마샬 맥루한(Marshall McLuhan)과 벅민스터 풀러(Buckminster Fuller, 나중에 세계 Ekistics 협회 회장이 됨) 등 여러 주요 학자들과 실무자들을 불러 모았다. 이러한 네트워킹 작업을 통해서 Ekistics 전도사들이 탄생하였다(Wigley 2001).

마크 윙글리(Mark Wigley 2001)는 독시아디스(Doxiadis)가 글로벌 도시 확산에 집착했다고 주장했다. 독시아디스(Doxiadis)에게 중요했던 일련의 네트워크들은 포드 재단과의 협력을 통해 생겨났는데, 이 네트워크는 포드 재단의 열정적인 반공주의와 독시아디스(Doxiadis)의 과학적 모더니즘 간의 결합을 가능하게 했다. 포드재단과의 연계는 1950년대 중반 카라치(Karachi)에 대한 연구와 함께 시작된 것으로, 프로부스트(Provoost 2006)가 말한 독시아디스의 상당한 카리스마와 정치적 네트워크를 구축하는 그의 능력에서 일부 기인한다. 한센과 베르카익(Hansen & Verkaaik 2009)과 마찬가지로, 우리는 이것을 그의 도시 인프라파워라고 말할 수 있다(제2장). 포드재단은, 포드재단이 후원하는 하버드-MIT 도시연구 공동센터를 포함하여, 미국 외교정책, 기업 및 대학의 요소를 통합한 배치를 제공했다. 이것은 지속적인 피드백 프로세스, 즉, 특정 도시에만 국한되지 않고 자본주의적 민주주의 '자유'와 과학적 모더니즘(현대성)이라는 강력한 어바니즘 이데올로기를 통해 통합된 도시학습 배치를 만들어냈다. 한 가지 예는 바그다드를 계획하는 데 있어서의 독시아디스(Doxiadis)의 역할이 있다. 그의 역할은 포드재단과 서구 현대화를 수용하려는 이라크 정권에 의해 가능해졌지만, 영국과의 오랜 관계에서 벗어난 것이기도 했다.

독시아디스(Doxiadis)의 강력한 새 이미지는 모바일 어바니즘을 구성하는 중요한 요소였는데, 이는 과학으로서의 그의 도시계획 브랜드 및 미래 도시를 시각적으로 강렬하게 기입(inscription)하도록 했다. '그는 연구 결과와 설계를 그리드, 차트, 다이어그램(도표), 계획서로 제시'했는데, 적어도 겉으로 보기에는 객관적이고 합리적인 것처럼 보였다(Provoost 2006). 이것이 과학적인 '공식'처럼 보이는 것과 결합하자, 독시아디스(Doxiadis)의 계획에 숨은 상상력은 경쟁자인 미국이나 유럽의 회사들이 주장하는 바그다드 계획보다 더 유혹적이었다. 테오도시스(Theodosis 2008: 169)가 쓴 것처럼, '독시아디스(Doxiadis)의 관리기술과 그가 인간 정착이란 과학을 만들어 낸 계획 방법론인 Ekistics의 다(多)학제 접근방식은, 이라크가 지나칠 수 없는 매력적인 공식을 구성했다'. 학습에 작용하는 힘은 대안적 어바니즘의 가능성을 차단하여 과학으로서의 계획(planning-as-science)이라는 권위 있는 담론의 형태로 나타났다. Ekistics*는 현지 집단 및 토착 어바니즘과의 대화적 학습을 통해 논의되는 모델이 아닌, 이미 학습된 도시발전의 '진리'로 제시되었다. 물론 이 과학적 현대주의적 접근은 비(非)서구 사람들을 '합리적'이며, 따라서 '문명화된' 사람들로 교육시키고 소비에트 스타일에 반대한다는 포드재단의 목표와 밀접한 관련이 있다. 포드재단에게, 이런 전환의 목표는 비정상적으로 퍼져있는 독시아디스(Doxiadis)의 '운송수단적 어바니즘(vehicular urbanism)'에서 도시학습의 대상이 무엇인지를 규정하고 생성하도록 했다(McLennan 2004; Peck 출판 예정). 3장에서 사회운동과 관련하여 논의한 것처럼, 문서, 이미지, 모델 등과 같은 물질적 요소들은 특정 형태의 도시학습의 영향을 촉진하는 데 중요한 역할을 할 수 있다. 이 일은 회의,

* 역자 주: 1955년에 그가 창간한 저널의 이름.

저널, 모델, 계획서, 차트, 다이어그램(도표) 등의 형태로 조직화되었다.

독시아디스(Doxiadis)가 설계한 곳 중 하나인, 티그리스(Tigris) 강 동쪽 기슭에 있는 바그다드의 광활한 빈민촌, 사드르 시티(Sadr City)는 현재 현대전의 중심지가 되었다. '혁명의 도시(City of the Revolution)'라는 의미의 마디나트 알 타우라(Madinat al-Thawra)로 이름이 바뀐 사드르 시티(Sadr City)는 좁은 골목길이 있는 정사각형 콘크리트 건물이 빽빽한 저층의 고밀도 개발지인 동네 단위가 대규모로 반복되도록 계획되었다. 이는 바그다드를 위한 독시아디스(Doxiadis)의 마스터플랜의 일환으로, 시장 건물, 공공 서비스, 모스크를 중심으로 한 공동체 센터를 중심으로 1985년부터 건설되었다. 아랍 모티브를 광범위하게 사용하여 장식한 패널 등 현지 기술과 건축 방법이 계획에 일부 포함되었으나, 지역의 문화적 도시 전통과 정체성은 대체로 무시되었다. 독시아디스(Doxiadis)가 나중에 '다이노폴리스(Dynopolis, 역동적인 도시)'라고 부른 그의 어바니즘은 오래된 도시의 도시 밀집도가 갖는 공적 역할을 인식하지 못했으며, 좁고 어두운 골목길임에도 불구하고 구시가지 거리가 지니고 있는 엄청난 사회적 가치를 간과했다(Pyla 2008). 또한 이 계획은 '지역 사회와 하위 지역 사회가 서로 깔끔하게 맞물릴 수 있다는 선형 계층적 논리의 제약을 받았다'(Pyla 2008: 12). 예를 들어 파일라(Pyla 2008: 15)는 도시계획에서 '지역' 전통의 핵심 요소인 소위 '가십 광장(gossip squares)'에 대한 관심이 이라크의 공적 생활, 강한 사회 이질성, 또는 현대성에 대한 열망을 깊이 이해하기보다는 오리엔탈리즘적 향수를 더 만족시켰기 때문에 잘못된 것이라고 주장했다. 여전히 모듈식 기능 계획에 사로잡혀 있는 가십 광장, 공중목욕탕(hamams) 및 모스크는 마스터플랜의 웅장한 형식적, 사회적 질서에 흡수되었다. 또한 주택 단위의 미세기후(microclimate)는 구 시가지의 이동식 지붕을 갖춘 진흙 오두막에 비해 불리했다. 명목상의 시책이었음에도 불구하고, 이렇게 지역 전통을 통합하려는 시도는 적어도, 자본 민주주의에 대한 도시 계획의 '성공'이 원래 이라크 행정관에게 깊은 인상을 주었던 권위 있는 목소리에 달려 있는 것이 아닌, 번역에 의한 학습의 결과로 연합적으로 형성된 공통의지에 어느 정도 달려 있다는 인식을 반영하게 되었다.

실제로 과학으로서의 계획(planning-as-science)이라는 권위를 통해 특정 브랜드의 도시학습을 촉진하려는 시도는 독시아디스(Doxiadis)와 포드재단이 예측하지 못했던 방식으로 번역되었다. 테오도시스(Theodosis 2008)가 주장한 바와 같이, 사드르 시티(Sadr City)의 주택 건설이 독시아디스(Doxiadis)의 마스터플랜상 일정보다 지연되면서 현지 행위자들이 현장에서 계획을 어설프게 손을 보았기 때문에 주택양식과 밀집도가 상당히 달라졌다. 일반적으로 설명하자면 이들은 바그다드의 다양한 사람들이 실제로 도시 공공 공간을 사용하는 방법에서 시작하지 않고, 서양식 계획에서 공공 공간을 건설하는 논의부터 시작하였기 때문에, 이 계획은 지역사회의 결속력을 다루는 데 실패했다. 또한 이 계획은 도시의 미래성장을 고려하지 않았기 때문에, 새로운 이민자들에게 있어서 도시 주변부 비공식(무허가) 주택 말고는 다른 선택지가 거의 없었다. 게다가 건축과 계획을 둘러싼 논의가 재개되면서 이라크에서는 1960년대에 지역 건축 전통에 대한 초점을 다시 찾으려는 건축운동이 발생하게 되었다. 학습 배치를 구성하는 시간과 공간은 이데올로기적이라고 생각하기 쉽지만, 사실은 다중적이고 비선형적이다.

독시아디스(Doxiadis)가 냉전시대의 이념 중 한쪽을 대표하여 그의 도시 재배치 브랜드를 홍보(촉진)하는 동안, 스탈린에 의해 홍보(촉진)된, 현대주의적(모더니스트) 계획에 명시적으로 반대하는 사회주의 리얼리즘은, 특히 스탈린이 1953년에 사망할 때까지, 소비에트 연방 전역에서 지배적인 사조가 되었다(Strobel 2003). 동베를린에서, 사회주의 리얼리즘은 안뜰이 없는 베를린의 전통적인 고층건물—또는 마천루가 규모 면에서 반사회적이라고 여겨지면서, '중층'이 더 보편적으로 사용되었다—로 번역되었는데, 이는 비위생적이고 너무 조밀한 것이었다(Strobel 2003: 133). 이것은 기념비주의와 고전주의의 경향과 함께 장식적인 디테일을 허용하는 고전주의 경향과 결합되었다. 이에 대한 중요한 예가 웅장하면서도 복잡한 스탈린 알레(Stalin Allee: 지금은 칼 마르크스 알레, 그림 5-1 참조)로, 동베를린에서 가장 멋진 거리이며 폭은 90미터, 길이는 2km에 이른다. 이탈리아 건축가 알도 로시(Aldo Rossi)가 한 때 '유럽의 마지막 위대한 거리'라고 묘사하기도 했던 칼 마르크스 알레(Karl Marx Allee)는 프리드리히스하인(Friedrichshain)을 거쳐 미테(Mitte)까지 뻗은 거리로 1952년부터 1960년까지 초창기 독일민주공화국(GDR)에 의해 건설되었으며, 제2차 세계대전 후 동독 재건 프로그램의 대표적인 건설 프로젝트였다. 이 거리의 길이와 너비는 미학적 효과를 위한 것도 있었지만, 탱크 및 매년 동독의 노동제 행진을 위한 것이기도 했다. 이는 매우 중요한 상징성을 지니고 있었으며, 이것은 도심을 기념비화하는 '1935년 모스크바 일반계획(1935 General Plan for Moscow)'의 노선을 따라 동베를린에 새로운 사회주의 센터를 개발하기 위해 채택된 더 광범위한 계획의 일부였는데, 그 대부분은 실현되지 않았다. 이 거리(avenue)는 몇 명의 건축가들에 의해 설계되었는데 —각자 서로 다른 구역을 책임졌다 — 전후 초기 사회주의 건축의 특징인 기념비주의와 베를린의 구체적인 건축 전통을 혼합하기 위해서였다. 이 거리에는 소비에트 연방의 여러 지역에서 볼 수 있는 사회주의 리얼리즘의 zuckerbackerstil(과장된 장식의 건축 양식) 또는 '웨딩케이크' 스타일로 설계된 여덟 층짜리 건물들이 즐비해 있다. 그러나 베를린의 역사를 바탕으로 건물을 건축적으로 번역하려는 시도를 했기 때문에 이 건물들은 모스크바의 건물들과 다르다. 특히 파사드(건물의 외관)에는 종종 전통적인 베를린 모티프가 담겨있다. 대부분은 건축용 세라믹으로 덮여 있고 기둥이 있는데, 이는 이 도시의 건축 역사와, 특히 이 도시의 많은 박물관 작품을 디자인한 19세기 초 베를린 건축가 카알 프리드리히 쉰켈(Karl Friedrich Schinkel)의 신고전주의에 대한 동의를 의미한다.

계획된 스탈린 알레(Stalin Allee)의 첫 번째 부분을 이루는 갤러리식 아파트들이 보여주는 것처럼, 1948년경까지 동베를린의 도시계획은 모더니즘 양식을 따랐다. 그러나 정부가 이 실험을 비난하면서, 스탈린 알레(Stalin Allee)의 나머지 부분은, 대칭되는 건물들, 메인 거리, 도시광장 및 블록 주변 건축과 같은 사회주의 리얼리즘의 일반적인 특징인 바로크 전통에 따라 설계되었다. 거리(avenue)의 나머지 부분은 헤르만 헨젤만(Herman Henselmann)과 리차드 폴릭(Richard Paulick) 등 표면적으로는 사회주의 건축양식으로 전향한 전(前) 모더니스트들에 의해 설계되었다. 헨젤만(Henselmann)은 전후 동베를린의 사회주의 건축환경을 형성하는 데 있어 중요한 역할을 했다. 그는 모스크바에 조금 일찍 지어진 주요 정부건물과 호텔에 설치된 타워들(towers), 특히 모스크바 중심부를 가로지르는 웨딩케이크 양식의 7개의 기념비적인 건물을 짓는 모스크바의 '일곱 자매(Seven Sisters)' 프로젝트를 바탕으로, 거리(avenue)의 동쪽에 있는 유명한 프랑크푸르트 토르 타워(Frankfurter Tor towers)([그림 5-1])를 설계했다. 그는 베를린 중심에 많이 있었던 쉰켈(Schinkel)이 설계한 건물들의 꼭대기에 있는 돔의 영향을 받았다. 그러나 모스크바에서 베를린의 지역 전통을 강조하고 있었음에도 불구하고, 독일 건축가들이 사회주의 리얼리즘 내에서 그에 대한 대체 양식을 표현하기란 매우 어려웠다.

[그림 5-1] 주거용 건물과 프랑크푸르트 토르(Frankfurter Tor)를 보여주는 칼 마르크스 알레(Karl Marx Alle)(저작자의 허가하에 사용)

동독의 도시 계획자와 건축가들은 '적절한 소비에트 건축 및 계획의 경험과 원칙'에 대해 배우기 위해 모스크바를 방문했다(Strobel 2003: 136). 초기 모스크바 방문에서 주목할 만한 점은, 소련 건축가들이 동독의 건축가들과 도시계획자들이 도입한, 문화, 사회 정체성, 전통이 결여된 단조로운 디자인에 실망하여, 현지에 맞는 건축과 계획을 촉구했다는 점이었다. 스트로벨(Strobel 2003: 137)은 한 사절단에 대해 다음과 같이 기록했다. '사절단은 소련에 6주 이상 체류하면서 사회주의 리얼리즘의 건축양식, 건설방법 및 도시설계 원칙을 연구했으며, 강사들과 함께 '도시계획의 16가지 원칙(Sixteen Principles of Urban Planning)'이라는 선언문을 작성했는데, 이 문서는 동독의 재건프로그램은 소련 모델을 토대로 한다는 선언문이었다'. 이 원칙에는, 예를 들어, 도심의 기념비주의에 집중하고, '서구'의 것으로 여겨지는 정원도시를 금지하며, 중앙 광장과 강변에 중점을 두는 것 등이 있었다. 이 원칙들이 도시학습 배치의 가장 핵심적인 참조 기준점 역할을 하는 한에서 하나의 진리 체제(a regime of truth)를 구성했다. 모스크바는 비록 독일 현지 전통을 강조했음에도 불구하고, 스트로벨(Strobel)은 실제로 독일의 건축가들이 실험할 수 있는 여지가 거의 없었다고 보았다(교환 프로그램을 통해 중국으로 소련 도시계획 관행을 보급하게 된 내용은 Wang 2010 참조).

이러한 논의들은 성문화된 지식에 침전된 교조적 지시들이었으며, 1950년대 중반 독일민주공화국(GDR)에서 거의 그대로 정책화되었다. 실제로 1950년대의 동독의 어바니즘은 종종 모스크바를 주요 사례로 보도하면서, 법규준수(compliance)에 따른 학습, 즉, 규범 학습에 기반을 두고 있었다. 이런 원칙에서 벗어나 모더니즘적 계획처럼 보이는 방향으로 택한 건축가와 도시계획자들은 종종 계획 매체를 통해서 공개적 비난을 받았다. 이런 이유로, 소련의 계획가들이 지역 전통을 통합시키겠다고 명확히 밝혔음에도 불구하고 대부분의 구 동구권 국가들 사이에서의 도시 건축 및 계획에 이 같은 점들이 유사하게 나타난다. 사회주의 리얼리즘이 빠른 속도로 그리고 강한 영향력을 바탕으로 이 도시들에 미친 영향력은 그 이데올로기의 짧은 수명을 감안할 때 더욱 두드러진다. 흐루쇼프(Krushchev)가 모스크바에서 권력을 장악한 후 사회주의 리얼리즘은 저렴하고 신속하게 건설되는 고층 모더니즘으로 빠르게 대체되었다. 이렇게, 빠르고 광범위한 도시학습이 퍼진 이유는 그러한 교조주의에 비협조할 경우 감당해야 할 공개적 노출에 대한 두려움 및 지속적인 세뇌 때문으로 생각된다(Strobel 2003). 사회주의 리얼리즘에서 학습의 목적은 인간들이 만들어낸 기념비주의라는 도시적 상상을 통해 서구 자본주의 모더니즘과 차별되는 어떤 이미지를 만들어내는 것이었다. 독시디아스(Doxiadis)가 홍보하는 '과학으로서의 계획'과 대조적으로, 여기서 학습에 작용하는 힘은 세 가지로 설명될 수 있다. 지역 전통에 동의함에도 불구하고 대안을 차단함으로써 얻는 지배(domination), 진보 감시를 통한 강압(coercion), 그리고 순종을 이끌어내기 위해 공포와 협박을 이용한 유인(inducement)이다. 사회주의 리얼리즘을 통한 조직적인 학습의 형태는 독시디아스(Doxiadis)의 과학적 모더니즘과 마찬가지로 네트워크, 회의, 연구 여행 및 저널 등의 형태를 띠고 있다. 1950년대의 도시계획 및 디자인 사례가 굉장히 불평등한 권력 관계의 맥락에서 아이디어, 사람, 자본 및 물질성으로 구성된 초지역적 도시학습 배치를 형성하는 데 있어 이데올로기의 중요한 역할을 지적하고 있다면, 인터넷과 국제 여행의 증가로 인해 나타나는 도시학습의 이동성에서도 중요한 변화의 지점이 나타나고 있었다고 볼 수 있다. 다음 장에서는 현대 도시정책 학습의 정치학에 대해 살펴본다.

신자유주의 도시학습 배치

순회하는 도시생활방식(travelling urbanism)이 새로운 현상은 아니라 하더라도, 도시생활방식이 다양한 장소, 사람, 대상 및 과정을 통해 새롭게 조합되는 경우가 점점 늘고 있다. 그 예로서, 정치인, 정책 전문가, 컨설턴트, 운동가, 출판물 및 보고서, 미디어, 웹사이트, 블로그, 회의, 동료 간 교류 등이 있다. 맥캔과 왈드(McCann & Ward 2010: 175)는 이에 대해 다음과 같이 언급했다.

> 혁신의 물결이 점점 더 자주 도래함에 따라, 도시정책에서는 조화로운 '혼란(churning)'이 확인되었는데, 새로운 아이디어와 계획이 이전 것을 점점 더 규칙적으로 대체한다. … 따라서 현대 정책의 입안은, 모든 규모에서, 전문 출판물과 보고서, 미디어, 웹사이트, 블로그, 전문가 인맥, 기성 정책에 대한 입소문을 통한 정책환경과, 규격화된 정책 및 모범사례를 끊임없이 '스캔'한다.

최근 도시정책 이동성에 대한 연구가 등장하기 시작한 것은 이러한 맥락에서부터이다. 정책 이동성은 뉴욕과 상파울루 같은 도시를 통한 보복주의적(revanchist) 정책의 순환에서 시작하여 세계은행 또는 맨해튼연구소나 헤리티지재단과 같은 싱크탱크에 의해 선전되는 이동하는 자유-시장경제 이념과(Stone & Denham 2004; Stone & Maxwell 2004; Peck 2006), 상하이와 싱가포르에서부터 뭄바이 또는 델리에 이르기까지의 유혹적인 '성공' 스토리에서 이끌어 낸 도시 기업가주의의 변형에 이르기까지, 또는 널리 퍼진 도시 중심부 재개발을 위한 '새로운 어바니즘' 운동에 따른 '커뮤니티와 부티크 라이프스타일의 판매'에 이르기까지(Harvey 2008: 32), 지역의 역사와 정책 맥락을 통해 복잡한 방식으로 번역된다. 물론 때로는 학습이라는 것이 어떤 명목적인 것이나 이미 알려진 것을 확인하거나 기존의 정치-기업적 의제를 지원하는 것에 불과할 수도 있다. 많은 경우 도시학습은 대화와 성찰보다는 직간접적 시행이나 지시의 과정으로 축소될 수도 있다.

많은 현대도시의 정책 입안자들에게 학습은 국제적 기부자, 특히 세계은행과의 개발원조 및 대출계약의 맥락에서 이루어진다. 세계은행이 도시개발정책 논의에서 점점 더 중요한 역할을 해오고 있지만(Ramsamy 2006), 지난 20년 동안 이미 세계은행은 '개발을 위한 지식'에 관한 담론을 촉진하는 거의 유일하며 가장 중요한 국제기구였다(예: 영향력 있는 1999년 세계개발보고서, 개발을 위한 지식(1999 World Development Report, Knowledge for Development) 참조). 이 과정에서 세계은행은 은행 자체적인 신자유주의적 지시가 반영된 지식과 학습을 촉진한다고 비판받거나, 혹은 외부 파트너와 출처를 통해 학습하기보다 내부 학습 전략에 지나치게 관심을 기울였고, 다른 인식론적 전통, 지식생산문화 및 인식 방식을 배제하고 정보통신 기술(ICTs), 특히 인터넷과, 글로벌 개발 네트워크(Global Development Network) 등 비용이 많이 드는 고급 전문기술 네트워크의 주도하에 학습을 기술적 결정론적 실천으로 축소시키고, 또한 학습을 직접적인 지식 전달의 선형적인 과정으로 좁게 생각한다는 등의 다양한 비난을 받아왔다(Mehta 1999, 2001; King & McGrath 2004; McFarlane 2006a). 현재까지 세계은행의 지식 및 학습 이니셔티브의 대부분은 국제 모범사례에 대한 세계은행의 헌신이 가장 극명하게 표현된 정보와 지식의 집적에 치중해 있다. 세계개발보고서(World Development Reports) 또는 열악한 도시환경에 대한 유엔 해비타트 의제(UN's Habitat Agenda)와 같은 문서에 나와 있는 국제 모범사례는 기부자들이 갖고 있는 신뢰를 여러 나라에서 수집된 균질화된 데이터를 기반으로 증거하는 방식을 택하고 있다. 이는 '문제'와 '해결책'을 만들어서 도시 개발의 진리를 통치하고, 대안을 차단하며, 해답으로서 유혹적인 모델을 빠르게 확산시키려는 시도를 하는 조율을 통한 학습의 한 사례이다.

톰린슨(Tomlinson 2002)은 이데올로기적 확신 때문에 정책 및 계획 집단에서 다루는 논의의 범위와 도시발전의 잠재적 형태가 상당 부분 제한된다고 주장했다. 그 결과, 이후 발생하는 도시학습의 종류에서는 다양한 대안과 지역적 특이성이 배제되었다. 그는 남아프리카공화국 도시 맥락에서 세계은행이 민영화된 서비스를 제공하는 것부터, 도시재구성 계획의 수립 과정에서 HIV/AIDS의 중요성을 전혀 고려하지 않는 것까지 다양한 사례들을 제시했다. 그는 세계은행의 '미션'에 대해 썼는데, 그것은 세계은행이 촉진하는 학습의 한 가지 집중 조직화된 형태를 띠고 있었다(2002: 381).

> 세계은행의 임무는 지역 정책 환경에 대한 사전지식을 필요로 하지 않는다. 오직 빠진 것은 데이터였다. 모든 국가에 적용되는 것으로 가정된 모델과 현지 조건을 알려주는 다른 국가의 데이터를 통합하면 균질화 효과가 발생할 수밖에 없다. 이렇게 국제 모범사례는 자기 충족적으로 된다.

이러한 맥락에서, 이데올로기는 도시정책 학습의 본질을 형성할 뿐만 아니라, 학습을 대체할 수도 있다. 만일 지역적 증거가 기존 입장을 뒷받침하기 위해 특정한 방식으로 위치화되고 번역을 통해 조작되는 위험성만 없다면 말이다.

세계은행 수석경제학자이자 전 경제고문인 데이비드 엘러먼(David Ellerman 2002: 286)은, 세계은행을 기존의 공식적인 견해를 희생하면서 새로운 학습은 장려하지 않는 '개발 교회(development Church)'로 묘사했다. 그는 학습에 기여할 수 있는 지역 지식의 종류는 세계은행과 같은 기관의 '공식적인 견해'를 고수함에 따라 제한된다고 주장했다. 엘러먼(ibid.)은 '도그마(교리)로서의 브랜드화된 지식'에 대해 다음과 같이 주장했다.

> 교회 또는 정당 모델은 지식-기반 발전 원조의 표준 '전파' 또는 전송-벨트 방법론과 완벽하게 부합한다. 이 기관은 자신들이 최상의 '개발을 위한 지식'을 보유하고 있다고 믿고 있으며, 다양한 형태의 원조를 미끼로 개발도상국 수령자들을 전향시켜서 이를 전달한다.

물론 쿰바야-센크웨와 루람보(Kumbaya-Senkwe and Lumambo 2010)가 잠비아의 도시수자원 관리와 관련하여 보여주는 것처럼, 이것이 정책 입안자들이나 민간 사회 단체들이 세계은행의 지시를 단순히 따른다는 것을 의미하지는 않는다. 세계은행이 선호하는 옵션은 세 개의 수자원 공기업을 하나로 통합하여 민간 통제를 강화하는 것이었지만, 현지 도시 정부 행동가들은 이에 반발하고 세계은행의 주장을 공개적으로 비판했다. 실제로 현지 정책 담당자들은 세계은행의 이미지를 현지에 귀기울이지 않는 외국 식민주의자로 포장할 수도 있었고, 이로 인해 누가 권력을 가진 결정권자인지에 대한 논쟁을 일으켰다. 하지만 일단 타협안이 나오자, 세계은행은 결정적으로 잠비아 정부의 지지를 업고, 재정적 채찍을 사용하여 그 인기 없던 계획을 밀어부쳤다. 쿰바야-센크웨와 루람보(Kumbaya-Senkwe and Lumambo 2010)의 연구는 '민영화'와 같은 개념이 반드시 세계은행에서만 비롯되어 전파되는 것은 아니며, 오히려 국내(현지) 대 외국 지식이라는 단순한 구도를 무너뜨리는 배치를 통해 발생한다는 점을 상기시키지만, 그럼에도 세계은행은 특정 장소의 학습을 형성하는 데 중요한 이데올로기적 역할을 수행한다.

람사미(Ramsamy 2006: 171)가 보기에 지난 30년간 세계은행은 도시에서의 '린 어바니즘화(lean urbanization)'라는 신자유주의적 이데올로기를 적극적으로 추진해 왔는데. 이것은 도시빈민들에게 더 효과적이고 효율적인 서비스를 제공한다는 명분으로 실시된 국가 지출 축소, 인프라 및 서비스의 민영화 공약, 공공 주택 제거 등의 정책을 말한다, 람사미(Ramsamy 2006: 168-9)는 1980~1990년대에 저소득자를 위한 주택에 대한 도시 빈민들의 지불 능력을 악화시킨 린 어바니즘이 짐바브웨에 미친 영향에 대해 조사했다.

> 저소득층 도시주택에 대한 세계은행의 시장지향적 접근방식은 짐바브웨에서 최저 빈곤선에 미치지 못하는 720만 명의 사람들의 삶의 개선에 거의 영향을 미치지 못했다. '시장의 마법(magic of the market)'에 대한 다국적 개발기관(세계은행)의 근본주의적 믿음과 긴축재정은 증가하는 불평등에 대처할 수 있는 실행 가능한 전략을 제공하지 못했을 뿐만 아니라 사실상 이를 악화시켰다.

도시 서비스의 시장화가 여기서 우리가 학습할 대상이라면, 세계은행이 후원하는 도시개발 학습에 작용하는 힘 가운데는 모델 및 모범 사례를 만들어냄으로써 그 대안을 차단하는 지배(dominion)가 포함되는 경우가 많다. 이 모델과 모범 사례는 정책 담당자들 사이에서 학습을 구조화하고 매혹적인 기성 '솔루션'을 제공하는 조율 장치로 작동한다. 이것도 하나의 학습 양식이라면 그것은 특정한 세계은행 지식을 강요하는 한편, 다른 한편으로는 지역의 문제나 우려 등을 거들떠도 보지 않는데, 이러한 방식은 실제로 널리 활용되는 경향이 있다. 외부 지식이 지역 지식보다 우월하다는 믿음은 앞서 언급한 식민지 도시학습에서 나타나는 현상과 일맥상통하지만, 세계은행이 우월한 지식을 보유할 수 있었던 이유는 그 문명적 우월성에 있는 것이 아니라 지식 체계화를 통해 이미 확립된 자칭 '국제 모범사례'

를 학습한 '지식은행'이라는 독특한 위치 때문이다. 단기 프로젝트 같은 조직 형태는 세계은행의 영향력을 증대시키며, 그 목표는 경쟁력 있고 효율적인 자본주의 도시라는 신자유주의적 상상력을 현실화하는 것이다.

물론 '린 어바니즘화(lean urbanization)'의 담론을 통해 구성된 도시학습 형태를 전파하는 것은 세계은행만이 아니다. 예를 들어, 슈나이더와 수서(Schneider & Susser 2003)가 '상처입은 도시'라고 부르는 신속한 회복이 필요한 도시들은 종종 신속한 신자유주적 도시학습형태의 먹잇감이 된다. 슈나이더와 수서(Schneider & Susser 2003)가 편집한 모음집은, 대규모 기업 개발자들이 종종 세제혜택 등을 활용하여 훼손된 경관을 어떻게 표적으로 삼는지를 보여준다. 동시에, 바그다드, 카불, 베이루트와 같은 전쟁으로 폐허가 된 도시에서는 신자유주의 세계화가 다양한 권위자들에 의해 글로벌 '보건'으로 가는 길로 제시된다(ibid. 18; Graham 2009). 이데올로기적 전략은 창조적 파괴의 현장으로서 자본주의 도시의 역할과 관련하여 이해되어야 한다. 데이비드 하비(David Harvey 2003: 25-6)는 도시의 재배치과 관련하여 다음과 같이 주장했다.

> '새로운 기술, 새로운 형태의 조직, 전 세계에서 유입되는 급속한 인구 유입(현재 지구의 구석구석에서)에 따른 자본축적이 확대되고 물리적, 사회적 환경에 새로운 공간 형태와 스트레스를 부과함에 따라, 그들은 낡은 것을 해체하고 새로운 것을 탄생시키라는 자본주의 명령에 따라 춤을 춘다'.

여기서 문제가 되는 것은 도시 정책담당자들이 다른 도시들을 어떻게 이용할지 또는 '도시 밖에서' 토론을 어떻게 이끌어 낼지에 대한 문제뿐만 아니라, 도시문제가 어떻게 지배적인 이데올로기에 의해 구성되는지에 대한 질문이다. 일부 의제들은 창조적 파괴가 어떤 비전을 달성해야 하는지에 대한 비전들을 전파하는데, 여기에서 도시 문제와 해결책을 구성하는 이 프로세스 자체가 일종의 도시학습의 능동적인 과정이다. 예를 들어, 2002년 허리케인 카트리나(Katrina)로 뉴올리언스가 폐허가 된 후 뉴올리언스의 자유시장적 보수적 구조조율을 선전하는 맨해튼연구소(Manhattan Institute)의 역할에 대한 연구에서, 제이미 펙(Jamie Peck 2006: 705)은, 보수 지식인들이 뉴올리언스 인구의 대다수를 차지하는 흑인들을 보호하는 데에 실패했다는 비난에 대해 적극적인 방어적 태도를 취했으며, 방향을 잃었던 초기의 공백상태에 이후, 어떻게 뉴올리언스를 자유시장적 재건이 필요한 도시로 공격적으로 프레임을 씌웠는지를 보여주었다.

카트리나 이후 환경에서 보수적 이데올로기가 나름의 정치적 효능감을 발휘할 수 있었던 이유는 바로 도시 쟁점과 문제를 새롭게 프레임화할 수 있는 능력 덕분이었다. 이는 감세(tax cut)를 '세금경감(tax relief)'으로, 복지축소(welfare retrenchment)를 '복지개혁(welfare reform)'으로 재구성하는 싱크탱크(연구소)의 '보수적 논평 편집과 상세한 정책옹호'를 통해 발생했으며, 여기에는 맨해튼연구소가 뉴올리언스의 불우한 환경에 맞는 휴대용 도시 변혁 모델을 재구성하고, 도덕적 재건[예: '책임 있는' 지역사회와 핵가족을 옹호하는 신앙 집단을 통해](Peck 2006: 705-6)을 위한 충격치료 프로그램, 사회통제 및 경제훈련[예: 지출삭감 및 기업 건축업자들을 통해]을 옹호하는 것 등이 있었다. 물론 그러한 재구성은 단순히 보수적인 싱크탱크에 의해서만 강요된 것이 아니었고, 지역 정책 입안자들이 보수적 도시 담론을 순순히 '따르는' 것만도 아니었다. 대신, 미연방 자금을 절박하게 필요로 하는 약체화된 도시, 부시 백악관의 공격적인 보수주의, 그리고 특정 한 도시 '진리'—미국의 용어로, 한때 좌파 중심의 도시였던 곳에 자유시장을 재건해야 할 필요성—를 필수불가결한 것으로 서사화하는 연구소들과 우파 주류 언론의 지속적인 노력은 이에 대한 저항이 거의 없는 유혹적이고 조작적인 신자유주의 도시학습 배치를 구성할 수 있었다. 이 예시에서, 도시학습은 절망적인 상황에 있는 도시정치의 문제를 매력적으로 보이는 특정 도시 진리를 적용하는 문제로 축소된다. 여기서 학습의 대상은 긴급한 개혁이 필요한 상처 입은 도시들이었으며, 그 개혁에서 작용하는 상상력은 재정적 '책임'과 도덕적 '책임' 그리고 통제였다. 이전의 세계은행 논의에서와 마찬가지로, 이러한 상황에서의 학습은 지식의 배타적 변증법에 대한 신념—특정 집단의 네트워크가 '해답'을 가지고 있다는 주장—과 지역의 욕망과 지식에 대한 무지를 통해 전개된다.

도시발전의 미래에 관한 논의에서 학습은 점점 더 매력적인 논의 주제가 되어 간다. 최근 몇 년 동안 수많은 도시가 '지식 도시'(Castells 1996), '창조 도시'(Florida 2002, 2005; Peck 2005) 또는 '스마트 도시'(see Hollands 2008)로 지정된 사례가 있었다. 위와 같은 담론들이 도시 정책담당자들로부터 엄청난 관심을 받고 있는 이유는 상당 부분, 그러한 도시들이 도시 기업가주의, 젠트리피케이션, 그리고 민영화 등의 기존의 담론들을 집중적으로 수용하는 지금 시대에 이데올로기적으로 적합하기 때문일 것이다. 펙(Peck 2005: 740)은 리차드 플로리다(Richard Florida)의 '전 세계 시민 지도자들'을 위한 창조 도시 논문에서의 '유혹적' 힘이라는 개념을 반영하면서, '싱가포르에서 런던까지, 더블린에서 오클랜드까지, 혹은 멤피스에서 암스테르담까지, 심지어 로드아일랜드주의 프로비던스나 위스콘신주의 그린베이까지 가는 도시들이 비용을 지불하면서 창조성이라는 새로운 신조를 경청하고, 창조적 인재를 유치하고 육성하는 법을 학습하며, 텍사스의 오스틴과 같은 기존의 창조적인 도시 또는 탬파베이와 같은 닮고 싶은 도시들의 최신 '힙스터화(유행을 좇는 사람의 생활양식) 전략'을 점검했다는 사실을 언급했다. 리차드 플로리다(Richard Florida)의 논문은 점점 더 바빠지고 '빨라지는 정책 시장'에서 정책 입안자들에게는 도시경쟁력을 문화적, 경제적 '창조성'으로 묘사하는 것이 매력적인 이야기로 다가온다고 펙(Peck 2005: 767)은 주장했다. 그는 이런 전략이 위태롭기는 하지만 그 힘이 확장되고 있다고 주장했다(ibid: 767-8).

> 엘리트 행동가들이 불안정한 네트워크가 주로 취하는 전략은 창조성 대본을 포함한 매력적인 '이동할 수 있는 진리'를 구체적으로 자신의 현장에 옮겨 실현하고 싶어하는 열망으로 표상화된다. 이들은 생산 중심에서 쉽게 분리되고 탈영토화될 수 있는 일견 이전 가능한 기술관료적 절차나 복제 가능한 정책 관행에 대해 모종의 이전 허가를 부여한다. 이들은 콘퍼런스, 웹사이트, 컨설턴트 및 옹호자, 정책 중개인 및 기술관료 번역센터로 구성된 제멋대로 뻗어있는 복합체가 만들어내는 지역 간 정책네트워크를 통해 새로운 도시개발 모델 및 메시지를 빠른 속도로 전달한다. 이렇게 결합된 복합체를 통해서 신속한 '정책학습'을 위한 새로운 장소가 구축되고 새로운 채널들이 원활하게 만들어진다.

'창의적 도시'를 둘러싼 초지역적 학습 배치는 콘퍼런스, 웹사이트 및 정책 청사진 문서 등을 포함한 다양한 행위자와 공간들을 정렬해 내는 지속적인 번역을 통해 형성된다. 종종 '네트워크 전문가' 및/또는 리처드 플로리다(Richard Florida)와 같은 카리스마 넘치는 인물들은 비판적 도시 지리학이 점점 더 많이 등장하는 배경 속에서 각 도시 간 아이디어의 이동을 촉진하는 데 중요한 역할을 한다(Olds 2001; McNeill 2009; Bunnell & Das 2010). 예를 들면, 분넬과 다스(Bunnell & Das 2010)는 쿠알라룸푸르의 IT 중심 개발의 특정 이전 모델이 하이데라바드(Hyderabad)로 이동한 것을 설명하면서 안드라프라데시(Andhra Pradesh)주의 총리였던 찬드라바부 나이두(Chandrababu Naidu)가 어떻게 IT 파크(나중에 '사이버라바드'가 됨) 개발을 감독하고, HITECH(하이데라바드 정보 기술 공학 자문) 도시의 일환인 10층짜리 첨단 건물인 사이버 타워를 준공할 때 어떻게 인도 수상을 초청했는지에 대해 설명한다. 그들은 찬드라바부 나이두(Chandrababu Naidu)의 개성 및 카리스마가 하이데라바드의 글로벌 인지도를 높이는 데 중요한 역할을 했다고 주장한다. '찬드라바부 나이두는 '서구가 가장 좋아하는 인도인(Monbiot 2004)'이자 인도 세계은행의 '포스터 보이(Sainath 2004)'로, '기업가적'이고 '기술에 정통한' 총리로 명성을 드높였으며, 1999년과 2000년에 다보스 세계경제포럼 같은 국제행사에 참석해 투자 유치는 물론 빌 클린턴, 토니 블레어 등 유명인사들의 눈길을 끄는 데 성공했다'(2010: 280). 그들은 개성이 가진 힘에 눈이 멀어서는 안 된다고 경고하지만, '찬드라바부 나이두의 정치적 유명세가 하이데라바드를 일종의 모델(Hyderabad-as-model)로 부상하게 하는 데 큰 역할을 한 것은 의심할 여지가 없다(비록 마하티르가말레이시아 쿠알라룸푸르에서 그랬던 것처럼, 종종 지정학적으로 훨씬 더 까다로운 방식이기는 했지만)'(ibid.).

펙(Peck 2020)에 따르면, 플로리다(Florida)의 이동학습 전략이 성공한 이유는 일부 그의 홍보와 발표 기술 탓도 있지만, 이것을 하비(Harvey 1989b)가 '도시 기업가주의'라고 지칭한 더 넓은 의제의 맥락에서 볼 필요가 있다. 도시 기업가주의의 성공 주변에는 스펙터클, 놀이, 젠트리피케이션이라는 도시 환경을 관광객, 투자자 및 젊은 '창조적인' 사람들에게 홍보하는데 대해 시민 지도자에게 자문을 해주는 컨설팅 회사 수의 증가라는 요소가 자리 잡고 있다. 도시 기업가주의는 다른 부분보다 도시의 특정 부분 및 집단에 투자를 집중하고 경쟁력 있는 도시 장소 마케팅을 통해 특정 도시 지역을 투자자들과 관광객들에게 홍보하는 민관 성장 연합의 확산을 알리는 일종의 신호이다. 이 맥락에서 펙은 청년 혁신 학습자 '창조' 계층을 육성하기 위한 전략이 사실상 젠트리피케이션의 최신 형태로서의 '제3의 물결 젠트리피케이션'이며, 이것이 지역 정부가 중산층을 위해 도시를 재창조하는 데 점점 더 능동적인 역할을 맡고 있다고 주장했다(Smith 2002; Lees et al. 2008). 따라서 이른바 '창조 계층'이나 지능형/스마트 도시의 추진은 ICT, 문화 산업, 과학 기술 공원에서부터, 다중 애플리케이션 스마트카드 덕분에 영국 최초의 '스마트시티'라는 사우샘프턴, 인도의 '실리콘 밸리'라는 방갈로르, 일과 삶, 놀이를 변화시키는 '지능형 섬'을 만들려는 싱가포르의 IT 2000 계획, 그리고 비대해진 부패한 금융 흐름과 결합된 억압된 도시 민주주의의 의무로 추진되었던 두바이의 '기획 어바니즘'의 기업 및 관광객 중심의 호화롭고 환상적인 환경까지, 다양한 고급 투자에 중점을 둔 논의의 일환이라고 해야 한다(Kimninos 2002; Davis 2008; Davis & Monk 2007; Hollands 2008).

점점 더 확장되고 있는 '스마트시티' 담론은 사이버, 디지털, 유선, 전자도시 및 지식도시와 관련된 다양한 과정들과 서로 융합되어 있으며, 국가들(주정부들)이 동의하는 두 가지 신자유주의적 성향이 반영되어 있다. 첫째, 홀랜즈(Hollands 2008)의 주장에 따르면, 스스로 스마트시티라 지칭하는 많은 도시들의 기본적 요소 중 하나는 기업 주도의 도시개발을 강조하는 것인데, 이는 하비(Harvey 1989b)의 도시 기업가주의에 대한 논의를 재구성한 것과 같다. 예를 들어, 자칭 '스마트시티' 중 하나로 '기술의 완벽한 기후(Technology's Perfect Climate)'인 샌디에고는 캘리포니아에서 가장 경쟁력 있는 판매세율(7.75%)을 자랑하며, 미국 상위 20개 대도시보다 사업세율이 낮다(Hollands 2008: 308). 그런 담론에는, 도구적이고 매혹적인 형태의 힘이 작용하고 있으며, 온라인 정보에 더 많이 접근할수록 필연적으로 더 많은 정보를 얻게 되고, 이에 따라 경제적으로 더 '유용한' 시민으로 이어진다고 가정하는 기술적 결정론의 형태를 띠는 경우가 많다. 둘째, '사회자본' —신뢰와 상호주의 네트워크의 역할을 인용하는 것— 또는 '평생학습' 등을 추진하는데 있어서 스마트시티 담론의 엘리트주의적인 생명정치적(biopolitical)을 선택한다. 코 등 연구진들(Coe et al. 2000: 13; Hollands 2008: 309에서 가져옴)이 쓴 것과 같이, 스마트시티는 '학습, 적응 및 혁신 방법을 배운 공동체인 스마트공동체의 발전 밖에서는 불가능하다'. 번넬과 코(Bunnell & Coe 2005: 841)는 말레이시아의 엘리트 멀티미디어 슈퍼 코리도(Multimedia Super Corridor) 개발의 일부인 Cyberjaya와 관련하여 다음과 같이 주장했다(Easterling 2005 참조).

> 우리는 사이버 코리더(cybercorridor)를 사들이는 것은 실천과 소비의 생활방식을 선택한 자치정부의 방식에 참여한다는 관점에서 일부 이해될 수 있다. 사이버자야(Cyberjaya)에서 '닷컴 자산'에 대한 '현명한 투자(한 광고에서 언급한 대로)'는 부동산 구입에 대한 것일 뿐만 아니라, —물론 현명한 투자의 일부가 확실하지만— 곧 임박한 정보화시대에 대비해서 자신과 가족에게 투자하는 것이기도 하다.

평생학습 담론에 대한 비판적 교육문헌들이 강력하게 시사하는 것처럼, 그러한 주장들은 자율적인 기업가정신을 촉진함과 더불어, 결정적으로는, 유연하고 불안정해진 노동력이 스스로 생존을 위해 새로운 지식과 기술을 적극적이고 지속적으로 개발해야 한다고 하는 상시적으로 미완성적인 자아 이미지를 조장한다(e.g. Popkewitz et al. 2006; Simons 2006; Fejes & Nicoll 2008; Olssen 2008).

스마트/창조 도시에 대한 담론은 정책입안자 및 컨설턴트 회의나 도시 연구를 위한 출장 등, 또는 학습의 대상이자 상상을 구성하는 경쟁적인 도시의 모습—빠르고, 기술적이며, 연구집약적이며, 미학적으로 고도로 정돈되고 잘 다듬어진—에 대한 정보를 바탕으로 한 새로운 합의를 통해 점점 더 초지역적으로 퍼지고 있다. 이런 합의들은 도시마다 차이가 있는 건 확실하지만, 그럼에도 불구하고 복지 축소 맥락에서, 특정 지역과 집단에 대해 민-관 투자를 늘리는 방식으로 명시적인 초지역적 도시학습의 광범위한 신자유주의를 반영시킨다. 그런 신자유주의 논리—민영화, 탈집단화, 국가복지 축소, 도시의 민-관 기업가주의의 경제 시장 이념(Harvey 1989b, 2005)—는 확장일로에 있는 글로벌 컨설팅 기관, 최근 만연하고 있는 엘리트 도시에 대한 상상력, 그리고 배타적이고 분리된 도시형태들을 만들어낸다. 이런 추세의 공간적 형성 및 그와 관련된 정치행동들은 소위 출입이 통제된 영토를 만들어내며(Davis 1990; Caldeira 2000), 근로자계급 공동체를 퇴거시키고 건설된 고급 주택지역을 건설하고(Smith 2002; Lees et al. 2008), 그리고 빈곤층을 용인하지 않고 보복주의적으로 그들만의 도시공간을 '되찾기로' 결정한 일종의 징벌적 어바니즘의 형태를 취한다(Smith 1996, 1998, 2002; Wacqant 2007, 2008).

예를 들어, 케이트 스완슨(Kate Swanson 2007)은 에콰도르의 과야킬시(Guayaquil, Ecuador)에서 미국식 보복주의 정책이 특히 견고하게 시행되었다고 주장했다. 2002년, 과야킬 지방자치단체는 악명 높은 전 뉴욕시 경찰국장 윌리엄 브래튼(William Bratton)과 계약을 체결하고 그로부터 도시의 도시재생전략을 세우는 일의 도움을 받았다. 브래튼은 전 뉴욕시 시장 루돌프 줄리아니(Rudolph Giuliani)와 함께 〈뉴욕시 경찰 전략 5번(New York City's Police Strategy No.5)〉을 공동저술한 것으로 잘 알려져 있으며, 닐 스미스(Neil Smith 1998: 2)는 이 책을 '도시 풍경에서 세기말 미국식 보복주의의 창립 선언문'이라고 묘사했다. 미국에서 비행기를 타고 건너온 브래튼은 3일 동안 일한 대가로 막대한 보수를 받았다. 그는 이후 '플랜 브래튼(Plan Bratton)'으로 알려진, 과야킬 반범죄 구조를 제안했다. 결과의 일부를 보자면, 거지와 떠돌이 상인은 최대 7일 동안 감금될 수 있으며 최대 미화 500달러를 부과할 수 있다. 그러나 그 나라의 다양한 사회경제적, 정치적 풍토를 고려할 때, 에콰도르가 영감을 얻기 위해 뉴욕에 의지한 것은 참으로 기이하다. 왜냐하면 스미스(2001: 73)가 지적했듯이, '뉴욕 모델'의 위험성 중 하나는 그것이 다양한 장소에서 다른 사회적 집단에 서로 다른 강도와 상당히 다른 형태로 정확히 복수를 할 수 있는 전 세계 탈자유주의적 복수주의의 표본이 될 수 있기 때문이다(see Macleod 2002).

스미스(Smith)가 지적한 것처럼, 여기서 우리는 도시들의 구체적인 역사와 조건을 과소평가하지 않도록 주의해야 하는데, 왜냐하면 그것을 통해서 도시들이 순환하는 보복주의(ciculating revanchisms)를 '번역'하게 되기 때문이다. 스완슨(Swanson 2007)은 원주민 집단에 대한 에콰도르의 오랜 인종정치, 즉 '백화(whitening)' 정치 내에 보복주의가 어떻게 자리 잡았는지 보여준다. 도시재생 프로젝트는 순수함과 오염이라는 담론의 영향을 받는다. 에콰도르 엘리트들은 지리적으로 볼 때, 인도인들이 농촌 사람들이며, 위생적인 인종 차별주의에 따르면, 그들이 도시지역에서 존재한다는 것 자체가 일종의 백인들에게 대한 '오염'이라고 상상한다. 게다가 북아메리카와 서유럽의 많은 도시와는 달리 거지, 거리의 아이들, 그리고 불안정한 노동자들은 에콰도르의 중산층과 상류층을 위한 고급 콘도미니엄 건설 때문이 아닌, 오히려 전 세계 관광 계층을 위한 도로 건설로 인해 추방되고 있다. 보복주의는 고급 주택 수요에 의해 주도되는 것이 아니라 도시를 관광 경제로 재편하는 정책에 의해 주도되고 있다. 브래튼 식의 배타성을 내장한 정책들은 과야킬에서 독특하면서도 배타적인 방식으로 나타나게 된다. 여기서 학습의 목표가 '안전하고' 경제적으로 활력이 있는 도시라면, 그 상상은 도시 주변에 새로 조성된 해안가처럼 '깨끗하고' 매력적이며 가꾸어진 도시를 의미한다. 이 보복주의는 단순히 뉴욕으로부터 받는 외부 강요를 넘어서 다양한 역사와 문화정치에 영향을 받은 '초지역적 도시학습 배치'를 통해 작동하며, 그 프레임 안에서 브래튼의 뉴욕(Bratton's New York)이라는 특정 모델이 과야킬의 특정한 권력집단에게 유혹적인 매력을 발산하는 것이다.

이런 사례들이 도시학습을 형성하는 과정에서 나타나는 신자유주의 이데올로기의 중요성을 강조하고 있다. 이들은 도시 사이에 퍼져 돌아다니고 있는 것들, 예를 들면 아이디어, 담론, 매혹적인 도시에 대한 상상적 지리학, 특정한 정책 세트, 사람들을 모이게 하는 추진력이나 합의, 또는 자본주의의 어떤 권위주의적인 유형 등 안에 숨어있는 흐름의 정체가 무엇인지를 식별하도록 요청한다. 여기서 핵심질문은 예컨대 이런 것들이다. 즉, 우리가 해당 유형의 이동성을 어떻게 개념화할 수 있는가? 우리는 그러한 이동성을 서로 다른 형태를 취하는 신자유주의 이데올로기들, 즉, 우연적인 역사적 징후와 함께 세계적으로 퍼지고 있는 신자유주의 논리의 다양한 집합으로 설명할 수 있는가? 이때 물론 한 도시에서 다른 도시로 이러한 지식을 유입하는 측과 유출하는 측의 경계가 흐릿해지고, 그 사이를 메우는 담론, 이미지, 지역문화정치, 우연히 배치된 행위자들, 시기적절한 개입, 도시변화에 대한 신자유주의적 합의 등 느슨한 도시학습 배치들이 혼재되어 등장한다. 이 광범위하고 느슨한 합의 속에서 작동하는 것은 물론 효율적이고 신자유주의적인 도시를 그 학습의 대상으로 삼는 어떤 연합적 힘일테지만 이 힘은 단일한 조직형태를 가지고 있지는 않다. 로익 바캉(Loic Wacquant 2008)에 따르면, 이 신자유주의 이데올로기적 컨센서스가 가지는 특징은 분명하다. 즉, 그는 신자유주의적 형벌국가의 반(反)빈민적 인종차별적 편견과 범죄편집증의 논리에 의해 주도되는 새로운 초지역적 도시지리학을 주장했는데, 그 안에서 공무원들은 다음과 같이 행동했다고 본다(2008: 57, 71; 원본에서 강조).

> 공무원들은 당시 뉴욕시 시장이었던 루돌프 줄리아니(Rudolph Giuliani)가 보여준 조치를 서로 모방하려고 경쟁했다. 그리고 정치인들은 윌리엄 브래튼(William Bratton)과 함께 사진을 찍기 위해 필사적으로 달려들었는데, 그는 '무관용'이라는 강건한 종교의 현대판 예언자이자, 돈을 많이 들여 전 세계를 돌아다니는 '도시 치안 컨설턴트'이며, 형벌의 엄격함의 살아있는 화신이었다… 브라질의 쇠퇴하는 파벨라(favela), 붕괴하는 미국의 하이퍼게토(hyperghetto), 프랑스의 쇠퇴하는 교외(banlieue), 그리고 스코틀랜드나 네덜란드의 황폐한 도심과 같은, 도시 쇠퇴 지역들은 신자유주의 형벌국가가 구체적으로 조립되는 주요한 물리적 사회적 공간이 되었다.

바캉(Wacquant)의 언어는 징벌적인 신자유주의 어바니즘 담론을 번역하는 유혹적이고 연합주의적인 힘을 보여준다. 정책 입안자들은 전 세계를 바삐 돌아다니는 기존의 반(反)빈민적 편견과 '기성(ready-fit) 모델의 상징으로서의 브래튼 같은 컨설턴트를 '모방'하는 데 '완전 빠져버렸다'. 이 글에서 도시학습은 브래튼과 같은 특정 중개자들을 통해, 그리고 도시자본주의 축적 여부가 달려있는 바로 그 빈곤층과 인종집단을 처벌하고 배제하는 도시의 일반화된 권위주의적 연합을 통해 '번역'된다. 바캉(Wacquant 2008)이 이 논문에서 계속해서 묘사한 도시 브라질의 맥락에서, 이런 경향은 벽의 도시(City of Walls)라는 상파울루(São Paulo)에 대한 테레사 칼데라(Teresa Caldeira 2000)의 설명에 힘을 실어주고 있는데, 여기서 사유화, 울타리 치기, 경계치안, 그리고 다양한 거리두기 장치들이 하나의 공공의 공간을 엄격하게 분리되고 첨단보안으로 차단된 파편화된 공간으로 탈바꿈시키는 모습이 묘사되고 있다. 그 안에서는 '불평등이 조직화의 가치'가 되어버린 공간이 탄생한다(Caldeira 2000: 4). 그러나 바캉(Wacquant)의 주장에는 두 가지 중요한 차이점이 있다. 첫째, 가난한 사람들은 더 이상 안전한 울타리(구획)를 세워서 구분되어야 할 집단이 아니라, 일반적으로 보다 공격적으로 유폐되어야 할 집단이다. 둘째, 이것은 소수 특정 도시에만 해당되는 문제가 아니라 최근 전 세계 어바니즘을 지배하는 논리가 되어 가고 있다. 음베베와 넛톨(Mbembe & Nuttall 2004: 365)이 보기에 사회-공간적 단절과 보안 및 감시 기술에 대한 수요가 증가하면서, 도시도 점점 더 요새화 및 울타리 치기의 지리학에 따라 파열된다면, '이방인과 범죄자는 이제 대부분의 도시에서 그 어느 때보다 더 크게 두드러지는 존재가 될 것으로 본다… 이 대부분은 계층, 인종, 세대 및 이데올로기의 복잡성을 반영한다'(Hoffman 2007; Vasudevan et al. 2008 참고)고 주장했다.

그렇다면 이런 상황을 분석해 볼 때 이제 이데올로기적 합의에 대해 말할 수 있는 것은 무엇인가? 분명한 것은, 최근 들어서 신자유주의 논리가 계획과 정책 맥락에서 현대 도시학습 배치 양상을 지배하는 경우가 많지만, 이것이 모든 영역을 포괄하는 단일한 지배의 힘으로 순환하는 것이 아니라, 오히려 도시재개발이라는 상황을 이용하여 그와 관련된 문제들을 능동적인 학습의 형태로 재편하는 일련의 조건부 논리들로 작용한다는 점이다. 아이화 옹(Aiwha Ong)이 주장했듯이, 신자유주의 논리는 다양한 상황, 실천과 정치적 합리성과 상호작용하는 '이주적 통치기술(migratory technology of governing)'이다. 이것이 옹(Ong 2007: 5)이 '배치(assemblage)' 개념이 유용하다고 생각하는 이유이다. 구조적 계층이 아닌, 심각하게 불평등한 권력관계의 맥락에서 —잠비아의 물 관리 사례에서 알 수 있듯이— 실제와 가능성 사이에 끊임없는 상호작용이 일어나는 '신생 환경의 비대칭적 전개(asymmetrical unfolding of emerging milieu)'를 강조한다. 네트워크의 개념화가 주로 하나의 목표를 향한 요소들을 통합하는 데 중점을 두는 반면, 그에 반해서 '배치'는 예상하지 못한 결과, 실천, 그리고 다양한 행위자들 및 합리성들의 개입에 대한 개념적 개방성을 수반한다(1장 및 6장 그리고 McGuirk & Dowling 2009 참고).

옹(Ong)은 신자유주의 논리가 행정기법이자 비유인 '신흥 경제(emerging economies)'를 통해 이동한다고 주장했다. 세계은행이 '지식'을 강조하는 것처럼, 또는 '스마트시티' 담론이 시사하는 것처럼, 신자유주의는 '자유무역'에 관한 것만큼이나 '정치적 기업가주의' 또는 '능동적으로 학습된 주체'를 통한 인구관리에 관한 것이다. '신자유주의의 은유는 지식이다'(Ong 2007: 5). '지식 도시'가 유행어가 되었는데, 그 목표는 엘리트 자아실현과 기업가 정신을 가진 주체들을 창조하고 관리하는 것이다. 물론 이것은 분명 심각하게 불평등하다. 인도, 말레이시아 또는 중국의 하이테크 서비스 산업은 불균형한 투자, 서비스, 세금 인센티브를 받고, '숙련된' 시민 및 외국인 투자에 중점을 두는 특정 구역 및 도시 회랑(urban corridor: 도시들이 교통로를 따라 발달하여 띠모양의 형태를 띠는 것-역자 주)을 집중적으로 형성해 가고 있는데, 이 구역과 도시회랑은 엘리트 거주지(구역) 내에 위치하고 있는 경우가 많다. 이는 예외 구역과 점진적 통치상황을 만들어내며, 다양한 배제와 저항을 유발한다. 옹(Ong)은 말레이 무슬림이 첨단기술교육에 대한 국가담론에 저항한 사례를 특별히 지적했는데, 무슬림들은 첨단기술교육이 말레이에 거주하는 중국 화교들에게만 이익이 된다고 보았다. 이는 신자유주의 논리가 민족 통치성(정부주의)이라는 새로운 맥락 속에서 어떻게 강화되고 번역될 수 있는지 보여주는 사례이다. 이점과 관련해서 나는 신자유주의가 처음부터 하나의 일반화된 완성 프로젝트로서 도입되어 차차 지역화되어가는 것이라기보다는, 오히려 본질적으로 상황적이고 느슨한 집합체로서의 논리와 과정을 띠는 것이며, 광범위하고 때로는 심오하지만 미리 결정되지 않은 복잡한 형태로 도시학습의 정치에 영향을 미친다고 생각한다.

정책 입안자들부터 영향력 있는 엘리트 조직 및 기타 도시 구성원들에 이르기까지, 도시들 사이에서 유통되고, 번역되고, 학습되는 것들이 무엇인지 밝혀내기 위해서는 도시학습의 다양한 논리, 지리, 정치경제를 명료하게 설명하기 위한 많은 작업이 필요하다. 하지만 이 장에서는 세 가지 다른 시기에 도시 학습 조직을 주도했던 몇몇 세력에 대한 간략한 조사를 통해 정책과 계획 맥락에서 도시 학습을 개념화할 수 있는 한 가지 잠정적인 조직 프레임워크를 제시할 수 있다.

이 같은 프레임워크에서 나는 Ong(2007)이 말한 '신흥 환경의 비대칭적 전개(asymmetrical unfolding of emerging milieu)'라는 현상을 명료하게 밝히려는 초지역적 도시학습 배치의 네 가지 측면에 주목한다. 첫째, 특정 유형의 학습을 촉진하거나 구조화하는 힘의 형태, 둘째, 학습의 대상, 즉, 이동하는 정책과 계획이 생성해 내고 다루는 인식적 문제공간, 셋째, 학습의 형태, 즉 학습의 조직적 측면, 넷째, 학습에 작용하는 상상력, 즉, 학습이 추구하거나 초래하는 일종의 재배치이다. 〈표 5-1〉은 이 장에서 제시된 예제를 기반으로 한 요약이다. 이 프레임워크는 도시학습의 비판적 지리학은 과연

〈표 5-1〉 도시정책학습을 위한 프레임워크

맥락	대상	형태	힘	상상
식민지 계획(예: 봄베이)	서양의 깨끗한 도시 개념 심어주기	영국 도시계획 문서로부터의 비교학습	유혹적, 수단적 및 유인적	오염된 도시를 깨끗하고 질서정연하며 현대적이고 친숙하게 정돈된 도시로 만들기
과학적으로 계획(예: 바그다드)	서양의 자본주의 가치 심어주기	Ekistics: 도시정착 과학; 회의, 모델, 계획, 저널	연합적이고 유혹적	격자 기반 모더니스트 커뮤니티의 미래 도시
사회주의적 리얼리즘(예: 동베를린)	사회주의적 상징; '서양' 모더니즘 대안	학습여행; 저널을 통한 스타일 강화	지배, 강요 및 유인	고전주의를 가진 기념비주의; 참여적 공공 장소
슬림 어바니즘(예: 하라레의 세계은행)	도시 서비스의 시장화	단기프로젝트; 도시 '임무'; 모델과 '모범사례'	지배와 유혹	경쟁력 있고 효율적인 자본주의 도시
'상처도시' 재구성(예: 뉴올리언스)	도시 파괴 후 도시 재구성	도시 '문제'와 '해결책'의 공격적인 재구성; 국가 자금조달 및 지원; 합의 형성 매체 및 싱크탱크	유혹과 조작	재정 '책임'과 통제
'스마트/창조 도시'	빠르고 기술적인 '지식' 집약적 성장	기업 주도 경쟁적 도시개발; 기술결정론; 사회자본, 평생학습, 자가통치	수단적이고 유혹적	빠르고 기술 중심적인 도시
보복정책과 주택고급화(예: 과야킬, 상파울루, 뉴욕)	'안전한' 관광객과 투자 친화적 성장	세계를 여행하는 컨설턴트; 기성모델; 신자유주의 논리 주변의 정책/계획 합의	유혹과 연합	깨끗하고 매력적이며 단정하게 가꾸어진 엘리트 도시 환경

어떤 모습일지에 대해 신중히 생각하도록 한다. 다음 장에서 이 문제에 대해 다루도록 하겠다. 그러나 먼저 나는 이데올로기적 프레이밍(구조화) 연구를 통해 정책학습을 설명하는 것이 일정한 한계를 가지고 있다는 사실을 되짚어보는 것으로 이 장을 마무리하고자 한다.

이데올로기와 설명: 확산론적 이야기 만들기를 넘어서

물론 이데올로기가 초지역적 도시정책 학습 형성에 중심적인 역할을 한다고 주장하는 것은 위험하다. 실제로 왈드(Ward 2006)가 주장한 것처럼, 도시정책이동성 이론의 강점 중 하나는 신자유주의의 '블랙박스'를 열어서 어떻게 이 이데올로기가 다양하게 배치되고 경험되는지 밝히는 한편, 은연중에 그것이 전지전능한 것처럼 묘사되지 않도록 하는 접근법을 취한다는 것이다. 러셀 프린스(Prince 2010: 172)가 주장하는 것처럼, 이데올로기의 역할에 명시적으로 주의를 기울이면 기울일수록 정책 학습 배치를 구성하는 과정에서 나타나는 새로움과 예상치 못한 측면들이 가려질 위험성이 높아진다는 것이다. '정책 이전을 일종의 일반화된 패키지로서의 신자유주의 정치학으로 이해할 경우 이 과정에서 나타나는 특정한 이전을 가능하게 하는 기술적 작업의 특성을 포착하기 어렵게 되며, 더 중요한 것은, 어떤 정책이 이동하는 과정에서 예상치 못한 방향으로 전환되어 우연성으로 나타날 수 있는 새로운 정책 배치가 구성되는 순간들을 놓치게 된다'(McCann 2008 출판 예정; Larner 2003). 제3장에서 논의한 SDI 사례처럼, 우리는 이데올로기와 관련하여 평범하고 하찮게 보일 수도 있는 물질과 우연성, 일상적인 관행—즉 거주로서의 학습에 대한 연구—이 학습의 발생과정 및 그것이 새롭게 출현한 어바니즘과 도시정치의 종류에 얼마나 중요한 역할을 할 수 있는지에 지속적으로 주의를 기울여야 한다.

거주(dwelling)는 도시학습을 구성하는 데 핵심적인 요소로서 그 관련 정책의 생성과 생존에 영향을 미친다. 정책입안자들은 번역(translation)과 조율(coordination)을 통해 정책을 학습할 뿐만 아니라 그 정책 안에서 살아간다. 이것은 정책이 진화함에 있어 어쩌면 중요할 수도 있는 생활 방식들, 예를 들면, 커피나 점심식사 동안의 대화를 통해, 아니면 정책회의 또는 모바일 컨설턴트의 프레젠테이션 후 바에서 한잔 하면서, 우정이나 갈등, 또는 정책 토론에 의해 만들어진 특정 분위기를 통해서 발생한다. 이러한 삶은 또한 물질적 사건들이기도 하다. 정책 자문이나 연구 여행에는 도시를 돌아다니며 그 도시의 인프라, 경제 공간 또는 사회문화 시설 검사를 하는 활동을 수행하는 경우가 많다. 책상에 놓인 반짝거리는 정책 문서들 안에는 토론 방식 혹은 정책 적용과 쟁론 방식들이 반영되어 있다. 리처드 플로리다(Richard Florida)와 같은 컨설턴트의 보증수표인 파워포인트™ 프레젠테이션은 메시지 전달을 용이하게 하는 데 중요한 역할을 할 수 있다. 정책 안에 거주하는 일은 사실상 서로 쟁론적인 다양한 방식으로 실천된다. 실제성과 가능성이 주는 지속적인 역동성은 정책이 '번역'되는 과정에서 나타나는 가장 핵심적인 현상인데, 여기에서 완고한 이데올로기적 위치성과 극도로 불평등한 권력 관계가 맥락적으로 작용한다. 정책학습의 배치는 정책 형성에 의해 발생하는 결과물인 동시에 그와 관련된 사건, 행동 및 실천이기도 하다.

존 프리드만(John Friedmann)은 1960년대에 칠레 정부에서 도시 및 지역 개발 고문으로 일하게 된 자신의 경험이 '사회학습(social learning)을 내 글쓰기의 중심으로 삼고, 계획을 프락시스의 한 형태로 삼으며, 그 안에서 지식과 행동, 이론과 실천을 끊임없이 서로 바꾸어 이해하는 경험'이었다고 기술하고 있다. 프리드만(2010: 316)은 자신과 칠레 동료들이 단순히 어떤 지식 덩어리를 그대로 실현하려고 했던 것이 아니라, 불확실하고 즉흥적인 '실시간 … 실행을 통한 학습'으로 다양한 지역계획을 이해하는 방식들을 현실화해 보려고 노력했다고 서술하고 있다. 프리드만(2010: 317)이 표현한 바에 따르면, 이것은 실행가능한 솔루션을 개발하려는 한 가지 시도에서, 이론과 실천, 계획자들과 실무자들 간의 '상호학습' 과정을 필연적으로 수반했다. 그러나 이 상호 학습은 단순히 정보와 지식을 교환하는 것이 아니라 서로 다른 시각에 대한 깨달음을 생성해 내는 과정이었다. '언어, 역사, 정치 및 지리 외에도, 우리[외부 컨설턴트들]는 우리가 일하던 관료적 하위문화 및, 더 일반적으로는, 일을 처리하는 방법을 익혀야 했다'(ibid.). 프리드만은 자신의 지역계획에 대한 아이디어를 칠레에 '번역(translating)'하는 과정에서뿐만 아니라, 그가 받은 교육을 작업 맥락, 문제, 해결책을 바라보는 다른 방식 안에서 '거주(dwelling)'하고 '조정(attuning)'하는 가운데 배울 수 있었다. 그러나 이러한 학습의 문화는 정치적 이념이 변화함에 따라 다른 형태로 변질될 수도 있다. 프리드만과 그의 동료들이 세운 계획은 그들이 고문으로 있던 기독민주주의(Christian Democratic) 정권이 1970년에 살바도르 아옌데(Salvador Allende)의 사회주의 인민연합(Popular Unity)에게 권력을 내준 후 보류되었다가, 아우구스토 피노체트 장군(General Augusto Pinochet)에게 독재권력을 안겨준, 1973년 미국의 지원을 받은 쿠데타로 완전히 폐기되었다.

이데올로기가 초지역적 도시정책 학습을 형성하는 데 중요한 역할을 한다면, 여기서의 과제는 이 이데올로기 그 자체가 모든 것을 설명할 수 있는 하나의 세력이 되지 않도록 주의하는 것이다. 그렇게 되면, '현장'의 우연성의 역할을 통한 학습의 가능성이 배제된다(Ong 2007; McGuirk & Dowling 2009). 예를 들어, 도시정책학습의 성격이 자칫 신자유주의와 같은 어떤 이데올로기에 기반한 설명틀 안으로 축소되어 들어가는 이른바 확산의 지리학으로 후퇴할 위험이 있을 수 있다. 이 점에 있어서, 학습 배치 접근방식의 가치는, 예컨대 '번역'의 관점을 통해서, 제인 제이콥스(Jane Jacobs)가 말한 '확산론적 이야기 만들기(diffusionist story-making)'가 말하고자 했던 주장을 반박하는 대안적 관점을 전개하는 것에서 찾아질 수 있다. 제인 제이콥스는 다음과 같이 말했다.

> 확산론적 설명 모델은 사회적 노력을 통해 시공간을 이동하는 비교적 안정적인 요소들을 가지고 있다. 반면, 번역은 사물이 한 위치에서 다른 위치로 도달하기 위해 필요한 작업뿐만 아니라 종종 예측할 수 없고 다양한 방식으로 이동에 기여하는 다양한 추가적 요소들을 보여준다.

따라서 이 장의 앞부분에서 사회주의적 리얼리즘을 논의할 때 다루었던 주택 건설의 예로 돌아가자면, 다양한 범주의 물질성들이 그 그림 안으로 들어온다. '시멘트와 같은 겉보기에 평범해 보이는 물질조차도 고층 빌딩과 같은 아이디어와 만나서 서로 연동하면서 건물을 짓고 유지하고 그 안에 살 만한 무언가로 보이게 하는 역할을 한다. 이러한 작업이 고층 빌딩과 같은 것이 세계적인 형태로 나타나도록 하고, 세계적인 효과를 갖도록 한다'(Jacobs 2006: 13; A. D. King(2004)의 방갈로를 세계적인 형태로 다룬 작업 참조).

이동하는 정책이 만들어지는 '방법'의 상당 부분은, 통치성 접근방식(e.g. Larner & Le Heron 2002; McCann 2008), 즉, 도시정책 '문제'가 정의되는 방법,

'해결책'이 고안되는 방법, 정치당국이 그들의 프로그램을 실현하는 데 사용하는 메커니즘, 기술 및 절차에 대한 중요 연구를 통해 그 방향이 바뀌게 된다(예: Dean 1999; 제3장에서의 정부주의와 SDI에 대한 토론 참조). 그러나 맥칸(McCann 2008)이 주장한 바와 같이, 도시정책 이동성에 관한 중요한 문헌이 '도시의 진리'가 만들어지고 정책광장에서 생각이 생성되는 방식—이 장에서 논의된 다양한 이데올로기적 자원을 통해—과 연관되어야 한다면, 이동 가능한 도시정책을 구성하는 실천, 행위자들, 분위기 및 표현에 대한 분석이 동시에 수반되어야 한다. 일례로, 맥칸(McCann 2008)은 밴쿠버의 약물 위험 감축 전략이 어떻게 초지역적으로 이동했는지에 대한 논문에서, 서류가방이나 이메일을 통해 이동하고 다양한 행위자들에게 배포되는 연설, 지도, 스프레드시트, 모델, 순위 및 PowerPoint™ 프리젠테이션 등에 집중했다. 국제약물정책저널(International Journal of Drug Policy)과 같은 학술지는 다큐멘터리 영화, 웹사이트, 저널리즘과 함께 밴쿠버 모델을 번역하는 데 중요한 수단이 되었다(Doxiadis의 Ekistics 저널이 그의 건축브랜드를 번역할 때 중요했던 것처럼). 또한 버넬과 다스(Bunnell & Das 2010)는 문서, 통계, 이미지뿐만 아니라 '스마트' 및 '지능형' 도시에 대한 담론이나 '도약' 개념 등에 대한 유혹적 기술이 1990년대 도쿄에서 초현대성의 도시기술 모델을 배우려는 말레이시아적 시도에서 얼마나 중요한 역할을 했는지 추적한다.

> 기술적 유토피아 언어와…. 아마도 더 중요한 것은 2020년 말레이시아의 '멀티미디어 유토피아'를 시각화하기 위해 배포된 숫자와 표, 그래프와 차트, 멋진 사진 및 디지털 시뮬레이션이 매우 강력한 영향을 미쳤다는 점일 것이다. 이들은 정책변화를 정당화시키고, 궁극적으로는 MSC(Multimedia

> Super Corridor)의 개발과 함께 도시 공간과 삶을 변형시키는 유혹의 기술이었다(Bunnell & Das 2010: 281).

이러한 다양하고 중복되는 기술, 행위자 및 경로들은 지역을 넘나드는 학습이 발생하는 배치 안에서 서로 합쳐지고, 이를 통해서 지역 정책 입안자 및 신규 전문가와의 회의, 전문가 및 활동가 콘퍼런스와 포럼의 공간에서의 토론 및 사고방식, 사실 조사 여행 및 현장 방문의 자동차, 버스, 비행기 및 저녁 식사 테이블에서의 비공식적인 대화에 영향을 미친다(McCann 2008).

재차 강조하지만 초지역적 도시정책의 배치물은 새로운 것이 아니다. 20세기 초 지방자치단체의 연결에 관한 소니에(Saunier 1999, 2001, 2002)의 연구에서 밝혀진 바와 같이, 공식적-비공식적, 영구적-일시적인 일련의 연결은 단일 국가에서든 여러 국가에서든 지리적으로 멀리 떨어져 있는 도시 개체들을 오랫동안 결속시켜 주었다. 그의 작업은 다음과 같은 곳에 뿌리를 내리고 있었다.

> … 조직이나 기관들의 세계, 그리고 지방자치단체 협회의 세계에서, 그들의 회의, 내부 규정, 그들의 반복적인 활동[에 뿌리를 두고 있다] 또한 지방정부의 기능에 관심이 있는 서신이나 전문 저널의 활동과 같은 것들을 포괄하는 보다 유연한 관계들도 여기에 포함된다. 나아가서 특정 지방자치단체가 다른 곳의 반대자들과 특정 주제에 대해 협의하려는 열망도 잊어서는 안 된다(Saunier 2002: 512).

이 같은 노력들은 지자체 간 이동에 간여하는 각종 복잡한 정치적, 기술적 지리학의 모습을 드러내는데, 여기에는 법규, 설계, 모델, 행정가, 시의

회 의원 또는 규정의 유통에서부터, 사회개혁에 관한 담론, 초지역적 지방자치단체와 자선단체의 활동에 관한 담론, 그리고 연결의 형태가 지리적 근접성, 공용언어, 정치 연합, 시의회 의원과 지방자치단체 공무원 사이의 개인 또는 조직적 연계, 국가 정치적 맥락, 외교관계에 의해 제한되는 방식에 이르기까지 다양한 관계들이 포함된다. 도시들 사이의 관계성이 19세기 중반부터 증기기관, 전신(telegraph), 그리고 그림과 텍스트를 복제하는 새로운 기술 등의 도입을 통해 촉진되었던 반면, 그중 많은 부분은 그보다 더 오래된 역사적 연결에 의해 형성되었는데, 어떤 경우는 19세기와 20세기를 넘어 중세로 이어지기도 한다. 닉 클라크(Nick Clarke, 곧 출간 예정)는 도시지리학 등이 선보이는 도시정책이동성에 관한 논의가 역사 문헌들과의 교류를 통해 더 많이 풍부해질 수 있다고 주장한다. 그는 소니에(Saunier)의 연구에 대해 언급하면서, 이것이 '연결, 교환, 순환의 과정; 개인들의 행위자성, 지방자치단체, 네트워크, 협회 및 조직; 그리고 지속적인 투쟁, 끊임없는 합의, 보편화 시도라는 초지역적 영역으로부터 도시문제와 해결책이 생성되는 방식으로 우리를 안내함으로써' 도시정책이동성 논쟁을 보완하고 확장한다고 주장한다(Clarke 출판 예정: 21).

이러한 정보, 조직, 역사적 연결 및 비공식적인 대화들을 포함한 여러 부분들은 특정한 '비교 가능성의 공간들'(Prince 2010: 171)의 탄생을 가능하게 해주는데, 이것은 초지역적 정책학습 번역의 핵심 형태가 된다. 봄베이의 식민지시대 위생 논쟁에서 제시된 사례가 보여주듯이, 비교가능한 공간을 통해서 도시정책 지식의 이동성이 활성화된다. 펙(Peck 2005: 748, 749)은 '창조적 계급(creative classes)'의 이동성 담론과 관련한 글에서, 컨설턴트들이 특정 시민지도자들에게 조언하는 과정에서 '동료도시전략의 비교평가'—새로운 도시 장르를 정의하는 장소, 특히 샌프란시스코와 오스틴과의 비교—를 자주 언급했다. 마찬가지로, 맥칸(McCann 2008)도 도시컨설팅 전문가들이 특정 형태의 표현을 생산함으로써, 에뮬레이션(모방)의 글로벌 공간과 도시 '진리' 체제를 구성하는 데 비교라는 방식을 적극적으로 사용한다고 주장했다. 프린스(Prince 2010)는 통계 및 계산 기술이라는 형식이 영국에서 유래한 뉴질랜드의 '창조 산업' 정책에 대한 정의, 묘사 및 비교 가능성을 어떻게 가능하게 했는지 비판적으로 검토하고 있다. 예를 들어 '창조 산업'의 범위와 부문별 범위를 측정하는 계산적 기법은, 뉴질랜드에서 창조 산업 부문을 파악할 수 있게 하고 영국과 비교 가능하게 만들었다. 이 비교는 이전에 정부차원에서는 가시적으로 존재하지 않았던 경제 부문의 구성을 정당화하는 데 도움이 되었다. 다양한 설명에서 도시정책학습 비교의 역할은 정보의 이동뿐만 아니라 도시정책 문제, 영역 및 해결책을 보는 새로운 시각과 프레임을 구성하는 데 있다. 뉴질랜드에서의 창조 산업 개념의 경우, 이렇게 바라보는 방식은 단순히 정책교류의 산물이 아니라 —맥칸(McCann 2008)의 사례에서와 같이— 신문기사, TV 토론 및 연출된 이벤트에 의해 촉진된 인식의 변화를 의미하는 것이었다.

여기에서 배치 개념이 유용한 이유 중 하나는 배치가 어떤 활동의 안정적 정착뿐만 아니라 그 재배치 혹은 실패의 경우까지도 포괄할 수 있다는 점 때문이다. 프린스(Prince 2010: 180)의 설명에 따르면, 뉴질랜드 맥락으로 번역되는 정책의 배치를 만들려는 시도는 그 범위에 대한 정부의 의견 불일치로 인해서 광범위하게 실패했지만, 이는 '창조적인' 담론을 담은 경제 혁신의 프레임을 구성하는 경제 정책으로 재배치되었다. '무너진 건물의 벽돌을 다른 건물을 지을 때 사용될 수 있는 것처럼, 창조 산업 개념은 다른 정책 배치의 새로운 구성 요소가 되었다'. 예를 들어, 정부 영역에서 영향력을 발휘하던 다른 형태의 비교로서, 이번에는 경제적 변혁의 한 형태인

'지능적 개입'이 이러한 재조립된 창의적 산업 담론에 얽히게 되었다(Prince 2010). 여기에서 다양한 궤적, 비교형태, 아이디어, 행위자, 기술 및 동기 등이 새롭게 변화하는 도시학습 배치 안에서 함께 정렬되고 재편된다. 음벰베(Mbembe 2004: 375)는 요하네스버그에 관한 연구에서 '흉내내기의 유혹'—다른 도시 경험에서 직접 배우고 복사하려는 욕망—은 그 자체로 모방, 즉, '어떤 다른 것과 유사성을 확립하면서 동시에 어떤 새로운 것을 창조하는 능력'으로 이어질 수 있다고 주장했다(Mbembe 2004: 376). 이 '흉내내는 능력'은 도시들 사이에 흔하며, 다른 도시 경험과 비교하는 과정에서 번역 및 오해를 통해 도시들이 간접적으로 학습하는 과정을 나타낸다.

그 결과, 도시정책학습의 비판적 지리학에 주어진 핵심과제는 번역을 통한 학습의 핵심형태로서 비교의 계보를 조망하는 것이 되었다. 구체적으로 비교의 다양한 계보가 도시의 현재, 과거 및 미래에 대한 특정 주장들을 어떻게 생성하는지에 대해 비판적으로 살펴보는 것이다. 여기서 중요한 질문들이 다양하게 나오게 된다. 어떤 실천과 담론이 비교될 수 있으며, 비교는 도시생활방식의 학습과 생산에 어떤 작용을 하는가? 비교는 어떻게 나타나며, 이데올로기적 합의를 형성하는 데 어떤 도움을 주는가? 또는 어떻게 서로 경쟁하게 되는가? 예를 들어, 어떻게 특정 도시들이 그들 도시계획에서 도시재개발에 대한 특정 정책담론들을 끄집어내려고 하는지 등을 물을 수 있다.

내가 진행한 뭄바이 연구를 예를 들면, 나는 뭄바이를 공식화된 글로벌 경제흐름과 고급금융, 정보 및 교통 인프라를 갖춘 소위 '세계 도시'로 바꾸겠다는 담론을 가진 도시의 특정 집단—주로 엘리트—의 수행력에 강한 인상을 받았다. 컨설팅 회사인 맥킨지 앤 컴퍼니와 엘리트 NGO인 봄베이 퍼스트가 작성한 '비전 뭄바이: 뭄바이를 세계 수준의 도시로 바꾸기' 정책 문서(2003)는 뭄바이를 '상하이'로 전환하려는 전반적 계획 아래 기획되었다. 이는 뭄바이 재개발에 대한 특정 정치권-기업 간 비교 이해가 맞닿은 통합주의적 비교주의 방식을 반영하며, 보다 더 포용적인 도시적 상상을 처음부터 배제하는 사고이다. 여기서 결정적인 질문은 이러한 비교를 생성하는 데 권력이 어떤 역할을 하는지, 그리고 이 과정에서 비교가 어떻게 다루어지고 쟁송되는지에 관한 것이다.

결론

최근 몇 년간 도시정책 이동성에 대한 관심이 증가했다. 하지만 그런 관심의 증가에 비해서 도시정책 이동성의 정치화 자체를 개념화하려는 시도는 많지 않았다. 도시정책학습을 형성하는 이데올로기 역할에 적합한 개념적 틀을 발전시키기 위해서 나는 학습을 구조화하는 권력 형태, 이념이 만들어낼 수 있는 학습 대상, 이념적 학습의 전파를 용이하게 하는 학습의 조직 형태, 그리고 이념적 학습을 강력하게 시각화하는 상상력 등을 검토하고자 했다. 도시정책이동성 논의의 현재중심주의와 대조적으로, 나는 역사적으로 식민지 어바니즘에서, 냉전시대 이데올로기적 학습에서, 그리고 현대의 신자유주의 정책이동성에서 각각 도시 정책 학습이 발생했던 몇 가지 방식을 보여주고자 한다. 여기에서 강조된 모든 예에서 이데올로기는 도시 학습의 본질을 형성하며 도시를 재배치해 나간다.

우리는 '빠른 정책 이전(fast policy transfer)' 시대에 살고 있지만(Peck & Theodore 2001), 이를 과대평가하지 않도록 주의해야 한다. 정책이동성의 속도가 증가한다 해서 반드시 더 큰 영향을 미친다고 가정할 수는 없다. 서로 다른 시대적 배경, 예컨대 식민지 시대 도시정책 운동도 현재의 신자유주의 학습처럼 서로 다른 역사적 순간임에도 불구하고 서로 통합적으로 다루는 것은 나름의 가치가 있는데, 그 안에서 어바니즘은 항상 관계적으로 생성되어 왔으며, 그 행위자, 경로, 물질성 및 속도가 공간과 시간에 따라 다르다고 하더라도, 그 학습의 본질은 서로 통합적으로 이해될 필요가 있다. 이 장에서는 여러 예시들 가운데 학습과 무지의 변증법을 다룬다. 식민지 비교학습에서 예컨대 독시아디스(Doxiadis)의 과학적 모더니즘이나 세계은행, 맨해튼연구소의 행위주체들은 여러 가지 이유로 인해서 외부에서 유입된 아이디어를 지역의 독자적 지식보다 우수한 것으로 여긴다. 그런 경우에, 학습은 기본적으로 특정한 이데올로기적 위치를 다른 것에 우선하여 강요하는 기능을 할 수 있다. 즉, 깨끗하고 현대적인 '서구' 도시에 대한 입장이나, 합리적이고 현대적인 자본주의 도시의 입장, 또는 합리적이고 현대적인 신자유주의 도시생활방식에 대한 입장 등이 그 예이다. 해당 입장을 부여하는 자체가 도시와 특정 도시문제를 바라보고 틀을 구성하는 한 가지 선택된 방식이며, 또한 학습의 한 형태이다(우리가 식민지 봄베이, 바그다드, 동베를린 및 뉴올리언스 사례에서 보았던 것과 같이). 이동성 정책과 계획을 통한 학습과정에 대해 조사할 때, 우리는 그 이데올로기가 무엇인지 또는 얼마나 중요한지에 대해 사전에 결정해서는 안 되며, 여러 평범한 일상 공간과 활동을 통해 생산된 정책과 계획이 다루어지는 방식의 중요한 역할을 간과하지 않는 것이 중요하다. 다음 장에서는 배치 및 비교 개념을 구체적으로 내장한 도시학습의 비판적 지리학을 통해서 이 논의를 더욱 발전시키려고 한다.

제6장
도시학습의 비판적 지리학

서론

도시학습을 들여다보면 학습이 어바니즘 생성에 얼마나 중요한 역할을 하는지 그리고 진보적 도시정치의 장으로서 어떤 가능성을 지니고 있는지가 드러난다. 도시학습 개념이 중요한 이유는 단순히 도시를 더 잘 알아야 할 필요가 있기 때문이 아니라 학습을 도시 의제의 중심에 놓고 도시에 대한 학습 정치를 제대로 한번 펼쳐 놓고 논쟁을 펼칠 필요가 있기 때문이다. 이 책에서 다룬 다양한 도시학습 사례들을 통해서 우리는 비판적 도시학습의 모습에 대한 고찰이 필요하다는 점을 깨닫게 된다. 비판적 도시학습은 기존의 도시 지식과 그 형성방식에 의문을 제기하고 비판하며, 그 대안적인 형성에 대한 학습을 요구한다. 이것은 보복주의적 신자유주의나 젠트리피케이션 또는 '스마트/창조/ 도시에 대한 배타적 선언과 관련하여, 도시학습 실천과 이데올로기를 구성하는 기존의 지배적인 방식의 구조를 폭로하고 그로부터 탈학습(unlearning)하는 것을 포함한다. 닐 브레너(Neil Brenner 2009: 199; Marcuse 2009 참고)가 주장한 바와 같이, 자본주의에 대한 '부르주아 형태의 지식에 스며든 신화, 구상화 및 모순대립을 폭로하고 대안을 제시하겠다는 목표가 바로 비판적 도시 사고 전체 프로젝트의 핵심이다. 하지만 도시학습의 비판적 지리학이란 무엇일까?

이 질문에 답하는 출발점으로서 우리는 서로 연결된 세 가지 측면을 검토해 보려고 한다. 첫째, 일부 엘리트들의 주장, 즉 도시가 신자유주의화되어야 하고, 다른 지역보다 특정 지역에 먼저 투자해야 하며, 도시 공공 서비스를 민영화해야 하며, 공적 공간에 접근할 수 있는 사람들을 제한해야 한다거나 공공 공간의 사용 방식을 축소해야 한다는 식의 사고를 어떤 불가피한 것으로 생각하거나 '진리'로 여겨지는 도시 지식이 올바른 것인지를 우선 평가해야 한다. 이런 주장들을 그들의 방식대로 비판적으로 조사하는 것뿐만 아니라, 그런 주장들이 지배적인 자본주의 이익에 어떻게 기여하는지, 그리고 지배적인 학습이 어떻게 올바른 선택을 제한하는지 등에 대해 밝힐 것이다. 그 출발점으로서 이러한 평가는 이전 장에서 요약한 정책 및 계획과 관련된 권력-대상-형태-상상 프레임워크에 초점을 맞추고 있다. 둘째, 도시 지식이 반드시 필요하거나 진리가 아니라는 것을 드러내는 동시에, 새로운 종류의 도시를 학습하는 데 필요한 대안적 도시 지식, 상상, 논리 및 실천을 제시한다. 르페브르(Lefebvre 1967: 172; Marcuse 2009: 193에서 인용)가 쓴 도시권에 대한 글에서, 그는 '미래 도시의 윤곽이 어느 정도 드러날 수 있을 만큼 현재 거꾸로 뒤집혀져 있는 세상의 이미지를 그 한계까지 밀어붙이는 방식으로 현재 상황의 반전을 상상해 보는 것이 필요하다.'고 말했다. 그러나 미래도시의 윤곽을 학습하려면, 우리는 누가 그 학습에 참여하는지 생각해 봐야 한다.

도시학습의 비판적 지리학에 주어지는 세 번째 과제는 새로운 어바니즘 학습에 누가 참여해야 하는지, 그들이 어디에서 오는지, 그리고 보다 포용적이고 공정하며 지속가능한 도시를 개발하는 프로젝트를 통해서 학습은 어떻게 이루어져야 하는지를 식별하는 것이다. 이것은 일종의 방법론적-정치적 과제이며, 실험적 형태의 학습 실천을 동반한다(도시계획과 관련한 공개, 제안 및 정치화에 대한 Marcuse 2009 참조). 앞의 4장에서 논의된 도시학습포럼의 형태는 집단적 참여형 도시토론을 통한 비판과 타자성의 전략의 한 가지 형태이다. 포르토 알레그레(Porto Alegre)의 주민 참여예산 편성 프로그램 같은 도시학습포럼을 통해서 —국가의 지속적인 헌신과 시민사회의 압력을 통해 도시계획의 종속물이 아닌 계획 그 자체의 형태로 통합되는— 모종의 변형 가능성 및 다른 종류의 도시 출현 가능성이 나타난다. 여기서 도시의 다양한 관심사와 목소리를 번역하고 조율하는 데에 내재된 진보적 가능성을 통해서 어떤 지역들이 더욱 평등한 도시주거를 만들어낼 수 있는 가능성이 위기에 봉착해 있는지를 생생하게 보여줄 수 있다.

간단히 말하면, 비판적 도시학습은 첫째, 기존의 도시지식과 그 지식이 도시의 다양한 집단과 장소에 미치는 영향을 폭로하고 평가한다(제5장에서 정책과 계획에 대한 비판적 논의를 바탕으로). 둘째, 학습과정을 민주적이며 도시의 여러 부분에서 다양한 지식을 가진 다른 사람들을 서로 포용할 수 있게 하는 프로세스를 마련한다(4장에서 발전시킨 도시학습포럼의 개념을 바탕으로 구축). 세 번째로, 민주적인 학습을 통해 보다 더 평등하고 사회적으로 정의로우며 생태학적으로 건전한 형태의 어바니즘을 제안한다. 이 장에서는 이를 바탕으로 도시학습의 비판적 지리학을 발전시키기 위한 두 가지 목표를 제안한다. 첫째, 배치(assemblage) 개념을 통해서 도시학습의 비판적 지리학을 구축할 수 있을지에 대해 검토한다. 특히 배치가 평가-민주화-제안이라는 방식에 따라 도시학습의 비판적 지리학이 선택할 수 있는 세 가지 형태의 분석방법 및 방향성에 대해 다룬다. 즉, (a) 역사와 잠재력, 또는 실제와 가능성의 관계를 통해 생산되는 학습에 대한 서술적 초점, (b) 특히 분배 및 비평과 관련한 학습의 행위 주체성에 대한 재검토, (c) 코스모폴리탄적 구상을 통한 상상력이다. 이 장의 두 번째 목적은 도시학습의 비판적 지리학 생산에 누가 관여하는지를 고려하는 것이며, 여기에는 평가-민주화-제안이라는 전략을 '민주화'하는 명령이 포함된다. 나는 비판적인 도시 연구자이며, 내 목표는 이 질문과 관련하여 도시의 다원적이고 탈식민적인 틀을 통해 초지역적 어바니즘이 어떻게 학습되는지를 검토하는 것이다. 이를 통해, 제1장에서 먼저 논의되었고 제4장과 제5장에서 다루었던 초지역적 도시학습에서 비교의 중요성에 대해 논의하겠다. 종합적으로, '배치'와 '탈식민지 비교학습'에 대한 논의는 비판적 도시학습을 위한 평가-민주화-제안 전략을 심화시키고, 확장하며, 세계화하고, 제5장에서 논의된 도시학습의 배타적 형태에 대한 중요한 대조점을 제공한다. 사실 이 장에서 말하는 배치와 비교 개념은 그 자체의 고유한 역사와 형태 및 활용방식을 구축해 왔지만, 이들을 도시연구에 도입하여 함께 고려하는 것이 도시학습의 윤리적-정치적이고 초지역적, 비판적 지리학을 발전시킬 수 있는 유효한 방향 중 하나라고 믿는다.

실제성과 가능성

배치 개념에 어떤 비판적 접근이 반드시 필요한 것은 아니겠지만, 적어도 자본, 노동, 공간 또는 어바니즘 개념 등에 대해서는 분명히 비판적인 요소가 필요하다. 그럼에도 불구하도 이들 요소들과 배치 개념 간의 대화는 도시학습에서 매우 유용할 수 있다. 그렇지만, 니콜라스 탐피오(Nicholas Tampio 2009)가 들뢰즈적 배치 사고의 전통과 관련하여 주장했듯이, 들뢰즈(Deleuze)에게 배치 개념은 항상 정치적인 것이었다. 예를 들어, 들뢰즈는 좌파가 신중하고 실험적인 평등주의인 '특이성의 무리(constellations)' 또는 배치 내에서 스스로를 조직할 수 있기를 희망했다. '좌파 배치' 개념은 이상의 현실화와 잠재력의 실현을 지향하는 정치적 주체성을 지향한다.

> 좌파 배치는 정당, 비정부기구(NGO), 반전시위, 학교 환경 동아리, 펑크록 집단, 동성결혼 합법화 캠페인 또는 자유와 평등을 위해 노력하는 느슨하고 일시적인 물질적 및 표상적인 단체 형태를 취할 수 있다. 들뢰즈는 좌파를 나무가 아닌 정원, 즉 교차하고 충돌하는 배치 네트워크라고 상상했다.… 들뢰즈배치 개념을 구성한 이유는 좌파가 기존 질서에 대해서 어떻게 다양성과 저항성을 육성해 낼 수 있는지를 정확하게 보여주기 위해서였다(Tampio 2009: 385, 395).

배치물 혹은 배치의 과정(assemblage)이 도시학습의 비판적 지리학에서 가정하는 첫 번째 기여는 바로 현실에서의 실현성을 강조한다는 것이다. 다시 말해서 도시학습에서 배치가 지향하는 것은 실제 역사와 잠재성의 관계를 통해 도시학습에 대한 배치가 형성된다는 것이다.

그 지향성은 다양한 시간성 속에서 각각의 도시학습이 서로 다르게 나타나고 서로 대립하면서, 이 과정에서 도시생활방식이 서로 다르게 학습되는 양상을 드러내는 방법이다. 타니아 머레이 리(Tania Murray Li 2007)가 주장한 바와 같이, 배치적 사고는 특정 국면에서 서로 다른 시공간적 과정들이 어떻게 서로 이어붙여지고, 특정한 권력 행위자들의 노력을 통해 어떻게 안정화되는지에 대해 관심을 갖는다. 이후 이 과정은 경합, 권력 관계 변화 또는 새로운 맥락 등을 통해 분산되거나 재정렬될 수 있다. 배치는 여러 가지 요소들, 예컨대 도시적 장소와 행위자들의 역사, 그 역사를 생산하는 데 필요한 노동, 그리고 그 연결만으로는 설명될 수 없는 그 외의 어떤 필연적 역량의 총합 등의 깊이와 잠재력에 관심을 집중한다(1장 참조). 파리아스(Farías 2009: 15)가 주장한 대로, 배치는 '한편에서 물질적인 것, 즉 실재적으로 배치된 것'뿐만 아니라, 다른 한편에서 '창발적 과정으로서의 중층적인 것'이라는 이중성을 갖는다. 그 사례 중 하나는 배치의 분석은 신자유주의를 일종의 보편적이고 정합성을 갖는 통일된 프로젝트로 보거나 혹은 지역성을 일종의 우연성으로 치부하는 일반화된 헤게모니 과정으로 간주하지 않는다. 오히려 맥거크와 다울링(McGuirk & Dowling 2009)이 말한 것처럼, 도시적 논리 및 과정을 여러 장소에서 나타나는 도시의 변화를 구조화할 수도 혹은 구조화하지 않을 수도 있는 임의성으로 읽어내는 느슨한 형태의 집합체 정도로 간주할 가능성을 제공한다. 그들은 신자유주의를 어느 경우에도 항상 패권적이고 우세한 어떤 것으로 구체화하는 것이 아니라, 수많은 가능성 중 하나로 간주하여 다양한 논리, 행위자, 역사, 프로젝트 및 실천의 '상황적 배치'라는 렌즈를 통해 도시 변화를 구상하려고 한다. 이것은 본질적으로 경험적 관찰의 대상이며, '특정 도시 전략에 의해 발생되고 제도화된 여러 정치 프로젝트, 거버넌스 양식, 관행 및 결과의 실질적 공존에 따라 달라지는 개방적인 '현장의' 관행을 조사하라는 요구'(McGuirk & Dowling 2009: 177)이다. 이것은 또한 도시학자로서 우리가 도시 변화를 배우는 방식과 함께 '신자유주의'와 같은 용어가 우리의 비판적 상상력에 영향을 미치지 않도록 하는 데 초점을 맞추고 있다. 하지만 이것이 결코 신자유주의가 전 세계 도시에서 극도로 불평등한 자본 축적, 노동 착취, 부동산 불평등, 젠트리피케이션 및 재산 몰수를 주도하는 과정을 주도하는 주된 현상이 아니라는 의미는 아니다. 분명히 그것은 사실이며, 그 형태와 결과에 대해서는 분명히 비판적 도시 사고와 행동을 통해서 공정하게 다뤄져야 한다(Peck & Theodore 2001; Larner 2003; Peck 2003; Wacquant 2007, 2008). 여기에서 지향하고자 하는 것은 결코 신자유주의적 역할을 덜 중요하게 생각하거나 무시하자는 것이 아니다. 오히려 지배적인 정치경제와 양극화 및 주변화의 원인으로서의 신자유주의가 특정 도시의 불평등을 야기하는 여타 다른 중요한 과정과 어떻게 상호적 관계를 맺으며 어떻게 작동하는지를 더 잘 이해하자는 것이다. 이것을 통해서 신자유주의 그 자체를 넘어설 수도 있고, 혹은 신자유주의가 내포하는 가능성과 잠재력의 한계에 갇히는 것을 비판적 상상력을 통하여 거부해 낼 수 있는 것이다.

여기서 비판적 학습에 대한 배치가 가지는 공헌은 단순히 도시가 신자유주의를 능가하는 과정을 통해 재구성된다는 점을 강조하는 데 있지 않다. 그것은 '도시 신자유주의가 우리의 이론적 상상력과 분석 가능성의 범위를 본질적으로 제한하고 규정하려는 주도권을 약화시킬 수 있다는 것'이다(McGuirk & Dowling 2009: 184). 도비(Dovey 2010: 16; De Landa 2006을 볼 것)가 주장한 바와 같이, 배치적 사고는 '배치를 생성하는 역사적이고 우연적인 과정에 집중함으로써' 환원주의와 본질주의를 피하려는 분명한 한 가지 시도이다. 조합 및 재조합, 그리고 구성 방식에 집중함으로써, 배치는 실제와 가능성 사이를 분리하며, 구체적으로는 도시학습이 어떻게 생성되고 경험되는지의 문제와 어떻게 사회적으로 더 공정한 도시를 학습할 수 있는지의 문제 사이를 분리하여 사고하도록 해준다.

물론 여기서 배치적 사고는 프랑크푸르트 학파(Frankfurt School)의 비판적 이론이 이루고자 했던 것들과 상당 부분 일치한다(Brenner 2009: 203-4).

이 학파는 부르주아 도시지식이 자본주의에 의해 역사적으로 어떻게 생산되는지, 그리고 정치적, 경제적 대안, 사회운동, 새로운 지식 형태의 구축을 통해 어바니즘이 어떻게 더욱더 공정하게 재구성될 수 있는지에 대해 강조한다. 아도르노와 호르크하이머(Adorno & Horkheimer 1979)에서 마르쿠제(Marcuse 1972)와 르페브르(Lefebvre 1971)에 이르기까지 다양한 색깔을 띤 비판 이론이 자본주의와 문화가 알고 배우는 능력에 대해 역사가 부여한 제약과 제한을 항상 확인하는 동시에, 집단적 인식과 거부의 가능성을 개발하려고 노력해 온 점을 고려할 때, 역사실재-잠재력의 관계는 여전히 비판 이론의 전통에 뿌리를 두고 있다고 볼 수 있다. 가능성(potentiality)이라는 개념은 1960년대 후반과 1970년대 초의 상황주의자들(Situationists)의 연구에서 나타난 핵심적 요소였는데, 여기서 집단적 인정과 상호성이 가능한 공간으로서의 도시는 급진적인 잠재력의 중심지가 되었다(McDonough 2009)가 편집한 상황주의자 도시 글쓰기 모음집 참고). 상황주의자들의 일탈(dérive)이라는 문화적 실험이나 근대주의적 어바니즘의 소외적 규범에 도전하고자 명시적으로 시도한 '통합적 어바니즘(unitary urbanism)'의 건축은, 도시의 다양한 존재 방식을 배우고 대안적 지식을 생산함으로써 소외되고 억압받는 사람들의 욕구와 필요에 맞는 도시 공간을 전유하려는 창의적인 시도였다(McDonough 2009).

그러나 그런 전통을 넘어서, 배치는 재배치되는 과정에 대해 특별히 더 강조한다. 즉, 배치적 사고는 우리에게 대안적 형태의 도시학습이 어떻게 배치되고 실현되는지 생각해 보게 한다. 이 문제를 제기한다고 해서 배치가 어떤 특정한 내용의 타자성—그것이 사회주의적이건 아니건 간에—을 내포하는 것은 아니지만, 거기에는 여전히 배치가 대안적 도시학습의 형성과 중요한 관련성이 있다는 점이 포함되어 있다. 그러나 무엇이 배치될 수 있고, 그 배치는 어떻게 이루어질 수 있는가? 여기에서 배치 사고를 이해하는 두 가지 동향을 강조하고자 한다. 첫째는 공유지의 조합(assembly of the commons)이며, 둘째는 '생성적 비평(generative critique)'이 갖는 조합적 잠재력이다. 여기서 배치는 항상 새로운 연결, 지식 및 대안을 지속적으로 창출하는 비평을 향한 작업 모임의 잠재력으로서 기능한다. 공통적으로 생산되고 유지되는 대안을 조합하는 의무가 이에 대한 대응의 중요한 부분이 되어야 한다. 하트와 네그리(Hardt & Negri 2009)가 제안한 것처럼, 배치는 공유의 한 형태(a form of commoning)로 참여적 포용, 즉 공통적인 것을 통해 생성된 도시학습형태의 상상, 토론 및 실현을 가져오는 것으로 이해될 수 있다. 하트와 네그리(2009)의 표현에서, 공유지(the commons)는 이를 형성하기 위해 특이성들의 차이를 제거할 필요가 없다는 점에서 그들의 초기 '다중(multitude)'의 개념과 일맥상통한다 —이는 들뢰즈적 배치 개념과 밀접하게 일치한다(Tampio 2009). 하트와 네그리는 공유지는 공유되어야 하는 것이며, 이를 향해 노력해야만 하는 것으로 정의함으로써 다중(multitude)에 대한 정교성을 확장하려고 시도한다. 그들은 공유지를 상호작용, 돌봄, 공존이 실천된 결과로 본다. 공유지는 공유 문화와 지식을 의미하기 때문에 공공이라는 것과 동일하지는 않으며, 또한 그런 지식의 집합을 의미하지도 않는다(Negri 2006 참조). 무언가 대안적이며 더 정의로운 도시 세계에 대한 경전 같은 걸로 배워야 하는 단일화된 지식 집합은 하나도 없다. 그 대신에, 공유지는 일종의 '되기(becoming)'의 과정이다. 즉, '어떤 정동이나 존재방식의 한 가지 배치인데, 그것은 말하자면 삶의 방식(form of life)이다— 이 모든 것들이 바로 공유지를 만드는 과정에 달려있다'(Hardt & Negri 2009: 124). 앞서 네그리(Negri 2006: 67)가 주장한 바와 같이, '공유지는 결과가 아니라 그 활동이다; 공유지는 배치(아장스망, agencement)이거나 혹은 일종의 열린 연속체이며, 결코 치밀하게 통제된 어떤 것이 아니다'.

그러므로 여기에서 말하는 공유성은 여러 지식과 존재 방식의 한 가지 집합 형태라고 할 수 있다. 이는 범주화된 동일성이라기보다는 오히려 '확정된 특이성들'이라고 해야 한다(Hardt & Negri 2009: 124). 하트와 네그리(Hardt & Negri 2009: 340)는 진정한 공유를 획득하기 위해 모종의 대안적 세계를 학습하기 위한 투쟁은 '혁명적 배치(revolutionary assemblages)'를 통해서만 일어날 수 있다고 주장하는데, 이는 어떤 단일 원인(예: 계급, 인종 또는 성별)만이 아닌 그들의 복합체들을 중심으로 형성되는 다양한 문제와 관심사로 구성된 다중으로서의 운동들의 병렬 조율을 통해서만 가능하다고 말한다.

이 공유성은 오직 '무한한 방식의 특이 활동들을 서로 연결하는 협력적인 조직'을 통해만 형성될 수 있는 일종의 창발적 형식이다(Negri 2006: 71). 이때, 한 가지 정치적 과제를 예시한다면 그것은 자본의 집적에 맞서는 공통성의 집적을 이루어내는 것이다. 달리 말하면, 단순히 더 많은 아이디어, 이미지, 정서 등이 아니라, 우리의 능력과 감각을 확장하는 것, 즉 생각하고, 느끼고, 보고, 서로 관계를 형성하고, 사랑할 수 있는 힘'을 증가시키는 것이다(Hardt & Negri 2009: 283). 이것은 지식과 아이디어를 포괄적이고 참여적으로 공유함으로써 지금과는 다르게 살아갈 수 있는 법을 배우고, 그것을 통해서 새로운 도시생활방식을 지각하고 살아가는, 새롭고 보다 더 공정한 방식을 개발하는 프로젝트이다.

공유지를 구축하는 것을 잠재성을 실현하는 과정이다. 공유지라는 배치물을 형성할 수 있는 잠재성은 특히, 하트와 네그리(Hardt & Negri 2009: 25)에 따르면 특히 '사람들이 함께 생활하고, 자원을 공유하며, 의사소통하고, 상품과 아이디어를 교환하는 공간, 공통적인 것의 공간'으로서의 도시를 구성하는 일과 깊은 연관성을 가진다. 하트(Hardt)와 네그리(Negri)가 특히 관심을 둔 부분은 공유지의 특성으로서의 생명정치학 생산의 기반이었는데, 이것은 땅, 광물, 물, 가스 등과 같은 자연적인 공유물뿐만 아니라 언어, 이미지, 지식, 감정, 규범, 습관 및 실천과 같은 '인위적인 공유물'도 포함한다(ibid.). 만남(타자성과의 만남)의 공간으로서 도시는 공유지의 긍정성(예: 지역문화적 복수(plural) 공간)과 부정성을 동시에 생성한다(예: 오염, 교통 또는 공원, 도서관 및 공동체 센터의 이용, 소음 및 쓰레기 수거와 관련된 사회적 갈등 등). 오늘날 점점 더 많은 엘리트 집단들이 개방된 도시를 탈출하여 외부 출입이 제한되는 고급 단지(gated enclaves) 안으로 이동하는 현상에 대한 문제를 제기하면서, 우리는 배치적 사유 정치를 통하여 도시학습의 다중적이고 포괄적인 과정으로서 공통성을 조합하는 배치 자체가 가지는 민주적 평등성을 강조할 필요가 있다. 만약 공유지가 배치의 잠재적 가능성을 실현하는 것이라면, 우리는 그 배치과정이 어떻게 이루어질 수 있는지를 따져보아야 한다. 여기에서 나는 배치가 다양한 지식, 목소리 및 관심사를 한데 묶어내는 잠재성을 가지고 있다는 점에 집중하는 '생성적 비평(generative critique)'이라는 아이디어에 주목한다.

생성적 비평

브루노 라투르(Bruno Latour 2004: 225)는 '비판적 정신은 어떻게 되었는가? 그것은 기력을 다했는가?'라는 질문으로 도발적인 논문을 시작했다. 라투르(Latour)의 관심사는 일반적으로 학문적 비평이 일반적으로 '외부' 세상의 변화에 발맞추지 못하고 새로운 질문과 논쟁을 유발하지 못했다는 점이었다. 그가 보기에 '관심의 문제(matter of concern)'는 단지 현재에 대한 단순한 관심을 넘어서 현재를 비판적으로 접근해야 한다는 것이었다. 예를 들면 국가나 언론과 같은 조직들이 제안하는 '사실의 문제(matters of fact)'가 틀렸다는 것을 밝히는 수준을 넘어서, 라투르(Latour)는 우리에게 '관심의 문제(matter of concern)를 이야기하고, 돌보며, 그것을 만들어 내는 비판적 도구를 개발할 것을 권장했다. 따라서 라투르(Latour)에게 있어서 중요한 한 가지 방법은 관심의 문제(matter of concern)가 어떻게 생산되고 유지되는지를 추적하는 것이다.

라투르(Latour 2004: 245-6)는 하이데거(Heidegger)와 화이트헤드(White-head)에 관한 논의에서, '회집(gathering)' 개념이 비판에 새로운 방향을 제시한다고 주장했다. 여기서 비판은 '사실의 문제(matter of fact)에 대한 가능성으로부터 도피하려는 것이 아니며, 또한 비인간 차원의 사실이 놓친 부분에 대해서 인간적인 요소를 더 추가하는 것도 아니다', '사물(a thing)을 존재하게 하고 그 존재를 유지하기 위해서 얼마나 많은 사람들이 모이는지를 탐색하고자 다방면으로 조사하는 일(multifarious inqquiry)'이다. '사물(thing)'이라는 용어에 대해, 라투르는 존재하기 위하여 '사실의 문제(matters of fact)'가 '관심의 문제(matters of concern)'를 요구하는 방식, 즉, 다양한 관계들을 조정하고 조합해야 하는 방식이라고 언급했다. 다시 말해 여기서 관심의 문제(matter of concern)는 도시 지식에 대한 주장의 옳고 그름뿐만 아니라 —물론 이것도 중요하지만— 비판적이고 대안적인 학습이 어떻게 창조적인 방식으로 생성되고 회집되는지에 관한 것이다. 이 글에서 비평가의 역할은 모임 과정에 참여하는 것으로, 그 의미는 다음과 같다.

> … 비평은 잘못을 폭로하는 것이 아니라 조합하는 것이다. 비평가는 순진

> 한 신봉자들에 대한 지원을 중단하는 사람이 아니라 참여자들에게 회합의 장을 제공하는 사람이다… 그들에게 있어서, 무언가가 구성되었다면 그것은 깨지기 쉬워서 엄청난 주의와 관심이 필요하다(ibid: 246).

비판은 어떤 잘못을 폭로하려는('사실'과 관계를 끊고 '사실'에서 제하는) 것이 아니라, 해당 객체와의 학습 관계를 추적하고 증폭시켜 그 객체와 더 밀접하게 연관시키려고 하는 것이다.

나는 도시학습의 비판적 지리학의 핵심이 되는 '사실적인(factual)' 주장의 정체를 폭로하는 것이 중요하다는 점을 옹호하지만 ―예를 들면, 뭄바이 연구에서, '빈민가(slum)'에 사는 사람들이 물을 '훔치고(steal)' '낭비(waste)'하기 때문에 이들이 물 부족에 대한 책임을 져야 한다는 지역정부의 주장은 종종 대중에 의해 널리 받아들여진다― 그럼에도 불구하고 라투르(Latour)는 여기서 배치가 도시학습 비평의 형태로 제공할 수 있는 것에 관한 한 가지 중요한 문제를 제기한다. 실제로 뭄바이의 지역정부가 빈민가에 의한 소위 '좀도둑질(pilfering)'에 대한 사실적인(factual) 주장을 할 수 있는 이유 중 하나는 국가역량, 물 민영화 및 부패문화에 대한 논쟁; 권리와 시민권 문제에 대한 논쟁; 편견의 역사 논쟁; 수도관 조건과 몬순 강우량 수준 논쟁 등 다양한 '관심의 문제(matter of concern)'는 '사실(fact)'의 구성에 대해 영향력을 발휘하는 세력에 의해 의도적으로 무시되고 있기 때문이다. 그런 주장을 폭로하는 것도 확실히 중요하지만, 우리는 어떻게 물에 대해 새로운 연합을 형성할 수 있는가? 우리는 어떻게 이질적인 그룹들이 보다 공정한 물 해결을 위한 학습을 위해 모일 수 있는 기회와 공간을 증폭시킬 수 있는가? 다시 말해 우리는 도시적 불평등을 폭로하는 것뿐만 아니라, 새로운 형태의 연합, 학습 및 정치적 발전 공간을 탐색하고 조합하며 또한 생성해 낼 수 있다. 여기서 국가가 간과된 관심사들을 함께 모으는 지역 사회 운동가 포럼을 개발하는 일을 예로 들 수 있는데, 이는 새로운 관계를 만드는 좌파 배치를 생성해 낸다. 이것은 비판의 가능성을 그려내는 일인데, 그 안에서 비판적 학습의 가능성을 구축하려는 배치적 관점이라고 할 수 있다.

행위자성과 비판적 학습

도시학습의 비판적 지리학에서 배치가 두 번째로 기여하는 바는 행위자성(agency)을 어떻게 이해하고, 따라서 비판적 학습을 어떻게 바라보아야 하는지를 이해하는 것이다. 파리아스(Farías 2009: 15)는 행위자성을 '배치의 창발적 능력이며…. 도시의 특정한 법 제정으로 이어지는 행동 또는 힘'이면서, 동시에 이 힘은 사회적이면서 동시에 물질적이라고 주장한다. 행위자성을 사회와 물질 전반에 걸쳐 분포되어 있는 새롭게 출현하는 과정으로 접근할 때, 배치적 사고는 우리가 도시를 학습하는 방법에 있어서 다양한 자료가 할 수 있는 중요한 역할을 신중하게 고려할 것을 요구한다. 잘 꾸며진 정책 문서, 주택 및 인프라 자료, 플래카드, 현수막 및 피켓 라인, 신기술 및 오래된 기술, 소프트웨어 코드, 신용 증권, 화폐, 상품, 또는 도시 빈곤, 강제철거 및 불평등의 물질적 조건 등이 그러한 자료가 될 수 있다.

사회 및 물질 전반으로 분산되어 있는 행위자성에 대해 초점을 맞추는 일은 자본주의의 다양한 물질화(materialization)에 대한 비판이론의 오랜 우려를 내포하고 있다. 여기에는 상품, 자본 축적을 통한 부와 빈곤의 물질화, 신(新)식민지적 천연자원 추출, 외부인 출입이 금지되어 있는 고급단지, 그리고 신자유주의 등이 포함된다. 제2제국의 파리의 도로정비(Haussmannization) 인프라에서부터 2차 세계대전 이후 미국의 교외화 그리고 지난 20년간의 중국의 급속한 도시화에 이르기까지, 도시화가 이윤추구를 위해 자본주의자들이 끊임없이 생산하는 잉여 산물을 흡수하는 데 역사적으로 중요한 역할을 해왔다는 데이비드 하비(David Harvey 2008)의 설명을 생각해 볼 수 있다. 여기에서 사회적 자연(socionatures)의 도시화에 대한 비판이론(예: Heynen et al. 2006)도 생각해 볼 수 있다. 그러나 여기에서 차별성은 배치적 사고가 비판적 도시학습을 위한 물질 자체의 행위성에 대해 특별히 강조를 하고 있다는 점이다. 이에 대한 한 가지 예로는, 세계를 형성하는 데 비인간적인 힘의 행위자성이 갖는 공헌을 강조함으로써 구체적으로 인간 행위성 또는 정치의 특권에 도전하려는 '생기적 유물론(vital materialism)'에 대한 베넷(Bennett 2010)의 주장을 들여다 볼 필요가 있다. 베넷(Bennett)은 인간의 삶과 관련하여 그리고 인간의 삶과 독립적으로 물질성(materiality), 즉, 때때로 인간의 삶과 이해의 경계를 만나고, 때로는 인간의 삶과 이해의 경계를 넘는 과정으로서의 물질성을 이해하려고 노력하였다. 베넷(2010: 20)은 물질성을 안정적이고 고립된 객체의 집합이 아니라 배치 내에서 인간과 비인간 사이의 변화하는 관계의 과정으로 이론화하였는데, 이는 '실체만큼의 힘, 물질만큼의 에너지, 확장만큼의 강도'라는 표현으로 요약될 수 있다. 이 생기적 유물론은 부분적으로 인간과 물질의 공유 경험을 조사하고, '더욱 생태학적인 감수성을 향해 전진하며'(Bennett 2010: 10), 또한 이전과는 다른 차원의 비판을 실현해 내는 것을 목표로 한다.

예를 들어, 물질성은 도시의 저항이 어떻게 작동하는지를 학습하는 데 중요한 행위자로 작용할 수 있다. 뭄바이 빈민가 거주자 연맹(3장 참조)을 설립한 유명한 뭄바이 운동가인 요킨 아르푸트함(Jockin Arputham)은 1980년대에 다양한 평범한 물질들이 도시운동 학습의 행위자로 어떻게 등장했는지 자세히 이야기했다. 예를 들어, 그는 이 조직의 '전화요금 청구서 청구 금액이 매우 낮았던 이유는 수화기에 기차표를 넣어서 공중전화를 무료로 사용할 수 있는 방법을 발견했기 때문이었다'라고 설명했다(Arputham 2008: 333).

> 우리는 또한 장관들의 전화를 차단하는 방법도 배웠다. 마하라슈트라주(州) 의회에서 30명의 장관들의 전화가 어떻게 동시에 끊겼냐는 질문이 제기되었다. 우리는 자나타 식민지(Janata colony)에서 이 일을 설계했고, 어느 날 100명의 사람들에게 모든 장관들의 집에 가도록 했다. 그들의 전화를 차단하는 데는 간단한 전선과 두 개의 돌만 있으면 된다. 그러면 전화가 영구적으로 통화 중인 것처럼 만들 수 있었다. 우리는 단순히 전화기들이 어디에 있는지 파악하여 그들의 연결을 합선시키는 것만으로 30명의 장관들의 전화를 모두 동시에 차단할 수 있었다.

여기서 철도 티켓, 전선 및 돌은 운동가들 간의 조율 및 저항의 가능성을 통해 학습을 촉진하는 준객체(quasi-objects)(Serres 1974; Serres & Latour 1995)이다. 이런 물질들은 이 조직이 공무원들 간의 통신을 방해할 수 있게 하는 조율 도구로 작용하였으며, 시위와 항의를 조직할 때 이러한 이점을 활용했다. 이것은 새로운 배치를 통해 물질의 사용을 번역하고, 친숙한 물질을 다른 방식으로 사용함으로써, 저항의 기회를 만드는 전술 학습(제2장, 제3장)의 한 가지 사례이다. 또한 이 운동의 지도자로서 요킨(Jockin)은 그러한 분산학습 전술(the tactic of distributed learning)을 통해 자신을 지속적으로 업데이트하고 있었다. '나는 공중전화로 누가 괜찮은지, 누가 탈출했는지, 누가 체포됐는지 확인하고 있었다. 우리는 자전거와 인력거를 끄는 사람들을 대기시켰다'(ibid.). 사회와 물질 전반에 걸쳐 행위자성을 분산할 때, 배치적 사고(assemblage thinking)는 도시생활의 경험과 가능성을 실현시키는 데 다양한 물질성들이 어떻게 다중적인 역할을 할 수 있는지에 주목한다.

여기에서 주목할 만한 부분은, 이 이야기가 도시 불평등과 정치적 경제의 본질에 대한 중요한 통찰력을 제공할 수 있도록 물질성에 대한 더 넓은 캔버스를 마련해 준다는 것이다. 요킨(Jockin)과 그의 동료 운동가들은 '더 높은' 경제적 용도를 위해 종종 주정부와 민간 임대인이 비공식 무허가주택을 철거해 온 관행에 대해 저항해 온 부분에 대해 중점적으로 관심을 기울여 왔다. 뭄바이에서는 비공식 주택을 철거하거나 '물도둑(water pilfering)'이라는 차별적 담론의 맥락에서 이들의 수자원 인프라를 철거하는 주정부의 행위는 우리에게 도시 정치경제학에 대한 특별한 통찰력을 제공한다. 예를 들어, 쇼핑몰이나 주거단지를 위해 무허가 주택을 철거하는 것은 축적, 울타리 치기 및 강제이주, 토지소유의 불평등, 젠트리피케이션 및 그 상품화의 불평등에 대한 생생하고 폭력적인 이야기를 전한다(Harvey 2005, 2007; Vasudevan et al. 2008). 또 다른 예로, 2009-10년 동안 뭄바이 북동부의 Rafinagar 비공식 거주지에서 지방자치 당국이 소위 '물부족'으로 인해 수도관을 야만적으로 파괴한 경우가 있다. 지역 주 공무원들과 사기업들은 더 높은 가격으로 절박한 주민들에게 물탱크의 질이 나쁜 물을 판매함으로써 비공식경제를 심화시켰다. 물론 이러한 물질적 재구성 및 실천에 초점을 두는 것이 도시 불평등과 그 정치경제학에 대한 모든 이야기를 담아낼 수 있다고 말하는 것은 아니다. —사실 어떤 장소, 관점 또는 접근방식이 '전체' 이야기를 말해줄 수는 없다— 그러나 이런 식으로 비공식 거주지 내에서 물질적 불평등과 실천에 집중할 경우, 지금까지 우리가 불평등과 그 정치경제학을 바라볼 수 있는 창(窓) 이상의 통찰력이 생길 수 있다. 이것은 우리가 문자 그대로 불평등한 것들을 이해하고 또한 자본주의적 발전이 선호하는 특정 도시 패턴과 과정을 이해하는 데 도움을 준다. 강제 철거, 파괴 또는 활동가들의 물질 사용 방식 등과 관계없이, 배치라는 개념을 통하여 우리가 어떻게 비공식 거주지 내의 일상성 속에서의 물질성들에 초점을 맞추는지, 그 물질성들과 관련하여 행위자성이 어떻게 분배되는지, 그리고 어떻게 거주자들과 운동가들이 도시에서 이들에 대처하고 협상하거나 저항하며, 그들의 미래전망을 발전시키는지 등에 대해 새로운 방식으로 주목할 수 있게 된다.

여기에서 특히 도시학습의 비판적 지리학에 대한 두 가지 함의가 있다. 첫째는 방법론에 관한 것이고, 둘째는 책임에 관한 것이다. 첫 번째는 방법론적 접근법인데, 주로 베넷(Bennett)의 생기적 유물론과 같은 설명들이 여기에 도움이 된다. 베넷(Bennett)의 방법론적 접근은 물질성을 이해하는 문화적, 언어적 및 역사적 방식들을 깊이 고려하지만, 그럼에도 물질성 자체를 이런 렌즈로 환원하지는 않는다. 베넷(Bennett 2010: 17)에 따르면, '생기적 유물론자들은 이런 순간에 머무는 그 순간 그들 자신이 객체에 매료되어 있다는 것을 깨닫게 된다'. 여기서 이런 연구자는 모종의 긴장 상황에 놓이게 된다. 즉, 도시 물질성이 가지는 행위자성 및 그것들 간의 관계가 사실 우리가 이해할 수 있는 범위를 넘어설지도 모른다는 점과 함께, 그럼에도 불구하고 우리가 어바니즘에 대해 배우는 방법에 대한 물질의 행위자적 힘(agentic force)을 이해하려는 끊임없는 노력을 수행해야 한다는 것이다. 여기서 한 가지 잊지 말아야 할 점은 인간의 삶이 여러 물질적 부분으로 이루어져 있다는 자명한 주장을 넘어서, 물질들을 능동적인 것으로 인식하는 것, 그리고 일상 생존, 경험, 불평등 및 가능성의 맥락에서 물질의 변화하는 역할을 학습해 나가야 한다는 것이다. 그 한 가지 사례로서 미세적 민족지

학(micro-focused ethnography)을 예로 들 수 있는데, 이 방식 속에서 도시 물질성은 단순한 결과적 객체가 아니며, 오히려 다양하고 우연적인 방식으로 학습되는 하나의 과정일 수 있다는 것이다. 여기서의 목표는 이러한 물질성이 스스로를 형성하면서 동시에 우리로 하여금 학습할 수 있도록 하는 용도성 및 가능성의 변화 양상을 밝히는 것이며, 이것은 일상생활, 불확실성 및 대안적 어바니즘의 가능성을 서로 연결하는 데 필요한 잠재적으로 새로운 시각을 제공할 수 있다.

여기에서 말하고자 하는 핵심은 배치적 사고가 일종의 과정적 사고라는 것이다. 즉, 배치의 행위자성은 서로 다른 행위자들을 모으고, 해체, 경쟁, 재구성하는 과정에서 나타난다. 페미니스트 과학연구 이론가인 카렌 바라드(Karen Barad 2007)는, 그런 관점에서 행위자성은 속성이나 특성보다는 세계의 지속적인 재구성을 나타내는 명칭이라고 주장했다. 바라드(Barad 2007: 151)에 따르면, 물질성은 고정된 물질이 아닌, '어떤 사물이 아니라 행위, 즉 [인간 및 비인간] 행위자성의 응고인, 상호작용적 발전과정에서의 물질'로 이해된다. 베넷(Bennett 2005: 461)은 배치(assemblage)가 우리에게 배치의 각 '구성원'으로서의 행위자성뿐만 아니라 배치 자체의 행위자성—'잠재력의 유동적이고 집중적인 발생'의 맥락에서 여기에 있는 힘과 궤적을 통해 변화하는 환경, 또는 사물의 특정한 배열—을 고려하도록 요구한다고 주장했다. 배치가 도시 불평등이라는 '요소들'과, 사람들이 불평등에 대처하고 협상하는 법을 배우는 방법에 대한 통찰력을 제공할 수 있는 것은 구체적인 사물의 배열 안에서 가능한 것이다.

이런 식으로 행위자성을 분배할 경우 —이는 물질성에 주목하는 도시 학습의 비판적 지리학에 대한 두 번째 함의이다.— 배치라는 관점은 우리가 비판을 수행할 때 그 책임을 어디에 두어야 하는지에 대한 물음을 제기한다. 제3장에서 SDI의 초지역적 학습에 대한 논의에서 우리는 문서와 모델들이 학습의 성격과 정치, 사회 변화에 대한 특정 개념을 형성하도록 하는 핵심적인 행위자성을 갖는다는 점을 드러냈다. 베넷(Bennett 2005, 2010)은 2003년 8월 북미 전력망이 정전되었던 상황을 통해서, 그러한 사회적-물질적 배치가 가지는 본질적으로 분산적이며 다중적인 행위자성의 특성으로 말미암아, 그 책임, 책임 소재 및 윤리-정치적 비난이 어디에 있는지에 대한 의문을 제기했다. 베넷(Bennett 2005: 464)은 행위자성 분배의 문제를 우리가 전략적으로 책임을 돌리고자 하는 부분과 관련해서 인간 행위자성 대 물질 행위자성이라는 이분법으로 구분했다(예: 기술의 실패 대 거버넌스 또는 자금조달 실패). 그러나 여기에서 비판적 도시학습에 대한 배치적 사고는 이러한 두 가지 이분법적 선택지 중 하나를 선택하는 대신 여러 가지 물질성들이 예상치 못한 방식으로 나타내는 복잡성에 있다. 예를 들어, 계획은 어떻게 발생하고 그것은 어떠한 사회적-물질적 지리학을 통해 발생되는가? 비판적 도시학자에게 있어서, 사회적-물질적 배치를 통해 분배된 행위자성에 중점을 두는 것은 도시학습 배치 내에서 다양한 시공간에 개입하는 것을 가능하게 해준다. 비판적으로 행동하라는 명령은 —바라드(Barad 2007: 296)의 말을 빌리자면— '각 순간을 만나는 것, 생성(becoming)의 가능성이 살아 숨 쉬는 것', '윤리적 초대, 즉, 존재와 존재가 생성(becoming)이라는 바로 그 문제가 명시된 초대'이다. 역사와 잠재성의 관계에 대해 심층적으로 설명하는 과정에서, 혹은 다양한 사회적/물질적 영역에 걸쳐 행위자성을 분산시키는 과정에서, 배치적 사고는 도시학습의 행위자들 및 그 원인의 범위를 다양화시키는 동시에, 비판적 개입과 가능성의 공간을 잠재적으로 확대시킨다.

배치와 비판적 학습 상상력

도시학습의 비판적 지리학에 배치가 기여하는 세 번째 요소는 특정 도시 생활방식에 대한 상상력을 촉진하는 것이다. 일종의 상상력으로서의 배치는 콜라주(collage), 구성(composition), 소집(gathering)등을 내포한다. 이 지점에서 도시 비판적 학습에 배치가 가져올 수 있는 구체적 지향성을 도시 코스모폴리타니즘(cosmopolitanism)의 문제를 통해 살펴보고자 한다. 여기서 제기되는 질문은 도시학습 배치의 상상력이 정치적 함의로서 진보적인 코스모폴리탄 어바니즘을 향해 나아가도록 할 수 있는지에 관한 것이다. 사회과학에서 구성적 혼합(compositional mixture)이라는 이미지에 가장 가까운 것은 아마도 코스모폴리타니즘에 대한 논쟁일 것이다. 특정 유형의 초지역적 관계를 나타내는 이름으로서 코스모폴리타니즘은 우리가 도시학습 배치를 개념화하는 방법에 대해 잠재적으로 진보적인 지점을 제공한다. 데이비드 페더스톤(David Featherstone)(출판 예정; Jeffrey & McFarlane 2008도 함께 참고)이 '서벌턴 코스모폴리타니즘'에 관한 논의에서 주장한 것처럼, 코스모폴리타니즘은 '함께 존재'한다는 정체성을 중요시하는 것이 아니라 '함께 생성하는 것'이라는 이동적/관계적 의미를 중시한다. 코스모폴리타니즘은 서로 간의 차이를 조우하거나, 관리 또는 협상하는 관계다. 이런 의미에서, 도시에서의 코스모폴리타니즘은 차이를 협상함으로써 학습되는 일종의 '세계성(worldliness)'(제2장) 및 도시 문화적 다양성 사이에 거주(dwelling)를 통해 발생하는 태도라고 설명할 수 있는데, 이곳에서의 거주는 다른 문화와 관련하여 퇴행하는 배제적 감성이 아니라, 이상, 다양성에 대한 개방성과 축하, 그리고 초지역적 연결과 연대를 위해 노력한다는 의미이다

(cf. Sandercock 1998, 2004; Harvey 2009).

코스모폴리타니즘을 규범적 정치 프로젝트로 번역하여 읽어내는 한 가지 방식은 때로는 낭만적으로 묘사되는 '단일 세계주의(one-worldism)' 담론이다. 알랭 바디우(Alain Badiou 2008: 39)의 주장과 같이, 간단한 공리인 '오직 하나의 세계만 있을 뿐이다(there is only one world)'라는 말에는 모든 사람들에게 적절한 생활수준을 장담하려는 정치적 계획이 자리 잡고 있다. 그는 다음과 같이 주장한다.

> 첫 번째 결과물은 다른 모든 사람들도 나와 같은 세계에 속한다는 것을 인정하는 것이다. 식당 주방에서 본 아프리카 노동자나 길에서 구덩이를 파는 모로코 사람, 공원에서 아이들을 돌보는 베일을 쓴 여성. 그것은 우리가 대상과 기호로 통합된 세계의 지배적인 개념을 거꾸로 뒤집어서, 여기 지금, 살아가고 행동하는 존재들의 관점에서 통합을 만들어 낼 수 있는 곳이다(Badiou 2008).

이 장 앞부분의 공유지에 대한 논의를 반영하듯, 이 관계적인 단일-세계주의(one-worldism)는 어떤 동질적인 것들의 통합이 아니다. 이것은 무한한 차이들이 존재하는 단일세계를 소환하며, 이와 같은 차이들은 세계의 통합성에 대해 의문을 제기하기보다는 오히려 그 존재의 원리가 된다. 따라서 규범적 코스모폴리타니즘이 왜 필요한지에 대한 한 가지 대답은, 각자의 국가 정체성이나 권력이나 갈등 및 차이와 관계없이, 적절한 삶의 생활수준을 요구하는 방식 속에서, 이전의 특권적인 '나' 혹은 '우리'의 존재를 내려놓고 고통받는 다른 이들과의 관계 속에서 그것을 재발견하도록 하는 일종의 실존적 코스모폴리타니즘에서 찾아져야 한다. 탐피오(Tampio

2009: 393)는 이것이 '좌파적 배치'로서의 들뢰즈적(Deleuzian) 개념의 중심에 있다고 주장했는데, 여기서 핵심적인 정치적 과제는, 정치는 근접한 것 또는 먼 것에 따라 정의되는 것이 아닌, 연대, 연결 및 평등에 대한 헌신에 의해 정의되어야 한다는 사실을 이해하는 것이다. '들뢰즈(Deleuze)는 내재적으로 이질적인 존재들 사이에서 우리들의 마음을 이해하도록 격려한다'. 코스모폴리탄 어바니즘에 내재된 이러한 실천이란 결국 차이를 협상할 수 있도록 학습하는 한 가지 방식이다. 이것은 소집(gathering)과 구성(composition)으로서의 배치적 사고의 실천에 내재된 핵심적인 초지역주의(translocalism)를 나타낸다.

도시학습에 활발하게 섞여 들어가 있는 계급, 성별, 인종, 민족, 종교, 카스트, 장애 또는 연령 등과 같은 불평등을 어떻게든 피하는 것이 정치적 차원에서의 도시 단일-세계주의(urban one-worldism)는 아니다. 오히려 우리 자신이 그러한 불평등의 구성 부분임을 보여주는 것이다. 그것은 단순히 동정심을 유발하는 것이 아니라, 사회적으로 공정한 도시를 향해 노력하는 도시학습 배치를 구성하려고 시도하는 것이다. 따라서 상호 인정, 연대 및 저항의 프로젝트로서의 도시학습을 기반으로 한 대안적이고 포용적인 도시의 공유지를 지속적으로 불러일으키는 진보적 코스모폴리탄 어바니즘은 이렇게 공정한 도시로 재배치된 모습 중 하나이다. 이것은 도시에 대한 권리(도시권, right to the city)를 지지하는 앙리 르페브르(Henri Lefebvre)의 유명한 주장과 일치하는데, 도시권은 도시공간에 대한 물질적 접근뿐만 아니라 재생된 도시생활권(a renewed right to urban life)을 강조한다. 르페브르(Lefebvre)는 도시권에 대해 다음과 같이 썼다. '도시 거주자이자 다양한 서비스 이용자로서의 시민의 권리를 개선하고 구체화하며 보다 실용적으로 만들어야 한다. 한편으로 도시권은 사용자가 도시지역에서 활동하는 공간과 시간에 관한 그들의 생각을 공개할 수 있는 사용자의 권리를 주장할 것이며, 다른 한편으로는 게토(노동자, 이민자, '소외자' 심지어 '특권층'을 위한)에 분산되어 갇히는 대신 특권적인 장소인 센터를 사용할 권리를 보장해야 한다(1991: 2342; Kofman & Lebas 1996: 3 번역; Harvey 2008; Mitchell 2003). 도시에 접근할 수 있도록 하며 또한 도시를 살아있는 현실로 만들기 위해 다양한 집단들이 적극적으로 참여할 수 있도록 한다고 하는 두 가지는 포용적인 코스모폴리타니즘으로서의 도시학습 배치와 공명하며, 또한 제4장에서 논의된 도시학습포럼의 원동력이 된다.

이쯤에서 이전 장에서의 행위자성 및 비인간 객체에 관한 논의를 상기할 필요가 있는데, 이는 차이를 초월하여 코스모폴리타니즘을 구성하는 과정에서, 배치가 비판적 상상력으로서 기능할 수 있도록 하는 또 다른 의미를 제공해 주기 때문이다. 힌클리프 등(Hinchliffe et al. 2005)이 제안한 바에 따르면, 코스모폴리타니즘은 포용과 참여의 평가 기준표(rubrics)를 넘어선다. 버밍엄의 도시 야생동물과 생태계에 대한 연구에서, 그들은 코스모폴리타니즘적 사고를 포용의 정치 너머로 확장했고, 새로운 집단과 정치를 구성하는 실험을 생성하는 존재론적 프로젝트로 저술하려고 시도했다. 그들은 도시야생생물의 생물다양성과 관련하여, 참여와 존재론적 투쟁의 정치를 이용한 실험인 '정치를 생태화'하기 위한 노력으로 스텐저스(Stengers 1997)의 세계정치의 특성화 개념을 활용했다(Hinchliffe et al. 2005: 650). 여기서 이 '실험'은 부분적으로 지식을 '위험에 처하게' 하고, 도시야생 동물의 예기치 않은 행동을 유도함으로써 지식, 사람, 야생동물이 함께 새로운 배치를 공동으로 생산할 수 있도록 하는 방식을 만들어낸다. 여기에서 타자들이 '모든 형태, 크기, 궤적을 가질 수 있도록 하며, 우리가 그들에 대해 이야기를 만들어내는 것에 반대하며, 우리가 이 과정에 개입하는 만큼 그들이 우리의 과정에 개입하도록 허용할 수 있도록 한다'(ibid: 655-6).

도시학습에서의 이러한 세계정치적 실험은 단순히 더 나은, 보다 포용적인 표상뿐만 아니라, 변화하는 과정 속에서 인간/비인간 집단의 대안적 존재론을 발전시키고 잠재적으로 도시에서 학습하고 행동할 수 있는 새로운 가능성을 불러일으키려는 것을 목표로 한다. 코스모폴리타니즘에 대한 접근으로서 배치적 상상력은 새로운 도시 지식, 집단, 존재론을 생성할 수 있는 가능성을 가진 인식의 정치를 통해 도시권에 대한 관심을 상기시킨다. 새로운 정치 집단 형성의 문제는 잠재력과 생성적 비평에 관한 논의 안에 반영되어 있으며, 그 자체가 도시권을 실현할 수 있는 하나의 수단을 나타낸다. 이런 의미에서 배치는 도시권을 구성(composition)을 통한 학습의 과정으로 확장한다.

이에 따라, 배치는 평가-민주화-제안의 도식(스키마)을 확장하는 도시학습의 비판적 지리학에 다음의 세 가지 상호 관련된 기여를 한다. 첫째, 특히 포용적이고 다중적인 도시학습 프로젝트의 메커니즘과 목표로서 공통적인 것과 생성적 비평의 잠재력을 실현함에 있어서 역사-잠재력의 관계에 초점을 맞춘다. 둘째, 비판적 도시학습을 생산하는 데 있어 물질의 역할을 수용하기 위해 행위자성을 재구성한다. 셋째, 차이를 초월한 구성적 세계주의의 학습이미지로 표현된다. 그러나 배치는 공유화(communing), 모임, 세계주의에 초점을 맞추면서 민주화에 대한 학습 지향성과 이미지를 제공하지만, 비판적 도시학자들이 도시를 학습할 때 어떻게 지식을 생성하고 수집하는지에 대해서는 거의 다루지 않는다. 여기서 주요 문제는 비판적 도시학습이 어떤 특정한 지리학적 특성을 통해 생산될 수 있는지에 관한 것이다. 최근 몇 년간, 도시 논쟁에서 나타난 중요한 과제는 진보적이고 다중적이며 초지역적 도시학습이라는 탈식민주의적 과제이다.

탈식민주의적 도시학습?

이 절에서는, 도시학습의 비판적 지리학을 생산하는 데 누가 참여하는지, 즉, 이 장의 시작 부분에 개괄했던 평가-민주화-제안 전략의 '민주화' 요구사항에 대한 질문에 대해 고민한다. 우리가 도시학습의 비판적 지리학을 발전시키려면, 비판적 도시 연구자들이 우리가 어바니즘을 서술할 때 절대적으로 참조하는 대상이 무엇인지, 우리가 다른 도시의 경험, 지식 및 이론을 어떻게 더 수평적인 비교 영역으로 번역할 수 있을지를 심사숙고해야 한다. 이 과제의 핵심은 비판적 도시 연구자로서 우리가 어떻게 초지역적 어바니즘을 학습해야 하는지를 탐색하는 것이다. 특히 여기서의 과제는 우리가 다양한 도시의 다중성을 어떻게 해결할 수 있으며, 그리고 어떻게 전 세계 남반구-북반구 간 격차를 뛰어넘는 방식으로 어바니즘을 이해할 수 있는가 하는 것이다. 흔히 도시의 본질이 원래부터 존재한다는 주장은 종종 '북반구'의 도시들을 암묵적으로 염두에 두고 한 말이다. 즉, 특정 도시(예: 뉴욕이나 런던)에 관한 지식 및 '도시'에 대한 추상적이고 일반화된 범주가 존재한다는 주장에 근거하는 것이다. 이는 버넬(Bunnell)과 마링간티(Maringanti 2010)가 대도시중심성('metrocentricity')이라고 부르는 것이다. 지금까지 도시 연구는 '남반구'의 도시경험을 어떻게 새로운 도시지식과 도시이론으로 거듭나게 할 수 있으며 보다 탈식민적인 글로벌대화를 통해 어바니즘을 새롭게 학습할 수 있게 하는지에 대해 놀랍도록 그 속도가 느렸다.

이런 논의의 중심에는 비교의 문제, 즉 번역을 통한 학습의 특정 형태로서의 비교라는 문제가 자리 잡고 있다(제1장, 제4장, 제5장). 나는 여기서 '비교(comparison)'라는 용어를 특정한 방법을 가리키는 명칭으로 사용할 뿐만 아니라 우리가 대안적 어바니즘을 배우는 방법에 있어 중요한 사고방식으로 확장하여 사용한다. 그런 의미에서의 비교는 정치적으로 비교하는 사고—도시이론에서 기존의 주장을 어떤 상황에 놓고 고려하고, 논쟁하고, 논쟁의 범위를 확대하고, 새로운 관점을 알리기 위한 수단으로서 수행하는 사고(McFarlane 2010)—와 연관되어 있다. 제니퍼 로빈슨(Jennifer Robinson)의 연구 중, 특히 '일상 도시: 근대성과 개발 사이(Ordinary Cities: Between Modernity & Development)'(2006)는, 도시 연구를 탈식민화하려는 노력의 일환이다. 로빈슨(Robinson 2006: 2)은 책의 도입부에서 '도시들이 어떻게 이해되고 미래가 어떻게 상상되어야 하는지에 대한 탈식민주의적 검토가 오래 전에 이루어졌어야 했다'라고 말했다. 그녀는 도시연구에 대한 '범세계주의적 접근법'을 설득력 있게 주장해 왔는데, 그 핵심에는 간단한 질문과 명령이 있다. 즉, '서로 다른 도시와 맥락들에 대해서 이론적 접근법은 어떻게 달라져야 하는가?'(Robinson 2002: 549). 나는 비교주의(comparativism)를 초지역적 도시학습의 번역 전략이라는 관점으로 접근한다. 비교 사고(comparative thinking)의 실험은, 첫째, 특정 이론적 주장 또는 경험적 주장의 가정, 한계 및 특수성을 밝혀내고, 둘째, 새로운 탐구노선과 더 구체적인 설명을 정립하는 데도 유용하다. 비판과 타자성의 번역 전략으로서 비교주의는, 부분적으로, 비판 및 자기-비판의 연속적 과정이라고 할 수 있다.

비교주의에 대한 관심이 다시 높아지고 있는 상황에서(e.g. Oliviera 1996; Dick & Rimmer 1998; Brenner 2001; N. Smith 2002; Roy 2003, 2005; Gulger 2004; King 2004; Robinson 2006; Amelang 2007; Nijman 2007a, b; Huchzermeyer 2002; Kantor & Savitch 2005; Ward 2008, 2009; M. E. Smith 2009; McFarlane

2010), 탈식민주의 어바니즘을 학습하기 위한 전략으로서 비교의 잠재력을 성찰하고, 케빈 왈드(Kevin Ward 2008: 4)의 표현대로 '관계적 비교 접근법(relational comparative approach)'을 어떻게 추구할 수 있는지 고려하는 것이 더욱 중요하다. 탈식민적 문제상황에 대응하는 것은 도시학습 배치의 비판적 지리학의 핵심이다. 탈식민주의 및 개발주의 연구를 기반으로, 나는 비판적 도시학습의 전략으로서 비교를 재고하기 위해 밀접하게 상호연관된 두 가지 사항, 즉 이론 문화와 윤리-정치를 개괄적으로 설명할 것이다.

이론 문화

어떤 일반적인 수준에서 비교는 서로 다른 장소, 문제 또는 과정을 뛰어넘는 번역뿐만 아니라, 지식생산의 역사적 문화와 관련된 번역도 포함한다. 무프티(Mufti 2005: 475)에 따르면, 이론 문화(theory culture)는 각종 전문분야 혹은 지역 안에서 (혹은 때로 그들 간에) '이론'을 실천 집합들과 구분하도록 하는 '아비투스(habitus)'이다. 이런 '문화들'은 서로 관계적이며, 경계나 영역이 명확하게 정해지지 않고, 때로는 의견 차이와 다름으로 가득하다. 이론 문화를 가로지르는 비교 사고(comparative thinking)는 단순히 서로 대립하는 공간이나 과정에 대한 성찰을 하게 할 뿐 아니라, 세계가 어떻게 논쟁되는지, 지식이 어떻게 생산되고 의문이 제기되는지 등을 둘러싼 존재론적이고 인식론적인 구조를 성찰하게 해 준다.

이것은 학술지에서부터 그 인용의 형태와 양식, 이론 문화를 공동 구성하는 글과 번역 방식 등에 이르기까지, 기관 주체들의 이질적인 배치의 역할을 고려하도록 한다. 예를 들어, 서로 다른 이론문화가 도시, 정치, 인프라, 근대성 또는 세계화에 대해 어떻게 논의하는지 또는 대상들을 그런 방식으로 인식하는지 등의 여부를 탐구함으로써, 단순히 다양성이나 이질성을 강조하는 것을 넘어, 비교를 통해 더욱 상황성 있는 학습의 양식을 개발할 수 있는 잠재력을 보여준다.

패트리샤 예거(Patricia Yaeger 2007)가 도시 문학으로서의 도시의 시학(metropoetics)과 관련하여 주장한 것처럼, 여기서 중요한 과제는 도시를 바라보는 새로운 인식적 기반을 찾는 것이다. 그녀는 다음과 같이 썼다. '우리는 유력 용의자들, 즉, 게오르그 짐멜(Georg Simmel), 발터 벤야민(Walter Benjamin), 심지어 앙리 르페브르(Henri Lefebvre)까지, 유럽과 미국의 소외, 밀집, 나태함, 절대 공간(absolute space)에 대해 많은 것을 가르쳐 준 이론가들을 넘어서야 한다'. 그리고 아킬레 음벰베(Achille Mbembe 2004)와 요하네스버그 광산에서 일하는 '일회용' 노동자들을 통해 창출되는 '잉여' 자본에 대한 그의 연구에 대해서도 언급했다(Yaeger 2007: 12). 그녀는 계속해서 이렇게 말한다. '우리의 윤리적이고 상상력 넘치는 전 세계 사람들의 역동성을 학문적 인프라 속에 녹여 넣을 수 있는가? 어떻게 우리는 현재의 분류체계로는 포착할 수 없는 도시와 시민의 모습을 새로운 분류법으로 잡아낼 수 있을까?'(ibid: 15). 이것은 현재진행형의 실천적, 윤리적, 지적인 문제이며, 우리가 배우고 비판적으로 긍정하고 제안하려고 하는 어바니즘에 대한 정치적 잠재력이다. 예를 들어, 로빈슨(Robinson 2006: 7)은 '창조 학습(creative learning)'의 기초로서 도시 비교를 주장했다. 그녀는 시카고학파(Chicago School)와 맨체스터 아프리카 연구학파(Manchester School of African studies)를 대화에 참여시켜, 두 개의 '학파'를 나란히 비교하여 도시학습의 새로운 질문과 형태가 어떻게 영감을 받을 수 있는지를 보여주었다. 여기서 중요한 문제는 단순히 그 내용이 아니라, 지금까지 이론 문화가 번역

자체를 배제하거나 특정 종류의 번역(예: 비판적 대화보다는 통합 같은)만 허용하는 구조를 지속적으로 비판하고 성찰해야 한다는 것이다. 이런 형태의 학습은 그 자체가 불확실성이 높은데, 조심성이나 일시성 때문만이 아니라, 담론의 장을 넓힐 때 예상하지 못한 번역이 발생함으로써 낯설고 예측할 수 없는 지형을 횡단하는 일이 더 많아질 수 있기 때문이다. 연구자에게 익숙하지 않은 장소의 지식을 맥락화하고 이해하기 위해서는 문제가 있다. 외부인이 이해하기 위해 더 많은 노력이 필요할 수 있는 텍스트(Connell 2007)가 그 예이다. 번역을 통해서 이러한 종류의 학습을 수행하는 것은 이질적인 이론 문화 및 구성원과의 대화에 대한 접근 방식의 차이에 따라 그 자체가 잃거나 얻을 것이 많은데, 따라서 이것은 복잡한 일련의 윤리적-정치적 문제를 제기한다.

윤리-정치학

비교 사고는 중립적이지 않으며, 도시 이론문화 간의 비교를 통한 학습은 여러 가지 윤리적, 정치적 검토를 필요로 한다(McFarlane 2006c; Jazeel & McFarlane 2007, 2010). 무프티(Mufti 2005)에 따르면, 비교를 설정함에 있어서, 도시생활방식과 같은 논의와 분석 대상이 만들어지고, 읽히며, 논쟁이 되는 방식에 적어도 암묵적인 차원에서의 변화가 필요할 수도 있다. 그의 논지에는 피지배 역사 및 이에 대한 '다른 역사' 모두를 인식하면서 '서구' 문화 기록을 분석하기 위해 개발된 세이드(Said 1993)의 '대위성(contrapuntality)' 개념이 공명되어 있다. 무프티(Mufti 2005: 478)에 따르면 대위성은 '아직 도래하지 않은 비교주의, 즉, 식민지 시대 이후 문화생활을 지배해

온 계층적 시스템에 대한 결정적이고 구체적인 대응인 글로벌 비교주의를 부호화하기 시작한다'. 비슷한 맥락에서, 도시연구에 대한 로빈슨(Robinson 2002: 532)의 '코스코폴리탄 접근방식'은 도시학습에 대한 비판적 지리학을 위해 두 가지 전략을 강조한다. 첫째, '다른 도시와 다른 맥락을 고려할 때 이론적 접근방식은 어떻게 변화하는가?'에 대한 지속적인 질문을 통해 유럽-북미 지식과 관점을 탈식민지화해야 한다(Robinson 2002: 549). 이것은 모든 것들을 하나의 컵 안에 전부 집어 넣고 마치 '제3세계 도시를 추가하고 휘젓는' 식의 시도가 아니라, 이론 생성에서 종종 주목받지 않던 주변적 도시들의 관점을 통해서 새롭고 보다 맥락에 맞는 새로운 글로벌 패턴적 지식을 개발해 낼 수 있다는 것을 보여주기 위한 것이다.

둘째, 가능한 한 공평한 경쟁의 장에서 다양한 분야의 사상가들의 연구를 학습할 필요가 있다. 로빈슨(Robinson)은 '만약 코스모폴리탄 도시이론이 나오려면, 특권을 가진 서구 환경의 학자들은 특권을 덜 누리는 지역의 지식인들과 교류하고, 그들로부터 배우며, 그들의 생각을 장려할 수 있는 책임 있고 윤리적인 방법을 찾아야 할 것이다'라고 언급했다(Robinson 2002: 549-50). 이를 위해서는 아파두라이(Appadurai 2000)의 '강력한 국제화' 개념에서 발견할 수 있는 비판적 인식론적 질문 및 수정작업이 요구된다.

> ['강력한 국제화']란 이러한 윤리 자체가 주요 논의의 주제가 될 수 있는 … 연구 대화를 상상하고 여기에 초대하는 것이다. 다른 사회의 학자들과 다른 연구 전통을 가진 학자들 자체를 일종의 새로운 지식원으로 간주하며, 판단과 책임의 커뮤니티에 대한 자신들의 생각을 지식의 추구에서 중요하다고 판단하고 이 논의 안으로 가져올 수 있다(Appadurai 2000: 14).

이를 위해서는 다양한 이론문화를 통해 지속적으로 학습 및 탈학습한다고 하는 윤리적인 약속을 해야 한다. 맥이완(McEwan 2003: 384)은 스피박(Spivak 1993)의 연구를 바탕으로 다음과 같은 주장을 했는데, 즉, '열린 대화를 통해 우리의 특권적 견해와 가장 가까운 공간을 차지하고 있는 다른 사람들의 지식을 얻기 위해 우리는 열심히 탈학습(unlearning)'하려고 노력해야 한다. 이러한 탈학습의 일부는 '제3세계 도시(Third World city)'와 같은 범주를 형성하는 데 있어 서구 지식인이 참여하는 과정과 맞물려 있다. 이러한 참여를 위해서는 권력, 권한, 지위와 지식 사이의 관계에 대한 민감성이 필요하지만, 그것은 단순히 그렇게 인식한다고 해결될 문제는 아니다. 또한 우리가 가진 지위, 특권 시각 등은 늘 우리와 함께 따라다닌다. 여기에서 비판적 도시학습은 누가 시작하는지, 누가 통제하는지, 그리고 누가 구성원인지 등의 질문을 던지는 새로운 공동체를 탄생시키기 위해 노력하는 강력한 국제화 과정의 일부이다. 즉, 이것은 강도, 개방성 및 품질이 어떻게 실현되는지에 대한 4장의 논의를 반복한다. 이는 도시학습의 권력-관계의 중심에 또 다른 새로운 문제 상황을 던져준다. 즉, 아래로부터 학습하는 방법을 배우는 것이다(Edwards 2001; Spivak 2003). 스피박(Spivak)에 따르면(2003: 52), 이는 다른 문화에 대해 배우는 것 그 이상이다. '이것은 타 문화에 의해 그리고 타 문화 안에서, 실제로 어떤 보장도 없이 자신 스스로를 상상해 보도록 하는 것(불가능을 경험하는 것)'이다. 여기서, 새로운 집단에서의 학습은 변형의 지평을 그려보라는 일종의 윤리적 명령이다. 이것은 일종의 되기(becoming)의 윤리-정치학이며, 절차와 예측을 강조하는 하나의 포스트콜로니얼 프로젝트를 지향한다. 맥이완(McEwan 2003: 349)의 말에 따르면, '아직 존재하지 않는 상태를 인식하고, 또한 그것을 실현시키기 위해 노력하는 것'이다. 어바니즘을 둘러싼 연구에서 이러한 종류의 연구

공동체를 발전시키는 것은 어바니즘뿐만 아니라 연구사업 자체를 학습하고 상상하는 대안적인 방법일 수 있다. 여기에는 단순히 '다른 사람들'이 도시를 어떻게 보는지에 대한 질문뿐만 아니라 기본적으로 그들이 세계를 어떻게 보는지(지역적인 측면과 다른 방식으로)에 대한 질문이 포함된다. 다시 말해 '다른 위치에서는… 세상이 어떻게 보이는가?'(Appadurai 2000: 8; Ferguson 2006 참고).

강력한 국제화(strong internalization)라는 개념은 예를 들면, 비공식 거주지에 사는 사람들의 삶에 대하여 사회참여적 성격의 지식을 생산하는 한편, 특정한 패턴으로 수집, 인용, 판단을 통해서 학술지식 생산체제에 성찰적(reflexive)으로 참여하고 개입한다는 의미를 포함한다(3장 SDI 참조). 여기서 도시 연구자들에게는 여러 다양한 차원의 학자 및 활동가들의 세계, 언어 및 어휘와 더 밀접하고 빈번하게 연결해야 할 과제가 주어진다(Desbiends & Ruddick 2006; Jazeel 2007). 이러한 윤리-정치적 차원의 질문들은 여러 이론 문화 전반에 걸쳐 다양한 실제적인 과제를 던져주는데, 예컨대 저널, 심사, 편집을 통한 비교연구를 위해 새로운 형태의 협력 체제를 형성해 내거나 다양한 맥락의 학문 및 논문 작성을 지원하는 일 등이 있다. 강력한 국제화의 또 다른 예로는 언어장벽을 해소하기 위한 번역기금이나, 대학과 학과에서 대학원 언어기술 향상을 위한 투자, 교류를 위한 기금조성, 그리고 더욱 협력적인 대학원 프로그램 장려 등 개인 연락망 및 자원 개발이 포함될 수 있다.

음베베와 넛탈(Mbembe & Nuttall 2004: 352)이 주장한 바와 같이, 이런 예시 가운데에는 가능한 한 새로운 방식으로 도시 아카이브에 접근하는 것, '글쓰기, 말하기, 보기, 걷기, 이야기하기, 듣기, 그리기, 만들기 등과 같은 새로운 비판적 교수법을 바탕으로, 주제와 객체를 새로운 방식으로 연결하고 그들 사이의 관계를 활성화하는 것 —'낯설게 만들기'의 제스처— 등이 포함된다. 해당 쟁점들은 물론 여러 가지 어려움이 있다. 참여 조건은 누가 설정하는가? 일종의 수평적 대화가 아닌, '우리'에 대한 코스모폴리탄적 대화가 되는 것을 어떻게 피해갈 수 있을까? 우리는 서로 다른 학문적 맥락에서 발생하는 불평등한 자원과 서로 다른 연구 전통, 그리고 선의에서 시작되었을 법한 서구적 고민 등을 항상 염두에 두어야 한다. 예를 들어, 인력이나 제도적 자원이 부족한 가운데(남반구 혹은 북반구에서) 운영되는 학술단체들이 '세계적' 수준이 될 수 있다고 보는 것이 얼마나 현실적인가? 식민지 이후의 도시 연구를 보다 현실에 맞게 구축하고 지역을 넘나드는 도시학습에 헌신하려는 선의의 노력을 통해서 이러한 가능성을 시험적으로 그리고 진지한 토론과 탐구를 통해 탐구해 들어가야 한다. 이런 의미에서, 비교주의는 근본적으로 권력에 관한 것이다. 이는 많은 지식생산 문화 내에서, 서로 다른 학문적, 비학문적 공동체 간의 인식론적이고 제도화된 권력관계로 '학문'과 '공동체' 간의 관계가 가지는 문제를 부각시킨다. 우리는 어떤 '공동체'를 위해 글을 쓰는가? 도시연구를 수행하면서 우리는 어떻게 '공동체'를 구성할 수 있는가? '주변을 넘나드는' 도시연구에서 '협력네트워크'를 어떻게 만들 수 있는가?(Connell 2007: 228). 해당 질문들은 학습의 비판적 도시 지리학이 실제로 무엇을 포함할 수 있는지를 다룬다.

이론 문화와 윤리-정치 영역이라는 중첩되는 두 영역은 도시학습의 비판적 지리학 내에서 비교가 제대로 기능하기 위해 매우 중요하다. 전략으로서의 이러한 번역적 비교는 한 맥락을 다른 맥락보다 우선시하는 것이 아니며, 비교 대상과 과정의 협력적 형성으로 이어질 수 있는 잠재력을 가지고 있고, 역사, 위치성 및 불평등한 권력 관계라는 제한성에도 불구하고 한 이론 문화가 다른 이론 문화보다 지식의 규범이나 기준 또는 지식의 방식 등에서 우위를 점한다고 가정하지 않으려고 노력해야 한다. 이는 탐구 분야를 확장하고 도시 논쟁에서 지식을 민주화하는 데 도움이 될 새로운 비판적 학습 형태와 관행을 개발하는 데 도움이 된다.

결론

언뜻 보기에는, 평가-민주화-제안이라는 넓은 전략을 기반으로 한 도시 학습의 비판적 지리학은 비판적 어바니즘이 가정하는 한 가지 친숙한 주장처럼 보인다. 이 장에서는 전략이 어떻게 확장, 심화되며 초지역화될 수 있는지를 다음의 두 가지 방법으로 고민해 보았다. 첫째, 이 책의 핵심개념인 배치가 도시학습의 비판적 지리학에 무엇을 제공할 수 있는지 살펴보았고, 둘째, 비교의 개념에 대해 다시 생각해 볼 것을 요구하는 비판적 탈식민 어바니즘 학습의 기초로서 비판적 도시학습 프로젝트가 전 세계 남반구-북반구의 격차를 넘어 초지역적으로 어떻게 작동할 수 있는지 생각해 보았다. 배치와 비교, 이 두 가지 개념은 형식과 용도에서 구분되나, 우리의 목표가 비판적 도시학습에 대한 윤리-정치적인 초지역적 프로젝트를 발전시키는 것이라면 함께 고려되어야 할 것이다.

이렇듯 배치는 평가-민주화-제안의 도식을 심화하고 확장하는 도시학습의 비판적 지리학에 세 가지 상호 연관된 기여를 한다. 첫째, 역사적 잠재력의 관계에 초점을 맞추고, 특히 공유지의 실현과 다양한 지식, 지향, 사람, 의견을 모아 생성적 학습의 잠재력을 포괄적이고 복합적인 도시 학습 프로젝트의 메커니즘 및 목표로 삼는다. 둘째, 비판적 도시 학습을 성취하는 데 있어서 물질의 역할을 수용하기 위한 행위자성의 재구성으로, 물질성에 주의를 기울이는 것이 어떻게 도시적 불평등과 자본주의적 축적, 폐쇄 및 약탈의 정치 경제학에 대한 중요한 통찰력을 제공할 수 있는지, 그리고 사람들이 이러한 과정에 대처하거나 이에 반대하는 방법을 배우는 방식을 예시해 줄 수 있는지 알려준다. 그리고 셋째, 차이를 가로지르는 구성적 초지역적 코스모폴리타니즘으로서의 학습 이미지이다. 공유, 소집, 그리고 코스모폴리타니즘에 초점을 맞춘 배치가 학습의 민주화에 대한 방향과 이미지를 제공할 수 있는 만큼, 우리는 진보적이고 다중적이며 초지역적인 도시 학습이라는 탈식민주의적 도전에 대응하는 개념적 도구를 찾기 위해 여러 다른 개념세계들도 아울러서 탐색해 볼 필요가 있다. 특히 어바니즘을 학습하는 데 필요한 지식과 연구 방향을 다양화하는 번역 전략으로서 비교에 초점을 맞추는 것이 매우 중요하다.

이를 위한 중요한 방법 중 하나는 강력한 국제화 이미지 안에서 다양한 이론 문화를 세심하게 연구하기 위한 도전적이고 모험적인 윤리적-정치적 헌신이다. 종합하면, 배치와 비교는 함께 보다 다양하고 포괄적인 도시학습의 비판적 지리학이 등장할 수 있는 개념적 자원을 제공해 준다. 비판적 도시에 대한 사유가 가지는 길고 다양한 역사처럼, 이런 프로젝트는 끊임없고 벅찬 투쟁이 될 것이다. 하지만 그것은 하비(Harvey 2009: 282)가 말한 대로, '해방의 꿈인 도시 지리학을 실재화'하겠다는 약속에 대한 투쟁이다.

결론

> 만약 각 도시가 체스 게임과 같다면, 내가 게임의 규칙을 다 알게 되는 날, 비록 그 도시들을 모두 알지는 못할지라도 나는 마침내 제국을 소유하게 될 것이다.
>
> 이탈로 칼비노, 《보이지 않는 도시들》(1997: 109)

이탈로 칼비노의 저명한 작품인 《보이지 않는 도시들》에 등장하는 이 인용문은, 도시를 학습하는 것을 제국을 건설하는 과정에 비유하고 있다. 5장에 나와 있는 것처럼 제국의 탄생과 유지에 관한 학습의 역사는 길다. 19세기 유럽 식민지 어바니즘의 이야기가 증거하고 현대 제국주의가 생생하게 묘사하는 것처럼 말이다(King 2004; Legg 2007; Graham 2009). 칼비노의 책에 실려 있는 위의 인용문은 쿠빌라이 칸(Kublai Khan)이 한 말인데, 그가 언급한 '규칙'은 마르코 폴로가 정기적으로 들려주는 먼 도시들의 이야기에서 그가 찾는 것들이다. 어느 순간, 쿠빌라이는 도시들의 '무한한 기형과 불협화음을 근간으로 하는 일관되고 조화로운 그 무엇을 발견하기 직전'이라고 느끼지만, 어떤 모델도 제시되지 않자 포기해 버린다(Calvino 1997: 110). 그 대신 쿠빌라이는 체스를 두는 과정에서 도시들의 거울을 발견한다. 체스는 '각 도시의 체계가 지니는 형식들이 배치되고 파괴되는 무수한 형태 중 하나로서 보드의 연속적인 상태를 숙고'할 수 있게 해준다(ibid.). 여기서 얻은 지식의 제국은 그에게 공허한 제국일 뿐이다. 도시들이 창조적 파괴의 현장이라는 가벼운 사실 외에는 배울 수 있는 청사진도, 결정적인 것도 없다. 그러나 칸을 그토록 좌절시키는 '형식들의 체계'를 끊임없이 재조합하는 과정에서 도시가 작동하기 시작하는데, 이때 그 도시를 이해하고 또한 그 도시와 주민들에게 무엇이 최선인지 알 수 있다고 주장하는 정치가 작동한다.

토마스 블롬 한센과 오스카 베르카익(Thomas Blom Hansen & Oskar Verkaaik 2009: 8)은 도시가 '구성적 불가지성'을 특징으로 한다고 주장했다. 이는 '도시 세계를 알고 있다고 주장하는 사람들, 도시 환경을 조종하고 통제할 능력을 보여주는 사람들, 도시와 그 주민들에 대해 이야기를 만드는 사람들이 도시 생활의 불투명성, 불가침성, 역사성, 잠재적 가능성도 결국 스스로의 노력으로 자원으로 변환할 수 있다는 의미이다(ibid.). 한센(Hansen)과 베르카익(Verkaaik)이 말하는 '도시의 하위권력(infrapower)'을 소유하고 수행하는 개인과 집단들에게는 지식과 계획이 갑자기 허공에서 떨어진 것이 아니라, 도시를 아는 특정한 형태와 성과를 능동적으로 배워서 얻게 된 것이다(2장과 3장 참조). 도시의 하위권력은 쿠빌라이 칸이 찾아 헤매던 '규칙'이 아니라, 전망과 의제에 대처하며, 이를 협상, 발전시키는 차별적 도시 규칙을 배우는 것을 의미한다. 여기서 중요한 문제는 도시에 대해 더 많이 배우는 것이 아니라, 상호주관적으로 가치 있는 학습의 형식이 무엇인가 하는 것이다. 상호주관적으로 가치 있는 학습에는 물 부족 시기에 호혜적인 도시 물 교환 시스템의 암묵적인 규칙을 이해하는 것, 임차인 협회 연맹(Federation of Tenants Association)의 활동을 통해 전달되는 법적 지식을 배우는 것, SDI의 교환을 통해 모범 주택 건설이나 인구조사를 배우는 것, 또는 도시학습포럼이나 도시 정책 교환을 통해 나타나는 새로운 학습 형태 등이 포함될 수 있다.

'도시학습 배치'라는 개념이 갖는 비판적 기대는 도시들에 대해 더 많이 알라는 단순한 요청이 아니라, 학습을 도시 논쟁의 중심에 배치함으로써 도시를 아는 정치성을 드러내고 평가하며 민주화할 수 있도록 해 달라는 데 있다. 나는 어바니즘이 어떻게 생산되고, 경험되고, 경쟁하며, 그리고 우리가 어떻게 더 사회적으로 공정한 어바니즘을 만들 수 있는지를 파악하는 데 학습이 핵심적이라는 것을 보여주고자 했다. 이를 위해, 학습 배치라는 개념을 전개했고, 그 개념이 우리가 어바니즘에 대해 이해하도록 어떻게 도와주는지를 살펴보았다. 이 책에서 나는 학습과 도시들에 관한 밀접하게 관련된 다음의 다섯 가지 질문을 다루고자 했다. 학습은 어떻게 개념화될 수 있는가? 학습은 일상적으로 어떻게 이루어지는가? 학습은 어떻게 조지역적으로 발생하는가? 서로 다른 환경에서 학습은 어떻게 촉진되거나 억제되는가? 그리고 우리는 어떻게 비판적 학습의 지리학을 발전시킬 수 있는가? 이 질문들에 대한 대답으로 제시한 사례와 논의가 제한적임은 분명하지만, 우리는 이 책이 이 질문들의 해결에 얼마나 접근했는지를 성찰해 보는 것은 분명히 가치가 있다.

우리는 번역, 조율, 거주라는 세 가지 상호 관련된 지속적 과정을 기반으로 한 학습 이론을 개발하면서 1장을 시작했다. 전치와 변화의 사회 물질적 인식론을 통해 학습이 생산되도록 하는 관계적 분포를 의미하는 것으로서의 번역(translation), 학습이 복잡성에 대처하고 적응을 촉진하며 다양한 형태의 지식을 연결하는 수단이 될 수 있게 하는 기능적 시스템의 구축을 의미하는 조율(coordination), 그리고 세계를 보는 방식과 살아가는 방식으로서 학습이 작동하는 수단인 주의환기의 교육을 의미하는 거주(dwelling)이다. 나는 배치의 개념을 사용하여 도시학습의 공간성을 이해하고자 했다. 여기서 공간은, '부분'들이 원자화되지 않고 서로 상호작용을 통해 학습 배치를 정의하는 절차적 구성의 관계성으로 이해된다. 배치의 렌즈를 통해 본 도시학습의 공간은 역사와 잠재력의 관계, 실천과 사건의 관계의 산물이며, 지식, 자원, 권력의 불평등한 관계를 통해 구조화된다. 학습 배치로서의 도시의 공간성은 가까운 관계와 먼 관계, 사회적 관계와 물질적 관계를 통해 공동으로 구성되며, 번역, 조율, 거주의 관행을 통해 분배된, '지금까지의 이야기들의 다중성', '동시대적 생성'으로 나타난다(Massey 2005, 2007). 이처럼 1장에서는 책에서 논의된 다양한 어바니즘과 구체적으로 관련되어 나타난 '학습 배치'의 개념을 제시하였다.

2장에서는 도시에서 학습이 일상적으로 어떻게 이루어지는가에 대한 질문에 대답하기 위해 '점진적 학습(incremental learning)'의 개념을 제시했다. 점진적 학습은 도시 생장의 경험적 지리학으로서, 비공식 주택이 새로운 요구나 가능성에 맞게 추가, 변경되는 방식에서부터 새로운 경제적 기회를 개발해 내기 위해 사람들을 접촉하고 자원을 모으는 방식, 가족과 친구들 간에 호혜적 교환 시스템을 구축하는 방식 등 다양한 형태를 취하게 된다. 점진주의는 도시 거주의 중심 과정이며, 뭄바이 거리 아이들의 사례에서 보았듯이 그 자체가 종종 극단적인 불평등 조건하에서, 어바니즘이 무엇을 가능하게 하고 혹은 제한할 수 있는지에 대한 일종의 교육 과정이다. 점진적 학습은 학습 배치를 구성하는 일상적 현실성에 대해 이름을 붙이며, 그러한 실질적 행위화(enactment)에 의해 형성되고 차례로 변경되는 지각 영역을 명명한다. 이 논의를 발전시키는 과정에서, 나는 즉흥성—갑작스러운 영감의 순간에만 국한된다는 생각과는 반대로—이 기존의 도시 배열을 수정하고 변화시키는 점진적 학습의 특정한 형태가 어떻게 출현하는지를 보여주기 위해 노력했으며, 비공식 거주지 건축이나 도시 스케이트보드만큼 다양한 사례들에 대해 논의했다. 그러나 점진적 학습이 도시 변화의 점진적 시간성(temporality)을 내포하고 있다면, 걷기와 밤낮의 리듬부터 자본 축적과 도시 이주에 이르기까지 도시학습 경험을 알려주는 다중적 시공간 리듬을 되돌아보는 일도 중요하다. 이어서 나는 전술적 학습의 개념을 소개했는데, 이것은 일상적 거주(dwelling)를 통해 나타날 수 있지만, 동시에 번역(translation, 예컨대 법률 지식의 번역 같은)과 조율(coordination, 예컨대 임차인협회연맹의 찬드라세카르 프라부 같은 인물을 통해, 또는 협동조합의 조율)을 통해서도 나타날 수 있는 일종의 저항의 한 가지 형식이라도 할 수 있다. 임차인협회연맹의 사례에서 알 수 있듯이, 전술적 학습은 도시에 거주할 수 있는 대안적 가능성을 열어준다. 종합하면, 점진적 어바니즘, 도시 리듬, 전술적 학습은, 일상 도시가 학습되고 논의되는, 선택적이지만 중요한 과정들이다.

이 책에서 제시하는 세 번째 질문은 '학습이 어떻게 초지역적으로 발생하는가?'였다. 이는 3장에서 SDI의 이동 전술에 대해 논의하고, 4장에서 전 세계 남반구-북반구 격차를 넘어선 도시학습포럼에 대해 검토하면서, 5장에서 초지역적 도시 계획과 정책에 초점을 맞추어 다루어졌다. 1장에서 전개된 학습 이론—번역, 조율, 거주 실천을 통해 구성된 도시학습 배치—은 이 세 장의 모든 초지역적 학습 맥락에 적용 가능하다. 마찬가지로 초지역적 도시 정책 및 계획에 비판적으로 참여하는 —권력, 대상, 조직 형태 및 상상에 초점을 맞춘— 도시 정책 이동성에 대한 토론의 일부분으로서 5장에서 논의된 사례와 구체적으로 연관지어 전개되었으나, SDI 또는 도시학습포럼의 사례에도 어쩌면 동일하게 적용될 수도 있을지 모른다. 각 장에서 도시학습의 초지역성을 다루는 방식의 특이점은 이미 완성된 하나의 초지역 학습 이론들이 등장하는 것이 아니라 각 사례 안에서 보이는 특정 행위자, 논리 및 맥락이 만들어내는 모습과 정치학이 어떻게 이러한 초지역 학습을 구성해 내는지를 보여주는 방식을 통해 드러난다.

예를 들어, 3장은 특히 모델 하우스 건축과 인구 조사를 통해 SDI의 전술적 학습의 본질과 정치 과정을 비판적으로 검토했다. 초지역적 도시학습 실험으로서, SDI의 이동하는 전술은 3가지의 관행을 통해 여러 장소에서 정치 조직을 재형성한다. 첫째, 주택 옵션을 재구성하기 위한 기반으로서 집단적으로 학습하는 사회물질적 실천과정에 집중한다. 둘째, 인구조사를 통해, 정치조직을 학습하는 과정이기도 한 정착지 내 도시 지리학을 창조한다. 셋째, 국가와 파트너십을 협상하는 학습된 시민이라는 기업가적 개념을 양성하는 데 기여함으로써, 비당파 연대의 특정 현실정치와 결합한다. 인구조사나 모델 하우스 건설 같은 전술은 연쇄적인 번역의 과정을 이용하여 생성되고 이동하는 조율도구를 통한 전술적 학습의 예시이다. 이렇게, 초지역적 전술은 참여자들이 정치 조직의 형태, 도시 주거의 새로운 가능성, 국가와의 협상 방법을 배울 수 있게 해준다.

4장의 후반부에서 다룬 초지역적 도시학습포럼의 사례는 SDI의 활동과 관련된 한 가지 교류, 즉, 인도 연합과 영국의 홈리스 및 저소득 세입자 단체인 그라운드스웰(Groundswell)간의 교류의 사례를 검토했다. SDI의 도시 간 교류에서 자주 나타난 초지역적 번역과정으로서의 학습과는 다르게, 그라운드스웰과의 교류의 경우 —운동가와 정책 입안자들을 결합한 특정한 일시적, 초지역적 도시학습포럼— 그 연합의 NGO 요소인 SPARC의 구성원들은 북반구에 기반을 둔 조직들로부터 배울 수 있는 가능성이 제한되어 있다는 이유로 그라운드스웰(Groundswell)로부터의 학습 가능성을 거부했다. 이 사례에서 확인할 수 있듯이, 지겹도록 유지되는 남반구-북반구 구분은 이 구분이 필연적으로 식상한 구분이라는 점을 넘어서 그 차이를 통한 학습의 가능성조차 방해할 수 있다. 반면, 문헌에 나온 다른 예들은 이러한 교류가 그런 지리적 구분을 붕괴시킴으로써 어떻게 학습을 장려할 수 있는지를 보여주었다(예: Gaventa 1999). 그런 맥락에서 번역을 통한 학습의 개념은 초지역적 학습의 가능성을 '유사한' 도시 간의 직접적인 전이라는 학습의 환원적 개념에 국한되지 않고 더 넓은 범위로 확장될 수 있다면 더욱 유용할 수 있다.

5장에서는 특히 계획과 정책 분야에 초점을 맞추어 초지역적 도시학습 배치를 논의하였다. 최근 몇 년 동안 도시 정책 이동성에 대한 관심이 늘어나고 있는 것을 목격했지만, 도시 정책 이동성의 정치성을 개념화하는 프레임워크를 제공하려는 시도는 거의 없었다. 이 장에서는 초지역적 도시 정책 학습을 형성하는 데 있어 이데올로기의 중요한 역할에 부합하는 개념적 프레임워크를 제시하였다. 여기서 다음의 네 가지 상호 관련된 영역을 검토하였다. 첫째, 학습을 구조화하는 권력의 형태, 둘째, 이데올로기가 생산할 수 있는 학습의 대상, 셋째, 이데올로기적 학습의 전파를 용이하게 하는 학습의 조직적 형태, 그리고 넷째, 이데올로기적 학습의 강력한 시각화를 제공하는 상상력이다. 또한 도시 정책 이동성 논쟁의 현재주의와 대비하면서 초지역적 도시 정책 학습이 역사적으로 어떻게 발생했는지를 다음

몇 가지 방식으로 보여주고자 했다. 즉, 식민지 어바니즘, 냉전 이데올로기 학습, 그리고 현대 신자유주의 정책 이동성 등에 반영된 현상을 논의했다. 이상에서 강조된 모든 예에서, 이데올로기는 도시학습의 본질을 형성하고 도시를 재배치한다. 4장의 인도 얼라이언스-그라운드스웰(Groundswell) 교환과 5장의 정책 및 계획 배치의 이데올로기적 프레이밍은 초지역적 도시학습이 그 유사성과 차이의 변증법을 통해 나타난다는 것을 보여준다. 즉, 두 사례에서 학습 정치학은 학습이 특정 세계관과 목표의 특권화로 축소되는지, 아니면 차이를 통한 학습 실험에 대해 열려 있는지와 관련이 있다. 초지역적 도시학습의 잠재력에 대한 이 책에서는 번역을 통한 학습의 진보적 가능성에 지속적으로 초점을 맞추고 있다. 6장에서는 탈식민지 도시 학문을 위한 전략으로 번역을 통한 특정한 양식의 학습인 비교를 재고할 수 있는 가능성에 대해 논의하면서 이 같은 주장을 발전시키고자 했다.

책에서 제시한 네 번째 질문은 여러 차이나는 환경들이 학습을 어떻게 촉진 또는 방해하는가에 대한 것으로, 이는 4장의 도시학습포럼에서 다루어졌다. 도시학습포럼에는 불평등한 권력 관계의 맥락에서 도시 내의 다양한 행위자와 지식이 모여 집단 학습에 참여할 수 있는 가능성이 만들어진다. 만약 지속적으로 강도, 개방성 및 품질이 촉진되도록 신중하게 관리된다면(Callon et al. 2009), 학습 포럼은 도시 계획을 불확정성의 방향으로 밀어내면서 사회적으로 더 정의로운 어바니즘이 형성될 가능성을 높여줄 것이다. 도시 거주 가능성을 재구성할 수 있는 전술적 학습의 예인 포르토 알레그레(Porto Alegre)의 주민참여 예산 프로그램과 같은 도시학습포럼은 기존 도시 계획의 부속물로서가 아닌 그 원래 계획 자체의 형태로 통합된다는 증거를 보여준다. 이런 유형의 학습 실험에서는 국가가 의사 결정권을 포럼에 양도하는 경우 기존과는 다른 유형의 도시가 탄생할 가능성이 생긴다. 참여 학습 실험이 자주 등장할 가능성은 적지만, 협력과 대화를 통해 이루어지는 도시학습의 가능성에 대해 자칫 냉소적으로 대하면서 우리 자신을 기존 권력에 굴복하도록 내버려 두어서는 안 된다. 도시학습포럼이 도시를 재구성하는 데 능동적인 구성 요소가 되도록 하기 위해서는 매년 포럼의 강도, 개방성 및 품질에 대한 정부의 개입뿐만 아니라 시민 사회의 지속적인 압력과 감시가 요구된다. 따라서 포럼은 설사 일회성이거나 일련의 이벤트의 일부일 수 있을망정 그 자체는 구체적인 조직화를 통해 구축된 만남이며, 학습 배치로부터 발생하고 이를 재구성하는 과정이다. 다시 한번 강조하지만 이 장에서 논의들은 임의적으로 선택된 것일 수밖에 없었다. 물론 이 책에서 다루지 않은 다른 환경도 도시학습 배치를 적극적으로 촉진할 수 있다.

책에서 제시하는 마지막 질문은 비판적 학습 지리학을 어떻게 발전시킬 수 있는가에 대한 것으로 이는 6장에서 다루어졌다. 이에 대한 답으로, 나는 먼저 기존의 지배적인 도시 지식과 학습 형태를 평가하고(5장에서 설명한 권력-대상-형태-상상력 프레임워크를 통합함으로써), 도시학습에 참여하는 집단과 지식을 민주화하고(4장에서 전개한 도시학습포럼의 개념을 통합하여), 그러한 민주화를 기반으로 대안적인 지식과 학습 형태를 제안하는 프레임워크를 제시했다. 그런 다음 6장 본문에서 이 전략이 어떻게 확장되고 심화되며 초지역화될 수 있는지에 대해 다음의 두 가지 방식으로 고민하였다. 우선 이 책의 핵심 개념인 배치가 도시학습의 비판적 지리학에 무엇을 제공할 수 있는지 고려하고, 둘째로, 비판적 탈식민지 도시학습을 위한 기초로서 비판적 도시학습 프로젝트가 남반구-북반구 구분을 넘어 초지역적으로 어떻게 작동할 수 있는지에 대해 생각해 보았다. 그 두 가지 개념인 배치와 비교는 그 형식과 용도가 구분되지만, 이 책에서는 비판적 도시학습의 초지역적 지리학을 전개하기 위해 함께 고려되었다.

나는 배치가 평가-민주화-제안의 스키마를 심화하고 확장하는 도시학습의 비판적 지리학에 다음의 세 가지 상호연관된 방식으로 기여하고 있다고 주장하였다. 첫째, 포용적이고 다중적인 도시학습 프로젝트의 메커니즘과 목표로서 생성적 비판의 잠재력을 가지며, 특히 공유지의 실현 속에서 역사적 잠재력과의 관계에 초점을 맞춘다. 둘째, 비판적 도시학습을 생산하는 데 있어서 물질의 역할을 수용하기 위한 행위자성을 재구성하는데, 예를 들어 뭄바이 빈민가 거주자 연맹의 일상적인 물질의 조율 역할을 통한 전술적 학습에서의 행위자성을 재구성한다. 그리고 셋째, 차이를 초월한 구성적, 초지역적 코스모폴리타니즘으로서의 학습의 이미지를 통해 기여하게 된다. 배치는 공유화, 모임 및 코스모폴리타니즘에 초점을 맞추어 학습의 민주화를 지향하고 그런 이미지를 제공하며, 이와 함께 진보적이고 다중적이며 초지역적인 도시학습 프로젝트의 탈식민적 도전에 대응하는 개념적 도구는 그 외의 여러 다른 영역에서 탐색될 수 있다. 특히 어바니즘을 학습하는 지식과 탐구 노선을 다양화하는 번역 전략으로서 비교에 초점을 맞추는 것이 중요하다. 아르준 아파두라이(Arjun Appadurai 2000)가 말하는 '강력한 국제화'의 이미지 안에서 다수의 이론 문화를 세심하게 연구하는 도전적이고 불확실한 윤리적-정치적 약속을 통해서 이를 시행하는 것이 한 방법이 될 수 있다.

서두에 제시했던 다섯 가지 질문에 대한 답을 찾아가는 과정에서, 다음의 세 가지 상호 관련된 영역에 집중하여 도시학습의 비판적 지리학을 제시하려고 시도했다. 첫째, 학습의 초지역적 본질과 그 초지역적 학습이 정책이나 사회운동에 미치는 영향과, 둘째, 사람들이 도시에서 자신의 기회를 극복하거나 발전시키기 위해 시도하는 일상적인 학습 형태, 그리고 셋째, 서로 다른 도시 구성원 간의 학습을 촉진하기 위한 조직적인 노력이다. 이를 통해 나는 학습과 관련된 어바니즘이 무엇인지 확인하려고 시도하기보다는, 오히려 학습이 무엇인지에 대한 개념을 시작으로 해서, 이후 도시에서 이를 확인하려고 —비록 매우 구체적인 예시를 통해서이긴 하지만— 시도했다. 번역(translation)의 경우, 3장에서 SDI의 인구 조사 전술을 통한 도시 지리 및 정치 조직 학습에서 나타나는 번역의 양상을 발견했고, 4장의 초지역적 도시학습포럼에서 '유사성' 범주에 의존하기보다는 차이를 통한 학습을 구상할 수 있는 잠재력, 5장의 공간을 가로질러 이동할 때의 도시 정책의 이데올로기적 얽힘, 그리고 6장의 도시학습의 비판적 지리학을 위한 비교 학습의 가능성에서 그러한 학습의 패턴을 발견하였다. 조율(coordination)의 경우, 2장의 법적 문제를 다루는 전술적 학습과 주택 협동조합 계획과 운동가 찬드라세카르 프라부(Chandrashekhar Prabhu)의 연설에서, 3장의 SDI 작업에서 모델 주택 건설의 사용에서, 4장의 도시 포럼을 통한 학습에서, 그리고 5장에 언급된 도시 개발 제안에서 세계은행이 '모범 사례'를 사용하는 것에서 확인되었다. 마지막으로 거주(dwelling)는 2장의 비공식 거주지 내 일상적인 배치의 형성에 중요한 점진적 어바니즘에서, 3장의 SDI의 모델 주택 건설에 중요한 지식과 상상력에서, 5장의 정책 이동을 통한 학습을 생성하는 물질성, 우연성 및 일상적 실천에서, 그리고 6장의 학습 배치의 상상력으로서의 코스모폴리타니즘을 논의함에 있어서 차이와의 공존을 통한 학습의 비판적 잠재력에서 발견되었다. 더욱 중요한 것은, 거주에 더 중점을 둔 학습 사례도 있을 수 있고 조율 또는 번역에 더 중점을 둔 사례도 있을 수 있지만, 책에서 논의된 어바니즘의 다양한 예들—비공식 거주지에 사는 주민들, 거리 아이들, 도시 운동가들, 도시 계획자들과 정책 입안자들의 사례—에서 도시학습에 대한 이해는 번역, 조율 및 거주를 모두 함께 고려해야만 나타날 수 있다는 점이다.

도시생활방식(어바니즘)은 학습을 요구한다. 이 책에서 전개된 학습 개념이 비도시적 맥락에도 적용될 수 있는 경우, 이 책은 도시가 만남과 변화의 공간이자, 정치적, 경제적, 문화적 자원이 집중되는 공간이며, 때로는 혼란스러운 불가지성의 공간으로서 학습 배치의 특정한 표현을 발전시킨다는 점을 보여주었다. 도시는 사람들이 도시 공간을 인식하고 이해하며 거주하는 방식을 변화시키는 다양한 형태와 과정, 경험으로 구성된 고유한 사회공간적 형성물이다. 우리는 여기서 도시의 밀도, 변화 가능성, 때로는 압도적인 복잡성과 불가독성을 생각해 볼 수 있다. 그리고 전통, 안전, 역사의 공간 또는 안락함, 조작 가능성, 사회성의 공간으로서의 역할, 그리고 평등, 기회, 투쟁, 갈등, 착취와 고난을 발생시킬 가능성, 도시의 공간적 확장과 연결성, 현대도시에 도착한 대부분의 사람들이 살게 될 비공식 거주지에서부터 교통이나 경제 회랑, 도시 중심부, 산업 및 서비스 지역, 쇼핑 센터, 버려진 공간, 공원, 하위문화, 때로는 급진적으로 다양한 건축 양식까지, 다양한 장소와 경험의 공존, 그리고 출퇴근자와 관광객의 리듬에서 학교와 야간 활동의 리듬으로의 변화, 새로운 정치, 생활 양식, 상상력 및 기술의 전파를 생각해 볼 수 있다. 정책 입안자, 운동가, 또는 주민들의 특정한 삶, 맥락 및 의제를 통해 무수히 많은 형태의 도시 변화 요소들을 조우함으로써 도시학습이 이뤄진다.

도시에서 산다는 것은 정기적으로 미지의 그 무엇과 마주치는 일이다. 『보이지 않는 도시들』(Calvino 1997: 38, 61)에서 쿠빌라이 칸의 도시의 '규칙 학습'에 대한 고집에 마르코 폴로가 명확하게 대답하기 어려운 것처럼, '꿈과 마찬가지로 도시들은 욕망과 두려움으로 건설되었다. 비록 그들의 담론이 비밀스럽고, 그들의 규율이 비합리적이고, 그들의 전망이 속임수에 불과하며, 모든 것이 또 다른 무언가를 감추고 있을지라도 … 도시의 모델은 … 오직 예외와 배제와 모순, 부조화와 부조리만으로 이루어진 도시이다'. 하지만 도시 주민들은 빈손으로 미지의 것에 접근하는 것이 아니라, 이미 알고 있는 것을 가지고 자신들의 삶, 자원, 계획, 희망, 두려움 등의 맥락에서 접근한다. 스티브 파일(Steve Pile)의 말처럼 '알고 있음과 모르고 있음은 도시의 공동 구성 요소이다. 이들은 가시성과 비가시성, 친숙함과 놀라움으로 건물들을 겹겹이 덮는다'. 도시학습 배치의 개념을 통해 도시를 생각하는 것은 도시 안과 밖에서 생각하는 것이며, 학습 배치가 도시의 생산, 일상 생활 및 경합에서 어떻게 중요한지를 생각하고, 도시학습이 단순히 형태나 과정만으로서의 어바니즘으로 환원될 수 없음을 인식하는 것이다.

나는 우리가 도시를 생각하고 연구하는 방식에 대한 도시학습 배치의 개념이 갖는 세 가지 함의를 고찰하며 이 책을 마무리하고자 한다. 첫째로, 도시학습 배치의 개념은 다양한 집단들이 도시를 조합하려고 노력하는 과정에서 학습이 어떻게 나타나는지에 대해 주목할 것을 요구한다. 예를 들어, 현재 우리가 흔히 수행하고 있는 '창조' 또는 '스마트' 도시 논쟁은 특히 프리미엄 주거 공간에 살며 과학, 기술, 연구, 미디어, 금융을 포함한 고급 서비스 경제에서 일하는 고학력 엘리트들 위주의 특정 배타적 집단, 공간 및 도시 개발 형태를 중시한다. 지식을 조합하는 역사적 과정을 통해서, 도시학습 배치의 개념은 선택된 어떤 집단과 이데올로기가 특정한 형태의 도시학습을 특권화하도록 하며, 다른 개념들보다 어바니즘을 특정 방식으로 이끄는 더 큰 권력을 가지고 있는지를 드러내는 데 일부분 기여할 수 있다. 여기서 중요한 것은 실제 도시와 가능성의 도시 사이의 비판적 관계, 즉 생성된 도시와 생성될 수 있었던, 또는 다르게 발생할 수 있는 도시 사이의 관계이다.

둘째, 도시학습 배치의 개념을 가지고 도시를 생각하는 어떤 방향이나 시작은 잠재력에 대한 아이디어와 관련이 있다. 이 책에서 주장한 바와 같이, 배치는 학습을 통해 도시생활방식을 조합하는 역사를 내포하고 있을 뿐만 아니라, 학습이 이와 다른 방식으로 이루어질 가능성도 얼마든지 내포한다. 이는 도시학습이 단순히 어떤 주어진 결과물이나 결과가 정해진 형성이 아닌, 일종의 지속적인 구성의 과정일 수 있다는 점을 의미한다. 배치는 학습을 통해 보다 사회적으로 공정할 수 있는 도시생활방식을 학습하고 대안적 어바니즘을 실현하는 것을 의미하지만, 그 내용은 참여지향적 도시 문화(예: 도시학습포럼)를 통해 학습되어야 한다. 신자유주의 이데올로기를 통해 배타적 형태의 창조, 스마트 또는 지능형 도시, 또는 젠트리피케이션과 폐쇄된 어바니즘을 옹호하는 엘리트 그룹이 무엇이 도시에 최선인지를 알고 있다고 주장하는 상황과 극심한 빈곤, 폭력, 불평등 및 착취가 빈번한 상황에서, 우리는 보다 사회적으로 공정한 대안적 어바니즘의 가능성을 견지해야 한다. 도시는 언제나 예상치 못한 만남, 진보적인 아이디어, 지식과 행동주의의 형태가 발생하는 장소이며, 도시 공간에서 창의적인 방법으로 인식과 행동을 창출할 수 있을 뿐 아니라 새로운 형태의 도시학습 및 가능성을 창출할 수 있다(예: SDI, 뭄바이 빈민가 거주자 연맹, 임차인협회연맹, 또는 도시학습포럼을 통한 운동 등).

데이비드 하비(David Harvey 2008: 33)가 주장한 바와 같이, 도시 사회 운동을 통해서 '개발업자들이 제시한 것과 다른 이미지로서 도시가 재형성될' 가능성이 나타난다. 이런 운동 안에서, 공적 공간에서 기존과는 다른 지식과 관점을 강하게 주장하는 것, 예를 들어 시위를 통해, 또는 국가 행위자들과의 협상을 통해, 그리고 도시학습의 대안적인 형태나 실험에 착수하고 이를 장려하는 것을 통해 도시 정치의 드라마가 상당 부분 펼쳐질 수 있다. 이러한 사회운동이 반드시 국가를 목표로 하지 않더라도, 도시 보호시설과 인종 차별에서부터, 국제적 재난과 위기, 공공 공간에 대한 위협에 이르기까지 다양한 문제에 대한 인식과 이해 증진을 목표로 하는 더 넓은 도시 학습 정치의 일부인 경우가 많다. 하비(Harvey 2008: 40)는 사회운동과 투쟁 과정에서, 일종의 슬로건이자 정치적 이상인 '도시권'에 관한 다양한 프로젝트는 '어바니즘과 잉여 생산 및 그 사용 사이에 필요한 것들을 연결하도록 누가 명령하는지에 관한 질문에 집중하면서' 지속적으로 새롭게 제기된다고 주장했다. '추방된 사람들이 오랫동안 거부되었던 그들의 통제권을 되찾고 새로운 도시생활방식을 제도화하기 위해서는, 이 권리의 민주화와 그 의지를 시행하기 위한 광범위한 사회 운동 구축이 필수적이다'(Nicholls 2008 참조). 이러한 단합적이며 일관성을 갖는 도시권 캠페인은 더 나은 도시를 조합할 수 있는 형태, 윤곽 및 상상을 학습하는, 힘들고 논쟁적인 프로젝트이다.

세 번째이자 마지막 질문은, 이 책에서 제기되었지만 다루어지지 않은 중요한 질문 중 하나로, 도시학습 배치에서 초지역성을 어떻게 연구할 것인가이다. 2009년 여름, 베를린에서 열린 도시얼라이언스(Cities Alliance) 회의에 참석했을 때 이 방법론적 문제를 떠올리게 되었다. 전 세계의 도시 활동가들과 전문가들이 도시 개발을 논의하기 위해 이 회의에 모였다. '지역의 문제, 글로벌한 기회: 도시 대화'라는 제목의 이 행사에는 세계은행과 UN 해비타트(Habitat)의 주요 대표들뿐만 아니라 SDI, 아시아 주거권 연합(ACHR), 그리고 여러 정부의 지도자들이 참석했다. 논의의 초점은 도시 계획 과정에서 빈곤층의 참여를 더욱 촉진하는 방법과, 도시 내외에서 시민

지도자들과 시민 사회 단체 간의 더 활발한 '수평적' 교환을 보장하는 방법에 맞춰졌다. 다음과 같은 학습 주제들이 그 논의의 중심에 있었다. 즉, 빈곤층이 비공식 거주지로 이주할 때 어떻게 학습하며, 기술이나 일자리 및 정치 기관에 대한 접근과 관련하여 그들의 안전을 강화하기 위해 그 학습을 어떻게 지원할 수 있는지에 대한 질문, 빈곤층의 지식을 도시 거버넌스의 일상 업무와 어떻게 연결할 수 있는지에 대한 토론한 UN 해비타트(Habitat) 관계자들이 말한 것처럼 '우리가 데이터를 정치에 어떻게 접목할 수 있을까?', 도시 내 혹은 도시 사이의 기존의 동료 학습을 통해서 어떻게 배울 수 있는가, 또는 교류 학습을 어떻게 더 촉진할 수 있는지 등에 대한 다양한 논의가 가능하다. 전반적으로, 도시 내에서 혹은 도시 사이에서의 학습이 더 진보적으로 어바니즘을 밀어붙일 수 있다는 합의가 형성되어 있었다. 주요 문제를 집단적으로 확인하고 그러한 대응을 공식화한 SDI와 ACHR이 '공동 학습 과정'의 벤치마크 사례로 인정된 반면, 상파울루의 경험을 바탕으로 모잠비크에 빈민가 개선사업을 지원하려는 브라질 당국의 노력과 같은 도시 간 학습의 사례들은 반면 점점 더 흔해지고 있다는 점이 강조되었다.

회의를 마치고 나오면서 초지역적 도시 포럼 행사가 특히 도시 개발 논쟁에서 점점 더 흔해지고 있다는 점을 떠올렸다. 그리고 도시학습 이니셔티브를 연구하는 데 있어 발생하는 다양한 방법론적 문제들에 대해 어떻게 대응할 수 있을지 궁금해졌다. 예를 들어, 특히 어떤 포럼은 일 년에 한 번 모이는 반면, 지역 단체들은 더 자주 모일 수도 있다는 점을 생각할 때, 초지역적 도시학습포럼을 위한 연구 프로젝트를 어떻게 설계할 수 있을까? 도시 포럼이 아이디어와 지식이 번역되는 수많은 지역 네트워크에 연결될 경우, 이들의 영향은 어떻게 측정될 수 있는가? 다중 공간을 포함하는 이동하는 도시 아이디어와 전략에 대해 어떻게 연구하고 지식을 구축할 것인가? 클리포드(Clifford 1997)가 요구해 온, 이동하는 민족지학을 어떻게 수행하며, 그 과정에서 웹사이트, 블로그, 위키 등에서부터, 회색 문헌, 인터뷰, 참여 관찰 등에 이르기까지 여러 출처들을 어떻게 통합할 것인가? 특정 초지역적 사이트를 기반으로 일반화할 때의 어려움과 위험은 무엇인가? 아니면 하비(Harvey 1996: 23)가 말한 대로, '특권적 지식은 어떻게 주장되고 구성되는지, 근본적으로 다른 물질적 조건하에서 우리가 어떻게 서로 다른 수준의 추상적 개념에서 구축된 다양한 지식을 균형 있게 판단하고 이해하며 중재하고, 협상할 수 있을까?' 그리고 그러한 모임에서 작용하는 '학습'의 여러 개념, 담론, 정치적 역사를 어떻게 추적할 것인가?

어바니즘의 역사는 우리가 도시를 어떻게 알게 될 수 있을 것인가라는 질문에 기반을 두고 있지만, 학습 자체에 대한 질문은 블랙박스로 남아있었다. 이는 '학습'이 어바니즘 현상에 대한 일종의 부수적인 과정이라는 인식이 일부 원인일 것이다. 즉, 지식과 인식의 창조와 변형이라는 것이 도시 변화와 도시 조건이 차지하는 중심적인 동인에 대해 일종의 부수적으로 나타나는 배경적 현상이라는 것이다. 또한 학습이 완전히 비정치화되지는 않았더라도, 정치적 투쟁의 형성과 도시 논쟁의 실천에서 어느 정도는 이미 제거되었다는 잔존적 인식의 결과일 수도 있다. 도시 논쟁에서 '지식'과 '학습'이 언급되어 온 오랜 역사에도 불구하고, 학습에 대한 지속적인 이론적 또는 실증적 논의가 없었다. 반대로 나는 도시, 도시 연구 및 비판적 어바니즘이 학습의 제대로 된 개념화를 통해 모종의 혜택을 받을 수 있다고 주장했다. 도시학습 배치의 개념은 일상 경험, 사회운동 또는 정책 결정 과정을 통해 우리가 어바니즘을 어떻게 알고 인식하게 되는지에 대한 투쟁이 도시 생활에 대한 투쟁의 중요한 부분임을 보여준다.

여기서 중요한 것은 기존 도시 이론을 대체하는 것이 아닌, 오히려 보완할 수 있는 새로운 어바니즘의 이론과 어휘를 개발하는 일이다. 즉, 도시를 사회 운동, 도시 참여 포럼, 정책 결정 및 일상 도시 생활에서 일어나는 일들의 중요한 부분인 번역, 조율 및 거주를 통한 실천이 부분적으로 생산하는 논쟁적 학습 배치로 보는 것이다. 예를 들면, 나 같은 경우에는, 사회 운동에 대한 기존 논쟁은 그 운동의 정치적 전략, 실천, 조직 및 주체성의 차원에서 학습의 역할을 인정하기는 했지만 그 역할을 제대로 설명하지는 못했다고 주장했다. 또, 도시 정책 이동성에 대한 설명은 권력-객체-형태-상상의 관계를 통해 초지역적 학습이 어떻게 생성되는지에 대한 역사적 흐름으로부터 도움을 받을 수 있다고 주장했다. 점진적 실천, 즉흥성, 다중 리듬을 통한 일상 도시 생활에 대한 개념과 연구가 학습과 거주라는 새로운 인식과 실천의 장을 만남으로써 더욱 향상될 수 있다고 말했다. 그리고 비판적 어바니즘에 대한 논쟁을 학습, 배치 및 비교라는 세 가지 관계에 초점을 맞추면서 이를 심화하고 확장할 수 있다고 주장했다. 이처럼 나는 이 책을 통해 선택적으로나마 학습을 개념화하는 방식이 어바니즘을 이해하는 방식을 어떻게 바꿀 수 있을 것인지에 대해 설명하고자 했다.

찾아보기

[인명]

[내용]

저자 소개

콜린 맥팔레인(Colin McFarlane)

영국 더럼 대학교의 도시 지리학자이다. 주요 연구는 도시 이론, 경험, 정치에 초점을 맞추고 있다. 최근 저서로 도시 위생, 스마트 도시주의 외 다수의 컬렉션이 있다.

역자 소개

한숭희

서울대학교 교육학과를 졸업하고 미국 뉴욕주립대학교에서 박사학위를 취득하였다. 서울대학교 교육학과 교수로 일하고 있다. 주 관심은 평생학습과 교육체계 개혁, 평생학습체계화와 글로벌 교육 지형 변화, 포스트-평생학습 연구 등이다.

최근정

한국외국어대학교, 미국 뉴욕주립대학교를 거쳐 이화여자대학교에서 교육학 박사를 마쳤다. 현재 서울대학교 교육종합연구원 연구원으로 한국연구재단 과제를 수행하고 있다. 주 관심은 포스트-평생학습론과 평생교육철학 분야이다.

도시를 학습하다

지식과 초지역적 학습 어셈블리지

Learning the City

Knowledge and Translocal Assemblage

2025년 2월 15일 1판 1쇄 인쇄
2025년 2월 20일 1판 1쇄 발행

저 자 • Colin McFarlane
역 자 • 한숭희, 최근정

발행자 • 한정주
발행처 • 교육과학사

경기도 파주시 광인사길 71
전화 • 031)955-6956~8 / 팩스 031)955-6037
Home-page • http://www.kyoyookbook.co.kr
E-mail • kyoyookbook@daum.net
등록 • 1970년 5월 18일 제2-73호

정가 23,000원
ISBN 978-89-254-2013-4